国家职业教育工程造价专业
教学资源库配套教材

建设工程项目审计

▶主 编 林 昕 闫俊霞
▶副主编 许长青 王志勇 叶 红

质 检

高等教育出版社·北京

内容提要

本书是国家职业教育工程造价专业教学资源库配套教材,主要介绍建
设工程项目审计的原理、方法与步骤。全书共分五章,包括概述、建设项目
开工前期主要工作审计,建设项目招标投标审计与建设工程合同管理审计,
工程造价审计,建设项目财务收支审计。

通过对本书的学习,使学生获得扎实的工程审计的基本知识、基本理论
和基本审计方法,能运用工程审计理论和方法进行工程项目的审计;培养学
生的工程意识和相关的法律意识,使其具备分析工程文件及解决实际问题
的初步能力;了解工程审计的最新理论及发展方向,为后续专业课程的学习
及今后的工作打下扎实的基础,最终实现成为具有创新能力的高级工程审
计人才的目的。

本书可作为高等职业院校、高等专科学校的工程造价、工程审计、建设
工程管理等专业学生的教材,也可供相关专业教师和初入工程审计行业从
事施工、设计、监理、造价咨询等工作的工程技术人员参考。

图书在版编目(CIP)数据

建设工程项目审计 / 林昕,闫俊霞主编. -- 北京:
高等教育出版社,2021.6
国家职业教育工程造价专业
ISBN 978-7-04-055504-2

Ⅰ. ①建⋯　Ⅱ. ①林⋯ ②闫⋯　Ⅲ. ①基本建设项目
-审计-高等职业教育-教材　Ⅳ. ①F239.63

中国版本图书馆 CIP 数据核字(2021)第 026101 号

建设工程项目审计
JIANSHE GONGCHENG XIANGMU SHENJI

策划编辑	温鹏飞	责任编辑	温鹏飞	特约编辑	李　立	封面设计	张　志
版式设计	杨　树	插图绘制	杨伟露	责任校对	张　薇	责任印制	刁　毅

出版发行	高等教育出版社	网　　址	http://www.hep.edu.cn
社　　址	北京市西城区德外大街 4 号		http://www.hep.com.cn
邮政编码	100120	网上订购	http://www.hepmall.com.cn
印　　刷	山东韵杰文化科技有限公司		http://www.hepmall.com
开　　本	850mm×1168mm　1/16		http://www.hepmall.cn
印　　张	17.75		
字　　数	430 千字	版　　次	2021 年 6 月第 1 版
购书热线	010-58581118	印　　次	2021 年 6 月第 1 次印刷
咨询电话	400-810-0598	定　　价	44.80 元

本书如有缺页、倒页、脱页等质量问题,请到所购图书销售部门联系调换
版权所有　侵权必究
物 料 号　55504-00

"智慧职教"服务指南

"智慧职教"是由高等教育出版社建设和运营的职业教育数字教学资源共建共享平台和在线课程教学服务平台,包括职业教育数字化学习中心平台(www.icve.com.cn)、职教云平台(zjy2.icve.com.cn)和云课堂智慧职教 App。用户在以下任一平台注册账号,均可登录并使用各个平台。

- 职业教育数字化学习中心平台(www.icve.com.cn):为学习者提供本教材配套课程及资源的浏览服务。

登录中心平台,在首页搜索框中搜索"建设工程项目审计",找到对应作者主持的课程,加入课程参加学习,即可浏览课程资源。

- 职教云(zjy2.icve.com.cn):帮助任课教师对本教材配套课程进行引用、修改,再发布为个性化课程(SPOC)。

1. 登录职教云,在首页单击"申请教材配套课程服务"按钮,在弹出的申请页面填写相关真实信息,申请开通教材配套课程的调用权限。

2. 开通权限后,单击"新增课程"按钮,根据提示设置要构建的个性化课程的基本信息。

3. 进入个性化课程编辑页面,在"课程设计"中"导入"教材配套课程,并根据教学需要进行修改,再发布为个性化课程。

- 云课堂智慧职教 App:帮助任课教师和学生基于新构建的个性化课程开展线上线下混合式、智能化教与学。

1. 在安卓或苹果应用市场,搜索"云课堂智慧职教"App,下载安装。

2. 登录 App,任课教师指导学生加入个性化课程,并利用 App 提供的各类功能,开展课前、课中、课后的教学互动,构建智慧课堂。

"智慧职教"使用帮助及常见问题解答请访问 help.icve.com.cn。

配套视频资源索引

序号	资源名称	章	页码	序号	资源名称	章	页码
1	课程介绍	一	1	28	概算审计	四	169
2	什么叫建设项目	一	1	29	单位工程预决算审计	四	170
3	什么是建设项目审计	一	17	30	基建拨款的审计	五	180
4	如何开展建设项目审计	一	23	31	基建投资借款的审计	五	182
5	如何开展建设项目投资决策审计	二	37	32	其他借款的审计	五	184
6	建设项目设计管理审计	二	51	33	企业债券资金的审计	五	185
7	建设项目招标投标概述	三	71	34	项目资本的审计	五	187
8	建设项目招标投标审计	三	91	35	项目资本公积的审计	五	188
9	建设工程合同的签订和审查(第一部分)	三	105	36	审计导航	五	189
10	建设工程合同的签订和审查(第二、三部分)	三	105	37	设备和材料审计	五	191
11	建设项目造价的内涵	四	132	38	建筑安装工程投资审计	五	197
12	建设项目造价的确定过程	四	133	39	待摊投资审计	五	198
13	"四算"之间的关系	四	134	40	其他投资审计	五	200
14	建设项目造价文件构成	四	135	41	待核销基建支出审计	五	200
15	确定建设项目造价的作用	四	135	42	基建收入审计	五	201
16	建设项目总投资组成	四	137	43	交付使用资产和资金冲转核算的审计	五	201
17	建设项目可行性研究阶段的投资估算组成	四	137	44	建设项目资金平衡表的审计	五	204
18	建设项目初步设计阶段的概算投资组成	四	138	45	建设项目基建投资表的审计	五	204
19	针对建设项目总费用的解释	四	138	46	建设项目待摊投资明细表的审计	五	205
20	建筑安装工程费用构成(1)	四	150	47	基建借款情况表的审计	五	205
21	建筑安装工程费用构成(2)	四	150	48	本年基建投资情况表的审计	五	205
22	建筑安装工程费用构成(3)	四	150	49	会计报表表内、表间关系及主要指标解释	五	211
23	建筑安装工程费用计算	四	154				
24	建筑安装工程计价程序	四	157	50	建设项目竣工财务决算审计开展的资料准备	五	229
25	设计概算审计	四	160				
26	合同价执行情况审计	四	163	51	竣工财务决算报表的审计	五	229
27	概算执行情况与竣工决算审计	四	165	52	竣工财务决算说明书内容的审计	五	229
				53	竣工结余资金的审计	五	230
				54	审计导航	五	230

国家职业教育工程造价专业教学资源库
配套教材编写委员会

序

职业教育工程造价专业教学资源库项目于 2016 年 12 月获教育部正式立项（教职成函〔2016〕17号），项目编号 2016-16，属于土木建筑大类建设工程管理类。依据《关于做好职业教育专业教学资源库 2017 年度相关工作的通知》，浙江建设职业技术学院和四川建筑职业技术学院，联合国内 21 家高职院校和 10 家企业单位，在中国建设工程造价管理协会、中国建筑学会建筑经济分会项目管理类专业教学指导委员会的指导下，完成了资源库建设工作，并于 2019 年 11 月正式通过了验收。验收后，根据要求做到了资源的实时更新和完善。

资源库基于"能学、辅教、助训、促服"的功能定位，针对教师、学生、企业员工、社会学习者 4 类主要用户设置学习入口，遵循易查、易学、易用、易操、易组原则，打造了门户网站。资源库建设中，坚持标准引领，构建了课程、微课、素材、评测、创业 5 大资源中心；破解实践教学痛点，开发了建筑工程互动攻关实训系统、工程造价综合实务训练系统、建筑模型深度开发系统、工程造价技能竞赛系统 4 大实训系统；校企深度合作，打造了特色定额库、特色指标库、可拆卸建筑模型教学库、工程造价实训库 4 大特色库；引领专业发展，提供了专业发展联盟、专业学习园地、专业大讲堂、开讲吧课程 4 大学习载体。工程造价资源库构建了全方位、数字化、模块化、个性化、动态化的专业教学资源生态组织体系。

本套教材是基于"国家职业教育工程造价专业教学资源库"开发编撰的系列教材，是在资源库课程和项目开发成果的基础上，融入现代信息技术、助力新型混合教学方式，实现了线上、线下两种教育形式，课上、课下两种教育时空，自学、导学两种教学模式，具有以下鲜明特色：

第一，体现了工学交替的课程体系。新教材紧紧抓住专业教学改革和教学实施这一主线，围绕培养模式、专业课程、课堂教学内容等，充分体现专业最具代表性的教学成果、最合适的教学手段、最职业性的教学环境，充分助力工学交替的课程体系。

第二，结构化的教材内容。根据工程造价行业发展对人才培养的需求、课堂教学需求、学生自主学习需求、中高职衔接需求及造价行业在职培训需求等，按照结构化的单元设计，典型工作的任务驱动，从能力培养目标出发，进行教材内容编写，符合学习者的认知规律和学习实践规律，体现了任务驱动、理实结合的情境化学习内涵，实现了职业能力培养的递进衔接。

第三，创新教材形式。有效整合教材内容与教学资源，实现纸质教材与数字资源的互通。通过嵌入资源标识和二维码，链接视频、微课、作业、试卷等资源，方便学习者随扫随学相关微课、动画，即可分享到专业（真实或虚拟）场景、任务的操作演示、案例的示范解析，增强学习的趣味性和学习效果，弥补传统课堂形式对授课时间和教学环境的制约，并辅以要点提示、笔记栏等，具有新颖、实用的特点。

国家职业教育工程造价专业教学资源库项目组

2020 年 5 月

前　言

　　建设项目审计是我国审计专业的重要组成部分,其最大特点是融技术性、经济性为一体,具有较强的专业性和综合性。随着我国固定资产投资体制改革和建设项目管理体制改革工作的不断深入,建设项目审计理论和实务也面临诸多问题,例如:能否开展建设项目投资决策审计的问题,工程造价审计面临的法律冲突问题,招标投标审计的弱效性问题,投资效益审计标准的选择问题,以及跟踪审计的成本、效益是否匹配问题等。如何解决上述问题? 审计研究人员与审计实务工作者都在苦苦寻找着适当的答案。

　　本书适用于工程造价专业、建设工程管理专业、工程审计专业的职业院校学生以及社会从业人员。学习本书所需具备的前置知识主要是工程造价原理、财务原理、工程招投标法律法规。

　　本书编写分工:第一章由南京审计大学许长青编写;第二章、第三章由重庆工商职业学院林昕编写;第四章由重庆工商职业学院胡肖一、信永中和研究院朱涛编写;第五章由重庆工商职业学院闫俊霞、王志勇、叶红编写。林昕对本书进行了统稿,并对本书的初稿进行了整理、复核和校对。

　　本书在编写过程中参阅了大量的文献和资料,谨向这些文献和资料的作者表示衷心感谢。

　　由于作者水平有限,本书难免存在不足之处,恳请广大读者批评指正。

编　者

2020 年 11 月

目　录

第一章　概述 ························· 1

第一节　建设项目 ·················· 1

一、相关概念的界定 ············· 2

二、建设项目的特点 ············· 5

三、建设项目的分类 ············· 5

四、建设项目的建设程序 ········· 10

第二节　建设项目审计 ············· 16

一、建设项目审计的概念 ········· 17

二、建设项目审计的内容 ········· 18

三、建设项目审计的特点 ········· 21

第三节　开展建设项目审计 ········· 23

一、建设项目内部审计程序 ······· 24

二、建设项目内部跟踪审计 ······· 34

三、建设项目内部审计相关要求 ··· 35

思考与计算题 ····················· 35

**第二章　建设项目开工前期主要
工作审计** ·············· 37

第一节　建设项目投资决策审计 ····· 37

一、建设项目投资决策审计的内容 ·· 38

二、建设项目投资决策审计的基本
程序和方法 ··············· 42

三、建设项目投资决策审计实施
引导 ····················· 44

四、建设项目前期决策审计案例
分析 ····················· 45

**第二节　建设项目的设计(勘察)管理
审计** ····················· 51

一、设计概况 ··················· 52

二、设计工作审计的内容 ········· 55

三、审计导航 ··················· 61

四、建设项目设计工作审计的案例
分析 ····················· 63

第三节　开工前期准备工作审计 ····· 66

一、审计资金筹集情况 ··········· 67

二、审计"三通一平"情况 ······· 68

思考与计算题 ····················· 70

**第三章　建设项目招标投标审计与
建设工程合同管理审计** ··· 71

第一节　建设项目招标投标概述 ····· 71

一、建设项目招标投标的主要内容 ·· 73

二、建设项目招标投标程序 ······· 75

三、评标要求与评标方法 ········· 85

四、招标投标管理要求 ··········· 88

第二节　建设项目招标投标审计 ····· 91

一、招标投标中存在的主要问题 ··· 92

二、建设项目招标投标审计要点分析 · 96

三、建设项目招标投标审计实务导引 · 98

第三节　建设工程合同管理审计 ···· 105

一、建设工程合同概述 ·········· 105

二、建设项目合同管理审计过程
评述 ···················· 109

三、审计中需要注意的问题 ······ 114

第四节　建设项目合同审计案例分析 · 115

思考与计算题 ···················· 130

第四章　工程造价审计 ············ 131

第一节　建设项目造价概述 ········ 131

一、建设项目造价的内涵 ········ 132

二、建设项目造价的确定过程 ···· 133

三、"四算"之间的关系 ········· 134

四、建设项目造价文件构成 ······ 135

五、确定建设项目造价的作用 ········ 135

第二节 建设项目造价的费用构成与确定 ··············· **136**
一、建设项目总投资组成 ········ 137
二、建设项目可行性研究阶段的投资估算组成 ········ 137
三、建设项目初步设计阶段的概算投资组成 ········ 138
四、针对建设项目总费用的解释 ······ 138

第三节 建筑安装工程造价的构成与确定 ··············· **149**
一、按照费用要素构成的建筑安装工程费用项目 ········ 150
二、按照工程造价形成要素构成的建筑安装工程费用项目 ········ 153
三、建筑安装工程费用计算 ········ 154
四、建筑安装工程计价程序 ········ 157

第四节 建设项目造价审计内容、程序与方法 ··············· **160**
一、设计概算审计 ········ 160
二、合同价执行情况审计 ········ 163
三、概算执行情况与竣工决算审计 ··· 165
四、概算审计导航 ········ 169
五、单位工程预决算审计导航 ········ 170

思考与计算题 ··············· **178**

第五章 建设项目财务收支审计 ······ **179**

第一节 建设项目资金筹措的审计 ··· **179**
一、基建拨款的审计 ········ 180
二、基建投资借款的审计 ········ 182
三、其他借款的审计 ········ 184
四、企业债券资金的审计 ········ 185
五、项目资本的审计 ········ 187
六、项目资本公积的审计 ········ 188
七、审计导航 ········ 189

第二节 建设项目资金使用情况审计 ··· **190**
一、设备和材料审计 ········ 191
二、建筑安装工程投资审计 ········ 197
三、待摊投资审计 ········ 198

四、其他投资审计 ··············· 200
五、待核销基建支出审计 ··········· 200
六、基建收入审计 ··············· 201
七、交付使用资产和资金冲转核算的审计 ··············· 201

第三节 建设项目会计报表审计 ········ **203**
一、建设项目资金平衡表的审计 ········ 204
二、建设项目基建投资表的审计 ········ 204
三、建设项目待摊投资明细表的审计 ··············· 205
四、基建借款情况表的审计 ········ 205
五、本年基建投资情况表的审计 ········ 205
六、建设项目会计报表格式 ········ 205
七、建设项目会计报表主要指标解释 ··············· 211

第四节 建设项目财务决算审计 ········ **228**
一、建设项目竣工财务决算审计开展的资料准备 ··············· 228
二、竣工财务决算报表的审计 ········ 229
三、竣工财务决算说明书内容的审计 ··············· 229
四、竣工结余资金的审计 ········ 229
五、审计导航 ··············· 230

思考与计算题 ··············· **238**

附录 ··············· **241**

附录 1 内部审计实务指南 1 号——建设项目内部审计 ··············· **241**

附录 2 国务院关于投资体制改革的决定 ··············· **254**

附录 3 国务院关于发布政府核准的投资项目目录（2016 年本）的通知 ······ **258**

附录 4 财政部《基本建设财务管理规定》 ··············· **262**

附录 5 财政部关于解释《基本建设财务管理规定》执行中有关问题的通知 ··············· **267**

参考文献 ··············· **270**

第一章

概述

当前，与建设项目审计有关的概念有许多，其中比较集中的叫法有"固定资产投资审计""建设项目审计"和"基本建设审计"三种，究竟如何界定上述概念之间的区别和联系，本章从此问题研究入手，站在内部审计的立场上，概括性地回答这样三个问题：① 什么叫建设项目审计？ ② 建设项目审计的内容有哪些？ ③ 如何开展建设项目审计？ 希望通过本章的学习，能够帮助读者建构一个比较系统的内部建设项目审计框架，为后续章节的逐步深入奠定一个专业基础。

微课
课程介绍

第一节　建设项目

课前思考

工程项目建设程序是指工程项目从策划、评估、决策、设计、施工到竣工验收、投入生产或交付使用的整个建设过程中，各项工作必须遵循的先后工作次序。工程项目建设程序是工程建设过程客观规律的反映，是建设工程项目科学决策和顺利进行的重要保证。工程项目建设程序是人们长期在工程项目建设实践中得出来的经验总结，不能任意颠倒，但可以合理交叉。

微课
什么叫建设项目

任务驱动

当你学完这一节，你将能够：
（1）理解建设项目的概念及其边界条件；
（2）掌握建设项目的特点；
（3）掌握建设项目分类方法；

（4）具备判断建设项目建设程序的完整性和正确性的能力。

思考感讨论

（1）建设项目具有哪些特点？

（2）工程建设过程中，如果不按照建设项目程序开展建设项目活动，如"三边工程"，会有哪些危害？

（3）工程建设项目的边界和内容？

（4）工程审计人员在检查建设项目流程时可以关注哪些问题？

审计实训

（1）调研：请你调研附近的建设项目，拟定一份详细的建设项目程序时间计划表。

（2）请你结合本章所学知识，分析本校园的建设项目，并将其进行正确分类。

一、相关概念的界定

（一）建设项目

假设某高校新征用 2 000 亩（1 亩 ≈ 666.67 m²）土地，拟建新校区项目，那么，这个项目就叫建设项目。

根据我国现行规定，建设项目具体是指按照一个甲方的总体设计要求，在一个或几个场地上进行建设的所有工程项目之和。通常以一个企业（或企业集团）、事业、行政单位或一个独立工程为一个建设项目。这就是说，第一，只要是在一个总体设计范围内，既包括主体工程，也包括相应的配套工程，一个建设项目可以有若干个相互关联的单项工程，这些单项工程可以跨年度或分期分批建设；第二，虽然同属一个部门、一个地区或一个企业集团，但不属于一个总体设计范围，互不关联、分别核算又分别管理的项目不可作为一个建设项目；第三，一个建设项目可以是一个投资主体，也可以是若干个投资主体。建设项目是固定资产投资项目的重要组成部分，是指通过建造和安装所形成的固定资产。例如，新建一个工厂、一个学校、一个车间，一条道路等，都叫建设项目。

依照项目建设方式来分，建设项目包括基本建设项目和技术改造项目两类。

1. 基本建设项目

基本建设项目是建设项目的重要组成部分，它是指企业、事业、行政单位以扩大生产能力或工程效益为主要目的的新建、扩建工程及有关工作。其综合范围为总投资 50 万元以上（含 50 万元，下同）的基本建设项目。具体包括：① 列入中央和各级地方本年基本建设计划的建设项目，以及虽未列入本年基本建设计划，但使用以前年度基建计划内结转投资（包括利用基建库存设备材料）在本年继续施工的建设项目；② 本年基本建设计划内投资与更新改造计划内投资结合安排的新建项目和新增生产能力（或工程效益）达到大中型项目标准的扩建项目，以及为改变生产力布局而进行的全厂性迁建项目；③ 国有单位既未列入基建计划，也未列入更新改造计划的总投资在 50 万元以上的新建、扩建、恢复项目和为改变生产力布局而进行的全厂性迁建项目，以及行政、事业单位增建业务用房和行政单位增建生活福利设施的项目。基本建设的最显著特征是外延式的扩大再生产。

基本建设项目分为新建、扩建、改建、恢复和迁建项目。技术改造项目一般不做这样的分类。

（1）新建项目

新建项目是指从无到有、"平地起家"建设的项目。现有企业、事业和行政单位一般不应有新建项目，有的单位如原有基础薄弱，经过再建的项目，其新增加的固定资产价值超过该企业、事业单位原有全部固定资产（原值）3 倍以上的，也算新建项目。

（2）扩建项目

扩建项目是指现有企业为扩大原有产品的生产能力或效益和为增加新品种生产能力而增建的主要生产车间或工程项目；事业和行政单位增建业务用房等。例如：某二层车间项目在原有基础上增加一层，使之成为三层车间，这个过程就叫作扩建，这个项目属于基本建设项目。

（3）改建项目

改建项目是指现有企业、事业单位对原有的工程项目或固定资产改造建设的项目。有的为提高综合生产能力，增建一些附属或辅助车间和非生产性工程，也属于改建项目。

（4）恢复项目

恢复项目是指企业、事业和行政单位的原有固定资产因自然灾害、战争和人为灾害等原因已全部或部分报废，又投资重新建设的项目。这类项目，不论是按原有规模恢复建设，还是在恢复中同时进行扩建的，都算恢复项目。但是，尚未建成投产或交付使用的项目，在遭受损毁后，仍继续按原设计方案重建的，则原建设性质不变；如按新设计建造的，则根据新建设内容确定其建设性质。

（5）迁建项目

迁建项目是指现有企业、事业单位由于改变生产布局或环境保护和安全生产以及其他需要，搬迁到另外地方进行建设的项目。移动建设，不论其建设规模大小，都属于迁建项目。例如，三峡工程建设中涉及大量的移民工程，这些项目均属于迁移建设项目，这些项目的投资列入三峡工程的基本建设投资。

基本建设项目按照建设性质分为上述五类。一个建设项目只能有一种性质，在项目按总体设计全部建成之前，其建设性质是始终不变的。新建项目在完成原总体设计之后，再进行扩建或改建的，则另作为一个扩建或改建项目。

2. 技术改造项目

技术改造项目又被称为更新改造项目，它也是建设项目的重要组成部分，是指企业、事业单位对原有设施进行固定资产更新和技术改造，以及相应配套的工程和有关工作（不包括大修理和维护工程）。其综合范围为总投资 50 万元以上的更新改造项目，具体包括：① 列入中央和各级地方本年更新改造计划的投资单位（项目）和虽未列入本年更新改造计划，但使用上年更新改造计划内结转的投资在本年继续施工的项目；② 本年更新改造计划内投资与基本建设计划内投资结合安排的对企业、事业单位原有设施进行技术改造或更新的项目和增建主要生产车间、分厂等其新增生产能力

（或工程效益）未达到大中型项目标准的项目，以及由于城市环境保护和安全生产的需要而进行的迁建工程；③ 国有企业、事业单位既未列入基建计划也未列入更新改造计划，总投资在 50 万元以上的属于改建或更新改造性质的项目，以及由于城市环境保护和安全生产的需要而进行的迁建工程。

需要说明的是：第一，技术改造项目一般针对的是生产性项目；第二，技术改造的目的是增加花色品种，提高产品质量和生产效益。因此，与基本建设项目相比较，最大的特点是内涵式扩大再生产；第三，技术改造项目既包括设备、工艺流程和生产线的改造，也包括与之配套的工程的改建。因此需要注意，工程的改造建设可能属于基本建设，也可能属于技术改造，依据改造属性而定。

根据我国现行审批制度要求，无论是基本建设项目还是技术改造项目，其审批归口统一在国家或地方的发展和改革委员会，企业投资项目除外。

（二）固定资产投资项目

固定资产投资是社会固定资产再生产的主要手段。通过建造和购置固定资产的活动，国民经济不断采用先进技术装备，建立新兴部门，进一步调整经济结构和生产力的地区分布，增强经济实力，为改善人民物质文化生活创造物质条件。其实质是：通过建造、安装和购置手段，将一定的人、财、物投入转化为固定资产的过程叫固定资产投资，最终形成的成果叫固定资产。

综合上述观点，我们可以确定：固定资产投资审计范围>建设项目审计范围>基本建设审计范围。三者间的关系可用图 1-1 表示。

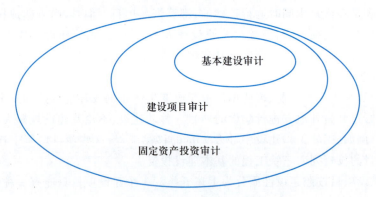

图 1-1   不同审计范畴的关系

建设项目审计的前身是基本建设审计，从项目的范围上来看，它不包括技术改造项目审计。随着我国审计事业的不断发展，在 20 世纪 90 年代初期，审计范围就已经从基本建设项目扩展到固定资产投资建设项目，技术改造项目被纳入建设项目审计范畴，所以，从理论上叫固定资产投资审计，其审计范围大于建设项目审计；但从实践的角度看，无论是国家审计，还是内部审计，都把审计的实质性内容锁定在建设项目范畴，不包括通过购置方式所形成的固定资产投资项目。新修订的《中华人民共和国审计法》第二十二条规定：审计机关对政府投资和以政府投资为主的建设项目的预算执行情况和决算，进行审计监督。中国内部审计协会 2005 年发布的《内部审计实务指南第 1 号——建设项目内部审计》规定,建设项目内部审计是指组织内部审计机构和人员,对建设项目实施全过程的真实、合法、效益性所进行的独立监督和评价活动,其目的是为了促进建设项目实现"质量、速度、效益"三项目标。这样说来,现在所称的固定资产投资审计实质上等同于建设项目审计,基于这样的背景,我们就把研究的重点放在建设项目审计方面。

二、建设项目的特点

1. 固定性、多样性、建设过程的长期性

建设项目的建造所需要的大量劳动力、机械和建造材料必须围绕其固定的产品开展活动,这正好与工业的流水生产相反。施工队伍在完成了一个建设项目的施工任务之后,又要调往另一个地方进行新的固定资产的建设,表现为施工过程的流动性。而这一流动性的产生,正是由建设项目本身所具有的固定性所决定的。由于建设项目的使用对象和使用要求不同,因而,要组织各产品的标准化生产几乎是不可能的。同时,由于不同的建设项目所对应的建造地点的水文、地质、气候等自然条件的不同,导致建设项目之间必然存在较大的差异,这与采用标准化生产的工业产品是不相同的。建设项目的生产,资源消耗大、生产周期长、占用资金多,这就要求施工时充分利用空间同时施工,以减少能源消耗,缩短周期。

2. 具有一定的约束条件

这一特点也可以称为目标约束标准。一个建设项目是以投资资金的价值形态投入为开始,到形成固定资产的实物形态为结束。在这个投入产出的全过程中,其约束条件一是时间的约束,即每个建设项目都有合理的建设工期目标;二是资源的约束,就是投资总量的控制目标;三是质量的约束,每个建设项目都有预期的生产能力、技术水平或使用效用的目标。只有满足了这些限定的约束条件,实现了预定目标才是建设项目的完成。

3. 遵循一定的建设程序,经过特定的建设过程

建设程序是指一个建设项目从提出项目的设想、建议、方案选择、评估、决策、勘察设计、施工一直到项目竣工、投产或项目投入使用这一过程必须经过的各个阶段、各个环节,都有一定的先后顺序,必须循序而进。建设过程是指在建设项目的运行过程中,一个重要特征就是经过实体性的工作——设计和施工,凡没有各类建筑物、构筑物的建造,不需要安装设备、工具、器具的投资活动,只作为固定资产购置,不作为建设项目。

三、建设项目的分类

(一)按管理需要分类

在我国目前的实际管理工作中,对建设项目的分类,首先是划分为基本建设项目和技术改造项目(或称更新改造项目)。这一划分的形成既有历史的原因,又有现行管理体制的原因。在新中国成立以后的很长一段时间,生产力的恢复和发展主要依靠以新建、扩建为主要方式的建设活动。当时的建设项目与基本建设项目是同义词。随着我国固定资产积累的不断增加和科学技术的日益进步,对已经形成的固定资产进行更

新和技术改造,开始成为发展社会生产力的又一种重要的建设方式。按照国家的规定,在实际工作中划分基本建设项目和技术改造项目,主要考虑以下几个方面。

1. 以工程建设的内容、主要目的来划分

一般把以扩大生产能力(或新增工程效益)为主要建设内容和目的的项目作为基本建设项目;把以节约、增加产品品种、提高质量、治理"三废"、劳保安全为主要目的的项目作为技术改造项目。

2. 以投资来源划分

把以利用国家预算内拨款(基本建设基金)、银行基本建设贷款为主的项目作为基本建设项目;把以利用企业基本折旧基金、企业自有资金和银行技术改造贷款为主的项目作为技术改造项目。

3. 以土建工作量划分

凡是项目土建工作量投资占整个项目投资 30% 以上的项目一般作为基本建设项目。

4. 按项目所列的计划划分

这是目前通常的做法。凡列入基本建设计划的项目,一律按基本建设项目处理;凡列入更新改造计划的项目,则按技术改造项目处理。需要说明,划分基本建设项目和技术改造项目,只限于全民所有制企业单位的建设项目,对于所有非全民所有制单位、所有非生产性部门的建设项目,一般不做这种划分。

(二)按行业构成、用途分类

按建设项目建成投产或交付使用的主要经济和业务活动及主要产品种类或工程主要用途,根据《国民经济行业分类》(GB/T 4754—2017)的有关规定,将建设项目划分为若干个大门类。

1. 生产性建设项目

生产性建设项目是指直接用于物质资料生产或直接为物质资料生产服务的工程项目。生产性建设项目主要包括:工业建设项目、农业建设项目、基础设施建设项目、商业建设项目等。

2. 非生产性建设项目

非生产性建设项目是指用于满足人民物质和文化、福利需要的建设项目和非物质资料生产部门的建设项目。非生产性建设项目主要包括:办公建筑、居住建筑、公共建筑及其他非生产性项目。

(三)按三大产业分类

第一产业:农业(包括林业、牧业、渔业等)。第二产业:工业(包括采掘业、制造业、自来水、电力、蒸汽、煤气)、建筑业和地质勘探。第三产业:除上述一、二产业之外的其他各产业。

(四)按建设性质分类

按照建设性质不同,分为新建项目、扩建项目、改建项目、迁建项目和恢复项目。

一个工程项目只能有一种性质,在工程项目按总体设计全部建成之前,其建设性质始终不变。

(五)按建设规模分类

为了正确反映建设项目的建设规模,适应对建设项目分级管理的需要,按照国家规定的标准,基本建设项目划分为大型、中型和小型三类。技术改造项目划分为限额以上和限额以下两类。

① 按批准的可行性研究报告(或初步设计)所确定的总设计能力或总投资额的大小,依据《基本建设项目大中小型划分标准》进行划分。

② 凡生产单一产品的项目,一般以产品的设计生产能力划分;生产多种产品的项目,一般按其主要产品的设计生产能力划分;产品种类较多、不易分为主次、难以按产品的设计能力划分的,可按投资额划分。

③ 一个建设项目只能属于大、中、小型之中的一种类型。单纯购置、不发生安装工作量的设备、工器具的投资,不划分大、中、小类型。

④ 对国民经济和社会发展具有特殊意义的某些项目,虽然设计能力或全部投资不够大、中型项目标准,但经国家批准列入大、中型计划或列为国家重点建设工程的,也可按大、中型项目管理。

⑤ 技术改造项目一般只按投资额划分限额以上和限额以下项目,不再按生产能力或其他内容划分。

⑥ 基本建设项目的大、中、小型和技术改造项目限额上下的具体划分标准,根据各个时期经济发展和实际管理工作中的需要而有所变化。现行国家的有关规定是:按投资额标准划分的建设项目,基本建设生产性建设项目中能源交通原材料部门的项目投资额达到 5 000 万元以上,其他部门和全部非生产性建设项目投资额达到 3 000 万元以上的为大中型建设项目,在此限额以下的为小型项目;按生产能力或使用效益标准划分的建设项目,国家对各行各业都有具体规定。技术改造项目只按投资额标准划分,达到 5 000 万以上的为限额以上项目,以下的为限额以下项目。

(六)按投资来源分类

按投资来源,可划分为政府投资项目和非政府投资项目。

1. 政府投资项目

政府投资项目在国外也称为公共工程,是指为了适应和推动国民经济或区域经济的发展,满足社会的文化、生活需求,以及出于政治、国防等因素的考虑,由政府通过财政投资、发行国债或地方财政债券、利用外国政府赠款以及国家财政担保的国内外金融组织的贷款等方式的项目。按其盈利性不同,又分为经营性政府投资项目和非经营性政府投资项目,前者应实行项目法人责任制,后者实施"代建制"。

2. 非政府投资项目

非政府投资项目是指企业、集体单位、外商和私人投资项目,一般实行项目法人责任制。

（七）按项目管理体制分类

1. 按隶属关系分类

（1）部直属单位

部直属单位是指国务院各部、委、局、总公司直接领导和管理的建设单位。这些单位的基本建设,由各部门根据国家计划的安排编制和下达计划,组织实施,协调和解决建设过程中的问题。

（2）地方单位

地方单位是指省、自治区、直辖市、计划单列市及地(市)、县直接领导和管理的建设单位,分为省属、地(市)属和县属。

（3）部直供

部直供是指由国务院有关部门与地方政府有关部门共同协商后,由中央各部下达基本建设计划并安排解决统配物资供应的部分地方建设项目。这类项目是管理体制改革中的一种过渡形式。

按隶属关系划分的方法是:① 以建设单位划分,一个建设单位只能有一个隶属关系;② 中央有关部门与各级地方部门及企、事业单位合资建设的项目,其隶属关系按项目所在单位行政上的隶属关系确定。属于合建的中央项目,全部投资(包括地方的部分投资)均列入"中央";合建的地方项目,全部投资(包括中央的部分投资)均列入"地方"。

2. 按管理系统分类

按管理系统分类就是按国务院归口部门对建设单位进行分类。归口部门是指建设项目所在的企业、事业单位在行政上归口管理的国务院各部、委、局、总公司。管理系统划分与行业划分不同,建设单位不论属于哪个行业,都要按管理部门划分。具体方法是:① 管理系统是以建设单位为对象划分的,一个建设单位只能列入管理系统中的某一个归口部门。② 部直属及在部领导和管理的全部建设单位,不论其在国民经济中属于哪个行业,都为本部归口管理系统的建设单位。如冶金部的水泥厂,按管理系统属于冶金部。③ 各级地方单位管理系统划分,原则上按上级管理机关的国务院归口部门划分。

（八）按工作阶段分类

处在建设的不同阶段的建设项目分别有以下几种。

1. 预备项目(或探讨项目)

按照中长期投资计划拟建而又未立项的建设项目只作初步可行性研究或提出设想方案供决策参考,不进行建设的实际准备工作。

2. 筹建项目(或前期工作项目)

经批准立项,正在进行建设前期准备工作而尚未正式开始施工的项目。建设规模较大的项目,在开工以前,按照国家有关规定,经批准可以设立专门的筹建机构,进行研究和论证建设方案,组织审查设计文件,办理征地拆迁,平整场地,选择施工和材料、设备供应单位等建设准备工作。

3. 施工项目

施工项目是指本年度计划内进行建筑或安装施工活动的项目,包括新开工项目和续建项目。

（1）新开工项目

建设准备工作已就绪,工程开工报告经批准并已列入年度计划开始建设的项目,按建设性质分类的各种项目,凡总体设计或计划文件中所规定的任何一项永久性工程,只要破土开槽按设计图纸施工,均为正式开工项目。

（2）续建项目

本年以前已正式开始,并在本年继续进行建筑安装或购置活动的建设项目,也可以是上年跨入本年继续施工的项目,也可以是以前年度全部停缓建而在本年经批准重新恢复施工的项目。

4. 建成投产项目

建成投产项目包括全部投产项目、部分投产项目和建成投产单项工程,是指本年内按设计文件规定建成主体工程和相应配套的辅助设施,形成生产能力或发挥工程效益,经验收合格并正式投入生产或交付使用的建设项目。

5. 收尾项目

以前年度已经全部建成投产,但尚有少量不影响正常生产或使用的辅助工程或非生产性工程,在本年内继续施工的项目。这类项目剩余工作量很少,或因安排投资不足,或因其他原因使项目不能报竣工销号,仍计入当年施工项目,不能真实反映年度在建工程总规模,不利于基本建设正常管理。

全部竣工项目和全部建成投产项目是有区别的。从内容上看,全部竣工项目要求生产性和非生产性工程全部建完,而全部建成项目则不要求非生产性工程全部建完;从时间上看,全部竣工日期迟于全部建成投产日期。

国家根据不同时期经济发展的目标、结构调整的任务和其他一些需要,对以上各类建设项目制定不同的调控和管理政策、法规、办法。因此,比较系统地了解建设项目的分类,对贯彻执行国家有关方针、政策,搞好项目管理有重要意义。

（九）按投资效益和市场需求划分

1. 竞争性项目

竞争性项目一般是指投资回报率比较高、竞争性比较强的工程项目,如:商务办公楼、酒店、度假村、高档公寓等,其投资主体一般为企业,由企业自主决策,自担投资风险。

2. 基础性项目

基础性项目是指具有自然垄断性、建设周期长、投资额大而收益低的基础设施和需要政府重点扶持的部分基础工业项目,以及直接增强国力的符合经济规模的支柱产业项目,如交通、能源、水利、城市公用设施等。

3. 社会公益性项目

社会公益性项目是指为社会发展服务,难以产生直接经济回报的工程项目,包括:科技、文教、卫生、体育和环保等设施,公检法等政权机关及政府机关、社会团体办公设施等。

四、建设项目的建设程序

建设项目的建设不是行业,也不是生产部门,而是指将建设的投资转化为固定资产的过程,是扩大再生产的手段,也是进行技术改造的手段。项目建设应遵循其本身所特有的建设程序,应先计划后建设,先勘察后设计,先设计后施工,先验收后使用。它反映了固定资产形成过程中的客观规律的要求,是关系项目建设质量的大问题。几十年来,我国固定资产投资建设的经验教训表明,只有严格按照建设程序办事,才能保证项目建设目标的顺利实现。目前,我国建设项目的建设程序主要包括开工前期准备阶段、在建阶段和竣工验收阶段三个主要阶段,见图1-2。

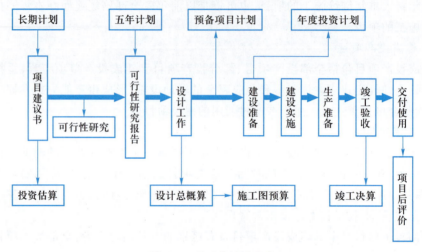

图 1-2　项目的建设程序

（一）开工前期准备阶段

建设项目从酝酿筹备到正式开工之前的这一段时期称为开工前期。该阶段的主要工作包括以下几点。

1. 编制并报批项目建议书

项目建议书是要求建设某一具体项目的建议文件,是建设程序中最初阶段的工作,也是投资决策前对建设项目的轮廓设想。项目建议书由建设单位负责编制,其主要内容包括:① 建设项目提出的必要性和依据;② 产品方案、拟建规模和建设地点的初步设想;③ 资源情况、建设条件、协作关系等的初步分析;④ 投资估算和资金筹措设想;⑤ 经济效益和社会效益的估计。

20世纪70年代,国家规定的基本建设程序第一步是设计任务书(计划任务书)。设计任务书一经批准,就表示项目已经成立。为了进一步加强项目前期工作,对项目的可行性进行充分论证,国家从20世纪80年代初期规定了在程序中增加项目建议书这一步骤。项目建议书经批准后,可以进行项目的可行性研究工作,但并不表明项目非上不可,项目建议书不是项目的最终决策。各部门、地区、企事业单位国民经济和社会发展的长远规划、行业规划、地区规划等要求,经过调查、预测和分析后,提出项目建议书。有些部门在提出项目建议书之前还增加了初步可行性研究工作,对拟进行建设的项目初步论证后,再编制项目建议书。

国家目前对项目初步可行性研究没有统一的要求,由各行业根据自己行业的特点而定。项目建议书按要求编制完成后,按照建设总规模和限额的划分审批权限报批。

按照国务院 2004 年 7 月 16 日颁发的《国务院关于投资体制改革的决定》要求,今后政府相关有权部门只负责审批政府投资为主的项目,对企业投资为主的项目实行备案制。具体规定摘录如下:"(一)改革项目审批制度,落实企业投资自主权。彻底改革现行不分投资主体、不分资金来源、不分项目性质,一律按投资规模大小分别由各级政府及有关部门审批的企业投资管理办法。对于企业不使用政府投资建设的项目,一律不再实行审批制,区别不同情况实行核准制和备案制。其中,政府仅对重大项目和限制类项目从维护社会公共利益角度进行核准,其他项目无论规模大小,均改为备案制,项目的市场前景、经济效益、资金来源和产品技术方案等均由企业自主决策、自担风险,并依法办理环境保护、土地使用、资源利用、安全生产、城市规划等许可手续和减免税确认手续。对于企业使用政府补助、转贷、贴息投资建设的项目,政府只审批资金申请报告。各地区、各部门要相应改进管理办法,规范管理行为,不得以任何名义截留下放给企业的投资决策权利。(二)规范政府核准制。要严格限定实行政府核准制的范围,并根据变化的情况适时调整。《政府核准的投资项目目录》(以下简称《目录》)由国务院投资主管部门会同有关部门研究提出,报国务院批准后实施。未经国务院批准,各地区、各部门不得擅自增减《目录》规定的范围。企业投资建设实行核准制的项目,仅需向政府提交项目申请报告,不再经过批准项目建议书、可行性研究报告和开工报告的程序。政府对企业提交的项目申请报告,主要从维护经济安全、合理开发利用资源、保护生态环境、优化重大布局、保障公共利益、防止出现垄断等方面进行核准。对于外商投资项目,政府还要从市场准入、资本项目管理等方面进行核准。政府有关部门要制定严格规范的核准制度,明确核准的范围、内容、申报程序和办理时限,并向社会公布,提高办事效率,增强透明度。(三)健全备案制。对于《目录》以外的企业投资项目,实行备案制,除国家另有规定外,由企业按照属地原则向地方政府投资主管部门备案。备案制的具体实施办法由省级人民政府自行制定。国务院投资主管部门要对备案工作加强指导和监督,防止以备案的名义变相审批。(四)扩大大型企业集团的投资决策权。基本建立现代企业制度的特大型企业集团,投资建设《目录》内的项目,可以按项目单独申报核准,也可编制中长期发展建设规划,规划经国务院或国务院投资主管部门批准后,规划中属于《目录》内的项目不再另行申报核准,只须办理备案手续。企业集团要及时向国务院有关部门报告规划执行和项目建设情况。"

2. 编制并报批可行性研究报告

(1)可行性研究

项目建议书一经批准,即可着手进行可行性研究,对项目的技术上是否可行和经济上是否合理进行科学的分析和论证。我国从 20 世纪 80 年代初将可行性研究正式纳入建设项目的建设程序和前期工作计划,规定大中型项目、利用外资项目、引进技术和设备进口项目都要进行可行性研究。其他项目有条件的也要进行可行性研究。承担可行性研究工作的单位是经过资格审定的规划、设计和工程咨询单位。通过对建设项目在技术、工程和经济上的合理性进行全面分析、论证和多种方案比较,提出评价意见,凡可行性研究未被通过的项目,不得编制向上级报送的可行性研究报告和进行下一步工作。

国家规定,不同行业的建设项目,其可行性研究内容可以有不同的侧重点,但一般要求具备以下基本内容。

① 项目提出的背景和依据。

② 建设规模、产品方案、市场预测和确定的依据。

③ 技术工艺、主要设备、建设标准。

④ 资源、原材料、燃料供应、动力、供水等协作配合条件。

⑤ 建设地点、厂区布置方案、占地面积。

⑥ 项目设计方案,协作配套工程。

⑦ 环保、防震等要求。

⑧ 劳动定员和人员培训。

⑨ 建设工期和实施进度。

⑩ 投资估算和资金筹措方式。

⑪ 经济效益和社会效益。

在 20 世纪 80 年代中期推行运用的项目财务评价和国民经济评价的办法,已在可行性研究中普遍应用。

(2)编制可行性研究报告

可行性研究报告是确定建设项目、编制设计文件的重要依据。所有固定资产投资建设项目都要在可行性研究通过的基础上,选择经济效益最好的方案编制可行性研究报告。由于可行性研究报告是项目最终决策和进行初步设计的重要文件,要求它必须有相当的精确度和准确性。

各类建设项目的可行性研究报告内容不尽相同。按照中国国际工程咨询公司、原国家计委办公厅(计办投资〔2002〕15 号)《投资项目可行性研究指南》(试用版)的规定,公共建筑项目可行性研究的主要内容包括 13 个部分:总论、需求分析与建设规模、场址选择、建筑方案选择、节能节水措施、环境影响评价、劳动安全卫生消防、组织机构与人力资源配置、项目实施进度、投资估算与资金筹措、财务评价、社会评价、研究结论与建议;而一般工业项目可行性研究报告编制大纲包括如下内容:总论、市场预测、资源条件评价、建设规模与产品方案、场址选择、技术和设备以及工程方案、主要原材料、燃料供应、总图运输与公用辅助工程、节能措施、节水措施、环境影响评价、劳动安全卫生与消防、组织机构与人力资源配置、项目实施进度、投资估算、融资方案、财务评价、国民经济评价、社会评价、风险分析、研究结论与建议。

(3)可行性研究报告审批

执行《国务院关于投资体制改革的决定》。可行性研究报告批准后,不得随意修改和变更。如果在建设规模、产品方案、建设地区、主要协作关系等方面有变动以及突破投资控制数时,应经原批准机关同意。经过批准的可行性研究报告,是确定建设项目、编制设计文件的依据。

3. 编制设计文件

设计是对拟建工程的实施在技术上和经济上所进行的全面而详尽的安排,是固定资产投资建设项目建设计划的具体化,是把先进技术和科研成果引入建设的渠道,是整个工程的决定性环节,是组织施工的依据。它直接关系着工程质量和将来的使用效果。经批准的可行性研究报告建设项目应通过招标单位,按照批准的可行性研究报告的内容和要求进行设计,编制设计文件。根据建设项目的不同情况,设计过程一般划分为两个阶段,即初步设计和施工图设计,重大项目和技术复杂项目,可根据不同行业的特点和需要,增加技术设计阶段。

初步设计是设计的第一阶段。它根据批准的可行性研究报告和必要而准确的设计基础资料,对设计对象进行通盘研究,阐明在指定的地点、时间和投资控制数内,拟建工程在技术上的可能性和经济上的合理性,通过对设计对象做出的基本规定,编制项目的总概算。根据国家文件规定,如果初步设计提出的总概算超过可行性研究报告确定的总投资估算10%或其他主要指标需要变更时,要重新报批可行性研究报告。

各类建设项目的初步设计内容不尽相同。就工业项目而言,其主要内容一般包括:① 设计依据和设计的指导思想;② 建设规模、产品方案、原材料、燃料和动力的用量及来源;③ 工艺流程、主要设备选型和配置;④ 主要建筑物、构筑物、公用辅助设施和生活区的建设;⑤ 占地面积和土地使用情况;⑥ 总体运输;⑦ 外部协作配合条件;⑧ 综合利用、环境保护和抗震措施;⑨ 生产组织、劳动定员和各项技术经济指标;⑩ 总概算。

承担项目设计单位的设计水平必须与项目大小和复杂程度相一致。按现行规定,工程设计单位分为甲、乙、丙、丁四级,各行业对本行业设计单位的分级标准和允许承担的设计任务范围有明确的规定,低等级的设计单位不得越级承担工程项目的设计任务。设计单位必须严格保证设计质量,每项设计均要做方案比较,合理地确定设计方案;设计必须有充分的基础资料,基础资料要准确;设计所采用的各种数据和技术条件要正确可靠;设计要求所采用的设备、材料和所要求的施工条件要切合实际;设计文件的深度要符合建设和生产的要求。初步设计由主要投资方组织审批。初步设计文件经批准后,全厂总平面布置、主要工艺过程、主要设备、建筑面积、建筑结构、总概算等不得随意修改、变更。

4. 进行建设准备

项目在开工建设之前要切实做好各项准备工作,其主要内容包括:① 征地、拆迁和场地平整;② 完成通水、通电、通路等工作;③ 组织设备、材料订货;④ 准备必要的施工图纸;⑤ 筹集建设资金。

5. 编制年度建设计划

一切建设项目(基本建设、技术改造、其他建设项目)都必须纳入国家固定资产投资计划,大中型项目纳入国家计经委计划,小型项目纳入地方或部门计划。年度计划项目必须列明当年投资、建筑安装工作量、设备、工具购置、其他费用和年末达到的形象进度。

6. 选择施工单位,签订施工合同

目前,建设单位选择施工单位的方法有委托和招标投标两种。按照《中华人民共和国招标投标法》的规定,凡是在我国境内进行的下列建设项目必须进行招标:① 大型基础设施、公用事业等关系社会公共利益,公众安全的项目;② 全部或部分使用国有资金投资或者国家融资的项目;③ 使用国际组织或者外国政府贷款、援助资金的项目。

除此之外,我国各地及各行业的相应法规中也对招标投标项目进行了明确的规定,例如,重庆市规定总投资 50 万元以上或建筑面积 1 000m² 以上(区县总投资 30 万元以上或建筑面积 800m² 以上)的建筑工程新建、改建、扩建和大型维修,其施工必须招投标。

(二) 在建阶段

在建阶段是指建设项目从正式开工之日起到正式竣工验收之日为止的一段时期。建设项目经批准新开工建设,即进入了建设实施阶段。按统计部门规定,开工日期是指建设项目设计文件中规定的任何一项永久性工程(无论生产性或非生产性)第一次正式破土开槽开始施工的日期。不需要开槽的工程,以建筑物组成的正式打桩作为正式开工。铁道、公路、水库等需要进行大量土方、石方工作量,以开始进行土方、石方工程作为正式开工。工程地质勘察、平整土地、旧有建筑物的拆除、临时建筑、施工用临时道路、水、电等施工不算正式开工。分期建设的项目分别按各期工程开工的时间填报,如二期工程应根据二期工程设计文件规定的永久性工程开工填报开工时间。投资额也是如此,不应包括前一期工程完成的投资额。建设工期从新开工时算起。

建设阶段经历的时间最长,少则几个月,多则几年乃至几十年。建设成本的高低,建设质量的好坏,关键就在建设阶段。在此阶段中,施工单位的主要任务是按设计要求进行施工建设,建设单位的主要任务是保证建造材料和建设资金的供应,全过程进行项目管理。在建设阶段后期,还要进行生产准备工作。

生产准备是施工项目投产前所要进行的一项重要工作。它是基本建设程序中的重要环节,是衔接基本建设和生产的桥梁,是建设阶段转入生产经营的必要条件。建设单位应当根据建设项目或主要单项工程生产技术的特点,适时组成专门班子或机构,做好各项生产准备工作。

生产准备的内容很多,各种不同的工业企业对生产准备的要求也各不相同,从总的方面看,生产准备的主要内容如下。

1. 招收和培训人员

大型工程项目往往自动化水平高,相互关联性强,操作难度大,工艺条件要求严格。而新招收的职工大多数可能以前并没有生产的实践经验,解决这一矛盾的主要途径就是人员培训,通过多种方式培训并组织生产人员参加设备的安装调试工作,掌握好生产技术和工艺流程。

2. 生产组织准备

生产组织是生产厂为了按照生产过程的要求和有关企业法规定的程序进行的,主

要包括生产管理机构设置、管理制度的制订、生产人员配备等内容。

3. 生产技术准备

生产技术准备主要包括国内装置设计资料的汇总,有关的国外技术资料的翻译、编辑,各种开车方案、岗位操作法的编制以及新技术的准备。

4. 生产物资的准备

生产物资的准备主要是落实原材料、协作产品、燃料、水、电、气等的来源和其他协作配合条件,组织工装、器具、备品、备件等的制造和订货。

(三)竣工验收阶段

竣工验收是工程建设过程的最后一环,是全面考核项目建设成果、检验设计和工程质量的步骤,也是基本建设转入生产或使用的标志。通过竣工验收,一是检验设计和工程质量,保证项目按设计要求的技术经济指标正常生产;二是有关部门和单位可以总结经验教训;三是建设单位对验收合格的项目可以及时移交固定资产,使其由基建系统转入生产系统或投入使用。

1. 竣工验收的范围和标准

根据国家现行规定,所有建设项目按照上级批准的设计文件所规定的内容和施工图纸的要求全部建成,工业项目经负荷试运转和试生产考核能够生产合格产品,非工业项目符合设计要求,能够正常使用,都要及时组织验收。

建设项目竣工验收、交付生产和使用,应达到下列标准。

① 生产性工程和辅助公用设施已按设计要求建完,能满足生产要求。

② 主要工艺设备已安装配套,经联动负荷试车合格,构成生产线,形成生产能力,能够生产出设计文件中规定的产品。

③ 职工宿舍和其他必要的生产福利设施,能适应投产初期的需要。

④ 生产准备工作能适应投产初期的需要。

有的基本建设项目(工程)基本符合竣工验收标准,只是零星土建工程和少数非主要设备未按设计的内容全部建成,但不影响正常生产,也应办理竣工验收手续。对剩余工程,应按设计留足投资,限期完成。有的项目投产初期一时不能达到设计能力所规定的产量,不应因此拖延办理验收和移交固定资产手续。国家规定,已具备竣工验收条件的项目(工程),三个月内未办理验收投产和移交固定资产手续的,取消企业和主管部门(或地方)的基建试车收入分成,由银行监督全部上缴财政。如三个月内办理竣工验收确有困难,经验收部门批准,可以适当延长期限。

2. 申报竣工验收的准备工作

建设单位应认真做好竣工验收的准备工作。

(1)整理技术资料

各有关单位(包括设计、施工单位)应对技术资料进行系统整理,由建设单位分类立卷,交生产单位或使用单位统一保管。技术资料主要包括土建方面、安装方面及各种有关的文件、合同和试生产的情况报告等。

(2)绘制竣工图

竣工图与其他技术资料一样,是建设单位移交生产单位的重要资料,是生产单位必须长期保存的技术档案,也是国家的重要技术档案。竣工图必须准确、完整,符合归档要求,方能交工验收。

（3）编制竣工决算

建设单位必须及时清理所有财产、物资和未花完或应收回的资金,编制工程竣工决算,分析预（概）算执行情况,考核投资效益,报主管部门审查。编制竣工决算是基本建设管理工作的重要组织部门,竣工决算是反映建设项目实际造价和投资效益的文件,是办理交付使用新增固定资产的依据,是竣工验收报告的重要组成部分。

3. 竣工验收的程序和组织

按国家现行规定,建设项目的验收阶段根据项目规模的大小和复杂程度可分为初步验收和竣工验收两个阶段进行。规模较大、较复杂的建设项目（工程）应先进行初验,然后进行全部建设项目（工程）的竣工验收。规模较小、较简单的项目（工程）,可以一次进行全部项目（工程）的竣工验收。建设项目（工程）全部完成,经过各单项工程的验收,符合设计要求,并具备竣工图表、竣工决算、工程总结等必要文件资料,由项目主管部门或建设单位向负责验收的单位提出竣工验收申请报告。

大中型和限额以上项目由国家发展改革委或由国家发展改革委委托项目主管部门、地方政府组织验收。小型和限额以下项目（工程）,由项目（工程）主管部门或地方政府部门组织验收。竣工验收要根据工程规模大小或复杂程度组成验收委员会或验收组。验收委员会或验收组由银行、物资、环保、劳动、统计及其他有关部门组成。

建设单位、接管单位、施工单位、勘察设计单位参加验收工作。验收委员会或验收组负责审查工程建设的各个环节,听取各有关单位的工作,审阅工程档案并实施查验建筑工程和设备安装,并对工程设计、施工和设备质量等方面做出全面评价。不合格的工程不予验收;对遗留问题提出具体解决意见,限期落实完成。

4. 竣工和投产日期

投产日期是指经验收合格、达到竣工验收标准、正式移交生产（或使用）的时间。在正常情况下,建设项目的全部投产日期应当同竣工日期是一致的,但实际上有些项目的竣工日期往往晚于全部投产日期,这是因为当建设项目设计规定的生产性工程的全部生产作业线建成,经试运转、验收鉴定合格、移交生产部门时,便可算为全部投产,而竣工则要求该项目的生产性、非生产性工程全部建成,投产项目遗留的收尾工程全部完工。

按项目建设程序办事,还要区别不同情况,具体项目具体分析。各行各业的建设项目,具体情况千差万别,都有自己的特殊性。而一般的基本建设程序,只反映它们共同的规律性,不可能反映各行业的差异性。因此,在建设实践中,还要结合行业项目的特点和条件,有效地贯彻执行基本建设程序。

第二节   建设项目审计

课前思考

随着经济的发展,政府投资规模不断扩大,审计跟着政府资金走,对政府投资项目进行审计。近年来,审计机关加大对建设项目的审计监督力度,有效地发挥审计监督作用,对规范建设资金使用、加强建设项目管理、提高投资效益、促进地方经济发展起到了积极作用,建设项目审计活动得到了政府、企业的广大认可。

微课
什么是建设项目审计

任务驱动

当你学完这一节,你将能够:

(1) 理解建设项目审计的概念;

(2) 了解建设项目的内容和特点。

思考或讨论

(1) 建设项目审计具有哪些特点,能否举例说明?

(2) 工程建设项目的边界和内容是什么?

(3) 工程审计人员在检查建设项目流程时可以关注哪些问题?

审计实训

(1) 调研:请你调研附近的建设项目,拟定一份详细的建设项目程序时间计划表。

(2) 请你结合本章所学知识,分析本校园的建设项目,并将其进行正确分类案例。

一、建设项目审计的概念

从理论层面上理解,建设项目审计是指由独立的审计机构和审计人员,依据党和国家在一定时期颁发的方针政策、法律法规和相关的技术经济指标,运用审计技术对建设项目建设全过程的技术经济活动以及与之相联系的各项工作进行的审查、监督。它是我国审计监督工作的重要组成部分,也是国家对固定资产投资活动与监督管理的重要手段。

按照中国内部审计协会 2011 年《内部审计实务指南第 1 号》,建设项目内部审计是指组织内部审计机构和人员对建设项目实施全过程的真实、合法、效益性所进行的独立监督和评价活动。其目的是为了促进建设项目实现"质量、速度、效益"三项目标。

为了更好地理解建设项目审计的概念,我们还需从如下方面进行深入分析。

1. 审计主体

与其他专业审计一样,我国建设项目审计的主体由政府审计机关、社会审计组织和内部审计机构三大部分所构成。其中,政府审计机关重点审计以国家投资或融资为主的基础性项目和公益性项目;社会审计组织以接受被审单位或审计机关的委托的方式对委托审计的项目实施审计,在我国的审计实务中,社会审计组织接受建设单位委托实施审计的项目大多为以企业投资为主的竞争性项目,接受政府审计机关委托进行审计的项目大多为基础性项目或公益性项目;内部审计机构则重点审计在本单位或本系统内投资建设的所有建设项目。

2. 审计的客体

审计的客体亦即审计的对象,按照建设项目审计的定义,我们可以确定,建设项目审计的客体是指项目建设过程中的技术经济活动内容,包括开工前、在建期和竣工验收阶段的所有工作。建设项目审计对象从其实体上看,主要是指建设项目的主管部门、各地方或国家的政府机关、建设单位、设计单位、施工单位、金融机构、监理单位以及参与项目建设与管理的所有部门或单位。

3. 审计范围

建设项目审计包括新建、扩建、改建、迁建和恢复项目。

4. 审计依据

建设项目的审计依据由以下三个层次组成。

① 方针政策。主要是指党和国家在一定时期颁发的与国民经济发展有关的宏观调控政策、产业政策和一定时期的发展规划等。它们直接影响建设项目的投资决策审计工作,是建设项目审计的宏观性与指导性的依据。

② 法律、法规。这是建设项目审计时必须严格遵照执行的硬性依据。主要包括《中华人民共和国审计法》《内部建设项目审计操作指南》《中华人民共和国建筑法》《中华人民共和国合同法》《中华人民共和国招标投标法》《中华人民共和国价格法》《中华人民共和国税法》《中华人民共和国土地法》以及国家、地方和各行业定期或不定期颁发的相关文件规定等。

③ 相关的技术经济指标。具体是指造价审计中所依循的概算定额、概算指标、预算定额以及建设项目效益审计时所依据的有关技术经济分析参数指标等。

5. 审计目标

与其他专业审计一样,建设项目审计的基本目标是真实性、合法性和有效性;从项目建设的目标上看,建设项目审计追求的是工期目标、投资目标和质量目标。

二、建设项目审计的内容

(一) 从项目建设程序方面进行审计

从项目建设程序上看,建设项目审计包括开工前审计、在建期审计和竣工后审计三大主要部分。

1. 开工前审计。

开工前审计是指建设项目审计部门对建设项目开工前的主要工作实施审计的过程,包括投资决策审计、勘察设计审计、资金筹集审计、开工前准备工作审计、招标投标与施工合同审计等多项内容。

2. 在建期审计。

按照建设项目审计的有关规定,我国政府审计机关对建设项目在建期审计的主要内容有以下几点。

① 对建设项目准备阶段资金运用情况进行审计。主要审计建设用地是否按批准的数量征用,土地使用是否符合审批的规划要求,征地拆迁费用及"三通一平"费用支出和管理是否合规。

② 对建设项目调整概算情况进行审计。主要审计调整概算是否依照国家规定的编制办法、定额、标准由有资质单位编制,是否经有权机关批准;设计变更的内容是否符合规定,手续是否齐全;影响建设规模的单项工程间的投资调整和建设内容变更,是

否按照规定的管理程序报批,有无擅自扩大建设规模、提高建设标准问题。

③ 对建设项目经济合同实施情况进行审计。重点审计建设项目经济合同是否符合国家法律,有关单位是否按合同条款执行。

④ 对建设项目概算执行情况进行审计监督,分析重大差异原因。

⑤ 对建设项目内部控制制度进行审计监督。重点审计内部控制制度是否健全,是否得以严格执行,以及内部控制制度在执行过程中的有效性情况。

⑥ 对建设项目建设资金来源、到位与使用情况进行审计监督。主要包括:建设资金来源是否合法;建设资金是否落实;建设资金是否按计划及时到位;建设资金使用是否合规,有无转移、侵占、挪用建设资金问题;有无非法集资、摊派和收费问题;建设资金是否和生产资金严格区别核算;有无损失浪费问题等。

⑦ 对建设项目建设成本及其他财务收支核算进行审计监督。重点审计工程价款结算的真实性、合法性,财务报表的真实性;待摊投资超支幅度及原因,有无将不合法的费用挤入待摊费用;建设单位是否严格按照概算口径及有关制度对建设成本进行正确归集,单位工程成本是否准确;生产费用与建设成本以及同一机构管理的不同建设项目之间是否有成本混淆情况;有无"账外账"等违纪问题。

⑧ 对建设项目设备、材料采购及管理情况进行审计。主要包括:设备和材料等物资是否按设计要求进行采购,有无盲目采购行为;设备和材料等物资的验收、保管、使用和维护是否有效;建设物资是否与同期生产物资严格区别核算。

⑨ 对建设项目税、费计缴情况进行审计监督。审查建设单位是否按照国家规定及时、足额地计提和交纳税费。

⑩ 对建设项目执行环境保护法规、政策情况进行审计监督。重点审计建设项目设计、施工等各环节是否执行国家有关环境保护法和政策,环境治理项目是否和建设项目同步进行。

⑪ 对设计单位进行审计监督。主要包括:建设项目设计是否按照批准的规模和标准进行;设计费用收取是否符合国家有关规定。

⑫ 对建设项目施工单位进行审计监督。包括:施工单位有无非法转包工程行为;工程价款结算是否合法,有无偷工减料、高估冒算、虚报冒领工程价款等问题。

⑬ 对建设项目监理单位进行审计监督。重点审计监理单位的资质情况,监理工作是否符合合同要求;监理收费是否符合国家有关规定等。

3. 竣工后审计

从理论上说,建设项目竣工后审计应包括竣工验收阶段和后期工作的所有内容。具体表现为审计竣工验收程序是否合规,验收报告内容是否真实,验收标准是否适用;竣工决算与总结算是否真实、准确,计算方法和表达方式是否恰当,建设项目总投资是否符合批准的投资计划要求,是否超过了建设项目预算标准;建设项目实际实现的投资效益是否达到了投资决策所预定的目标等内容。

但在我国的审计实务中,建设项目竣工后审计重点围绕竣工决算进行展开。

① 对建设项目竣工决算报表进行审计监督。重点审计竣工工程概况表、竣工财务决算表、交付使用资产总表、交付使用资产明细表的真实和合法性情况;竣工决算说明书的真实性与准确性情况。

② 对建设项目投资及概算执行情况进行审计监督。包括:各种资金渠道投入的实际金额;资金不到位的数额、原因及其影响;实际投资完成额;概算调整原则、各种调整系数、设计变更和估算增加的费用,核实概算总投资;核实建设项目超概算的金额,分析其原因,并查明扩大规模、提高标准和批准设计外投资的情况。

③ 对建设项目的建筑安装工程核算、设备投资核算、待摊投资的列支的真实、合法、效益进行审计监督。

④ 对建设项目交付使用资产情况进行审计监督。重点包括:交付的固定资产是否真实,是否办理验收手续;流动资产和铺底流动资金移交的真实性与合法性;交付无形资产的情况;交付递延资产的情况等。

⑤ 对收尾工程的未完工程量及所需的投资进行审计监督,查明是否留足投资和有无新增工程内容等问题。

⑥ 对建设项目结余资金进行审计监督。主要包括:银行存款、现金和其他货币资金;库存物资实存量的真实性,有无积压、隐瞒、转移、挪用等问题;往来款项,核实债权债务,有无转移、挪用建设资金和债权债务清理不及时等问题。

⑦对建设收入的来源、分配、上缴和留成、使用情况的真实性、合法性进行审计监督。

⑧ 对投资包干结余进行审计监督。重点审计包干指标完成情况、包干结余分配是否合规。

⑨ 对建设项目投资效益进行评审。主要评价分析建设工期对投资效益的影响;分析工程造价;测算投资回收期、财务净现值、内部收益率等技术经济指标;分析贷款偿还能力,评价建设项目的经济效益、社会效益和环境效益等。

接受审计机关竣工决算审计的建设项目必须具备以下条件:第一,已经完成初步验收;第二,已经编制出竣工决算。

(二) 从建设项目审计内容的专业特征方面进行审计

建设项目审计包括工程技术审计、财务收支审计、技术经济审计、建设管理审计等多项内容。

(三) 从建设项目的范围方面进行审计

建设项目审计包括基本建设项目审计、技术改造项目审计和其他投资项目审计等三大主要部分。

(四) 从内部建设项目审计操作指南规定角度进行审计

内部建设项目审计的主要内容有对投资项目投资立项、设计(勘察)管理、招投标、合同管理、设备和材料采购、工程管理、工程造价、竣工验收、财务管理、后评价等过程的审查和评价。

1. 审计投资立项情况

投资立项审计是指对已立项投资项目的决策程序和可行性研究报告的真实性、完整性和科学性进行的审查与评价。

2. 审计设计（勘察）管理情况

设计（勘察）管理审计是指对项目投资过程中勘察、设计环节各项管理工作质量及绩效进行的审查和评价。

3. 审计招标投标情况

招投标审计是指对投资项目的勘察设计、施工等各方面的招标和工程承发包的质量及绩效进行的审查和评价。

4. 审计合同管理情况

合同管理审计是指对项目投资过程中各专项合同内容及各项管理工作质量及绩效进行的审查和评价。

5. 审计设备和材料采购情况

设备和材料采购审计是指对项目投资过程中设备和材料采购环节各项管理工作质量及绩效进行的审查和评价。

6. 审计工程管理情况

工程管理审计是指对投资项目实施过程中的工作进度、施工质量、工程监理和投资控制所进行的审查和评价。

7. 审计工程造价情况

工程造价审计是指对投资项目全部成本的真实性、合法性进行的审查和评价。

8. 审计竣工验收情况

竣工验收审计是指对已完工投资项目的验收情况、试运行情况及合同履行情况进行的检查和评价活动。

9. 审计财务管理情况

财务管理审计是指对投资项目资金筹措、资金使用及其账务处理的真实性、合规性进行的监督和评价。

10. 审计项目后评价工作情况

后评价审计是指对投资项目交付使用经过试运行后有关经济指标和技术指标是否达到预期目标的审查和评价。

三、建设项目审计的特点

与其他专业审计相比，建设项目审计有其自身固有的特点，主要表现在以下几方面。

1. 审计范围的广泛性

固定资产投资涉及国民经济的各行各业。凡是从事固定资产投资活动的单位、部门都要接受审计部门的监督。

2. 审计过程的阶段性

建设项目活动具有投资消耗大、建设周期长的特点。一个生产性建设项目少则三五年，多则七八年，建设过程为前期、中期、后期，因此，对固定资产投资项目的审计阶段也分为事前、事中、事后进行。

3. 审计方法的灵活性

固定资产投资是现代科学技术成果的综合反映，建设项目大多是各种技术的复合体，而且每类项目又有其特定的使用目的，工程建设内容、结构、施工方式都具有独持性,这就要求对固定资产投资项目进行审计时,采用可行性研究与评估、工程勘测及设计、施工组织管理、工程概(预)算审核等经济技术方法,以便实施更有效的监督。

4. 审计内容的复杂性

由于固定资产投资活动涉及领域广泛,建设项目审计的内容极其复杂。它不仅要审计投资计划安排是否符合国家的投资政策,同时也要审计投资的资金来源是否正当合理;不仅要审计投资的使用是否符合有关财经纪律和概算标准,同时要审计投资活动是否能够获得经济效益;不仅要审计投资建设项目的设计方案是否合理,同时要审计投资建设项目的建设标准是否符合有关的规定。

【例1-1】 某地方(省教育厅管辖)高校在本市新开辟的大学城征用了 2 500 亩土地,准备进行新校区建设,批准的概算投资为 12 亿元,按照筹资计划要求,其中 9 亿元通过银行贷款解决,其余部分自筹。问:该新建项目应该由谁审计? 为什么?

答案要点:由地方审计机关审计。因为该建设单位是事业性单位,尽管投资的主要来源是贷款,但最终要用国有资产抵还,因此,应该由国家审计机关审计,同时,因为该高校归属于省教育厅,按照从属关系,确切的国家审计机关是该省审计厅。

【例1-2】 如果上题中的审计厅因人员有限或时间有限,没有将该项目列入年度审计计划,那么,该项目又该由谁审计?

答案要点:可以由审计厅委托事务所审计,或授权该高校自己审计或自己委托。除此之外,该项目可以由财政评审中心审计,政府审计部门对财政评审行为进行再监督。

【例1-3】 某公路项目是某省重点建设项目,概算投资 40 亿元,采取 BOT 方式建造,出资方为某香港企业,该省政府与港商签订了合同,合同约定,由港商出资,并享有 20 年的经营使用收益权,20 年后,交给地方政府。问:该项目由谁审计?

答案要点:从项目属性上看,该项目是公共工程,应该由地方审计机关审计,但从投资方式上看,属于企业投资项目,非国家投资项目,按照审计法的要求,应该由港商决定审计主体(内审或委托事务所)。

【例1-4】 思考投资主体多元化对建设项目审计的影响。

答案要点:① 对主体有影响;② 对审计内容有影响;③ 对审计方式有影响;④ 对审计依据有影响。

【例1-5】 如果某审计厅将某国家投资建设项目委托给事务所完成,问:谁支付审计费?

答案要点:谁委托,谁付费。

【例1-6】 某建设单位的内部审计机构,能否延伸审计为该单位进行项目建设的施工单位的财务收支情况?

答案要点:不能,它只能审计本单位的财务收支及项目建设管理情况,审计范围只能是在本单位内部。

【例1-7】 工程施工质量、设计质量及相关的技术性工作是否属于建设项目审计范畴?

答案要点:从理论上说属于,但实务中上未开展到如此深度。

【例1-8】 下列单位都是建设单位内部审计机构的审计对象,对否?

① 建设单位;② 施工单位;③ 设计单位;④ 监理单位;⑤ 材料供应商。

答案要点:不正确。

【例 1-9】　对建设项目前期决策进行审计的主要依据是什么?

答案要点:① 方针政策(产业政策、宏观调控政策、中长期发展计划);② 技术经济参数指标(包括财务效益指标、宏观效益指标及社会效益指标等)。

【例 1-10】　与建设项目审计有关的法律依据有哪些?

答案要点:《审计法》《招标投标法》《合同法》《经济法》《税法》《土地管理法》《建筑法》《价格法》等。

【例 1-11】　如果某项目的施工签证是假的,但审计人员在审计中没有发现。问:审计人员是否承担责任?

答案要点:要看审计技术和手段是否可以鉴别,如果可以鉴别但未发现,则要承担责任,否则不承担责任。

【例 1-12】　如何降低上题中涉及的审计风险?

答案要点:一般通过承诺制将审计风险转嫁给资料提供者。

【例 1-13】　如何理解审计的"合法性"目标特点?

答案要点:合法性应该有两重含义,一是审计对象涉及的各项活动要合法;二是审计主体的审计活动要合法。

【例 1-14】　假设某工程决算审计,送审造价 1 000 万元,经过建设单位内部审计机构的审计到 800 万元,但在与被审计单位交换意见时,施工单位认为尽管审计过程是对的,但核减额太大,不能接受,请审计人员再让 80 万元,否则拒绝在核定单上签字。问:如果施工单位不签字的话,审计人员可否单方面出具审计报告并执行审计结果?

答案要点:只要能够确认审计结果是正确的就可以。但要谨慎,注意降低审计风险。

第三节　开展建设项目审计

课前思考

开展建设项目审计,首先要搞清楚基本建设的概念,基本建设有几个阶段,有哪些特征等,只有了解了基本建设项目全过程的内容,才能掌握基本建设项目审计从哪个阶段入手,哪个阶段应关注哪些内容,确定审计重点等。

微课
如何开展建设项目
审计

任务驱动

当你学完这一节,你将能够:

(1) 了解建设项目内部审计程序;

(2) 掌握建设实施方案编制方法;

(3) 掌握审计实施阶段的先后顺序;

(4) 具备正确判断审计实施阶段问题及证明证据依据完整性和关联性的能力。

思考或讨论

(1) 建设项目审计准备阶段、实施阶段、终结阶段、后续审计阶段都有哪些程序?

(2) 工程实施阶段,如何完成取证,需要搜集哪些资料?

(3) 审计报告主要分为哪些部分?

(4) 审计结束后还需要完成哪些后续工作?

审计实训

(1) 模拟:请你模拟审计进点会程序。

(2) 假如你的学校教学楼要翻修,下面针对教学楼翻修更新项目进行审计,请你编制审计实施方案。

一、建设项目内部审计程序

建设项目审计程序是指进行该项审计工作所必须遵循的先后工作顺序。按照科学的程序实施建设项目审计,可以提高审计工作效率,明确审计责任,提高审计工作质量。按照我国内部审计协会颁发的内部审计准则要求,建设项目审计程序一般可分为审计准备阶段、审计实施阶段、审计终结阶段和后续审计阶段。

(一) 审计准备阶段

1. 确定审计项目,编制审计计划

确定审计项目有两重含义:一是审计机构编制年度审计计划;二是审计人员按照本部门年度审计计划要求,选择具体的审计项目。

内部审计机构应根据本部门或本单位当年项目建设安排,按照本组织管理者的要求,结合本身的审计能力,确定内部审计项目范围,并使用风险评估的方法,按照风险的大小和审计的重要性程度,对当年项目审计的先后顺序做一统筹安排,从原则上说,应先审计风险大的项目,或虽然风险不大、但影响比较大也比较重要的项目。审计计划一般包括年度审计计划、项目审计计划和审计方案三个层次,具体编制要求执行"内部审计具体准则 2101 号——审计计划"。

2. 成立审计小组,编制审计方案

在确定了审计项目之后,都要根据审计项目的性质和审计内容要求落实审计人员,成立审计小组,明确审计小组组长,并进行合理分工。就项目审计的一般情况看,审计人员主要包括工程技术人员、财务会计人员、技术经济人员、管理人员等。其中,工程技术人员应是具有预算员资格或造价工程师资格的工程师或高级工程师,由他们负责完成建设项目造价审计、技术审计等相应工作。财务会计人员应具备建设单位财务会计审计知识;技术经济人员是指懂得工程经济、投资经济和项目管理等方面知识的经济师或高级经济师,他们在建设项目审计工作中,对前期决策审计、项目管理审计和建设项目绩效审计等多方面内容负责;管理人员实际是在项目审计中进行综合协调的人员,他们不一定精通审计需要的上述专业知识,但应具有管理能力、协调能力、沟通能力和统筹能力,通常情况下,他们是审计组组长的承担者。人员数量根据审计项

目的大小和审计时间的长短而定。建设项目审计实施审计组组长或主审负责制。从上述介绍情况来看,建设项目审计确实不同于一般的财政财务收支审计,由建设项目本身所具有的特点,决定了项目审计工作的技术经济综合性特征,在成立审计小组时,就表现得淋漓尽致。

审计方案是审计计划的组成部分,由审计小组编制,具体编制要求执行"内部审计具体准则1号——审计计划",见表1-1。

表 1-1　审　计　方　案

项目名称:

审计依据			
审计目标			
审计范围			
审计方式	就地审计(　　　　)	送达审计(　　　　)	
审计组	组长		主审
	成员		
被审计项目基本情况			
项目性质		项目负责人	财务负责人
所属单位(或投资总额、注册资本、出资人出资情况)			
单位地址			
邮政编码		联系电话	
执行何种财务会计制度			
项目建设概况:			
重要性水平及风险评估			
审计内容及分工(含运用计算机审计的内容)			
对专家和外部审计工作结果的利用要点			
研究问题及信息要点	责任人:		
审计步骤起讫时间			
审计组所在部门意见			
主管领导意见			

编制人:　　　　　　编制日期:　　年　月　日

3. 初步收集审计资料

在实施项目审计之前,审计人员应初步收集与建设项目审计有关的资料,例如与审计事项有关的法律、法规、规章、政策及其他文件资料等。审计组对曾经审计过的单位,应当注意查阅了解过去审计的情况,利用原有的审计档案资料。除此之外,审计组还需调查了解被审计单位的基本情况。例如,审计人员应该到计划部门、项目主管部门、银行等单位了解项目的背景、材料,如批准的项目立项报告、可行性研究报告、设计任务书、设计文件、概算文件、分年度投资计划的财务计划等。收集资料时注意了解各单位对项目的反应和看法。该阶段收集的资料是建设项目审计的主要依据。

4. 下达审计通知书

按照《内部审计具体准则第 2102 号——审计通知书》要求,内部审计机构应在实施审计前,向被审计单位送达审计通知书。特殊审计业务可在实施审计时送达,见表 1-2。

表 1-2 审计通知书

×审×基[××××]×号

×××××关于审计××(审计项目名称)的通知
××××(被审计单位):
根据我×年度审计工作计划安排(或××××),决定派出审计组,自××××年×月×日起,对你单位(××××时间段)(×××内容)(审计目的及审计范围)进行审计。接此通知后,请予积极配合,并提供有关资料和必要的工作条件。
审计组长:
审计组成员:
内部审计机构及其负责人的签章:
签发日期:
抄送:(必要时可抄送组织内部相关部门。涉及组织内个人责任的审计项目,应抄送被审计者本人。)

(二)审计实施阶段

1. 进驻被审单位,进一步了解审计情况

下达审计通知书后,审计人员按预定的日期进驻被审计单位,一般要召开一个由被审计单位领导和有关人员参加的进点会,审计组说明审计目的、要求,取得被审计单位支持,由被审单位领导、各业务部门负责人简要介绍项目情况。审计人员应了解以下项目情况。

① 建设单位的基本情况,包括机构设置与人员定编、负责人等。

② 项目的资金来源与数额、计划投放与实际投入的数额、项目概算及其调整,国家分配的计划指标和实际到货数量。

③ 项目的基本情况,包括项目的平面布置、建筑面积、占用面积、生产区及生活区建筑面积和占用面积、主要厂房的结构建筑面积、建筑标准。

④ 工程的完成情况和进展,包括完成的单项工程的数量和造价、未完工的单项工程的工程进度。

⑤ 工程设计单位、主要施工单位、主要设备生产厂家名单。

在初步了解被审计项目情况的基础上，进一步收集与审计事项有关的审计资料。如果是进行开工前审计的话，则需要收集：经批准的项目建议书、可行性研究报告、设计文件、与筹集资金有关的资料、办理开工手续的有关资料、招标投标资料、工程合同以及与土地的取得有关的资料等。如果是进行工程决算审计，则需要收集如下资料：① 工程竣工图；② 决算书；③ 工程量计算书；④ 材料的价格信息；⑤ 施工合同；⑥ 施工签证；⑦ 设计变更资料；⑧ 施工组织设计文件；⑨ 与项目管理有关的制度规定。这些资料既是项目审计的依据，也是审计的对象，一般情况下都由建设单位提供。为了保证审计的主动性，审计人员在收集这些资料时应注意对其真实性进行鉴别，必要时，应对与隐蔽工程有关的证明资料以及与材料价格有关的资料进行实地核实，以做到去伪存真，保证审计结论的真实性。

2. 对建设项目的内部控制制度的健全性和符合性进行测试，评价建设项目的内部控制制度

与其他的专业审计一样，建设项目审计也应采用制度基础审计方法，通过对建设项目内部控制制度测试，评价建设项目内部控制制度的恰当性与有效性，并确定最佳控制点，从最佳控制点入手，实施重点审计，以提高项目审计的效率。该过程一般包括三个主要步骤。

① 描述内部控制制度。审计人员可以通过调查问卷、流程图或文字表达的方式来描述建设项目内部控制制度。包括建设项目的承建方式描述、建设与管理的组织系统描述、现场管理制度描述、授权制度描述、财务管理制度描述、材料与设备采购制度描述等。内部控制制度描述能够进一步说明建设项目的建设与管理质量情况，使审计人员能够对建设项目有一个完整的认识。

② 测试内部控制制度。对内部控制制度进行测试，需要经过穿行测试和小样本测试两个主要阶段。其中，穿行测试可以通过两种途径达到：一是凭证穿行测试，即根据组织的记录来追踪整个活动过程；二是程序穿行测试，即由审计人员对活动的每一步进行一到两次的测试。穿行测试是从控制点的分析开始的，审计人员针对项目建设活动中的控制点，对项目建设活动分层进行测试。小样本测试的实质是选择少量的行为活动进行测试，其目的是检查内部控制制度实施的有效性程度，即实际活动效果是否达到了预期的目标。

③ 完成了对上述内部控制制度的描述和测试之后，审计人员立即对建设项目的内部控制情况进行评价，而后，调整审计方案或进行扩大测试。

3. 按照调整后的审计方案要求，采用一定的方法对建设项目进行审计

选择项目审计的重点，对有关资料、文件、合同、资金、实物等进行认真的审核和检查，并在审计过程中不断进入建设现场，进行实地考察与测量，深入调查取证，以保证审计内容的真实性和合法性。同时，应编制审计工作底稿。经过反复取证及分析审查之后，审计人员对被审单位报送的审计资料有了完整的认识，并按照国家的方针、政策、法律、法规及有关的技术经济指标要求评价被审项目的真实性、合法性和有效性，在此基础上，得出初步的审计结论。作为审计实施阶段的一个重要工作环节，审计人员必须就已得出的初步审计结论与被审计单位交换意见，对其适当性进行沟通与探讨，并争取达成一致。

4. 恰当取证,并完成审计工作底稿

正确填制审计工作底稿是审计工作中一个十分重要的工作环节。当审计机构按照一定的设计原则编制完审计工作底稿之后,审计人员就应按照工作底稿的格式、结构和其所反映的内容要求填制审计工作底稿。

在明确正式的填制内容之前,审计人员必须首先弄清楚如下问题:① 填制的内容是否是为编写审计报告所必需? ② 是否为证明审计项目所必需? ③ 是否为纠正违纪问题所必需? ④ 是否为本案今后继续调查所必需? ⑤ 是否符合审计的目的? 如果回答是肯定的,则相关资料应被填制进审计工作底稿。否则,则不必进入审计工作底稿。

审计工作底稿应填制的内容:① 已经完全查清或基本查清的事实及其情节;② 证实该事实确实存在的主证和旁证说明;③ 衡量该事实是非界限的法律、法规、制度,以及其他有关依据;④ 反映经济效益的目标和指标的实现程度及其管理者尽职尽责的状况;⑤ 对问题和经济事项的主观因素的分析和评价;⑥ 根据审计标准提出处理问题的初步意见和改进管理的初步设想;⑦ 审计工作底稿的附件。

审计工作底稿是在审计活动中取得的,它主要来源于如下几个方面:国家方针、政策、法令;有关部门的规章制度、批文;被审单位的有关计划、方案,各项管理制度、会计制度、责任制度,各类账表、凭证统计资料以及经济活动分析、财产物资实有状况等;各方面的检举揭发材料,有关人员检查交代和情况说明,以及其他单位或个人提供的同被审项目或被审计单位有关的情况资料;审计人员工作日记,调查询问记录,检查账表记录,各种查证、函证核实材料等。

填制审计工作底稿时,应做到以下几点:① 内容完整、真实、重点突出。如要完整地反映审计计划、审计方案制定及其实施情况,包括与形成和发表审计意见有关部门的所有重要事项,以及审计人员的专业判断。审计工作底稿不得被擅自删减或修改。② 填制审计工作底稿应做到观点明确,条理清楚,用词恰当,字迹清晰,格式规范,标识一致;审计工作底稿应有索引编号和顺序编号;审计工作底稿中载明的事项、时间、地点、当事人、数据、计量、计算方法和因果关系必须准确无误,前后一致;相关的证明资料如有矛盾,应当予以鉴别和说明。③ 应充分考虑建设项目审计的性质、目的和要求,使审计工作底稿繁简适当,充分体现审计工作底稿的简明性和适用性。④ 相关的审计工作底稿之间应有一定的钩稽关系,相互引用时要注明索引编号。⑤ 审计工作底稿中由被审单位、其他第三者提供或代为编制的资料,审计人员除应注明资料来源外,还应实施必要的审计程序,形成相应的审计记录;审计工作底稿所附的审计证明材料应当经过被审计单位或其他提供资料的单位进行认定鉴证,如果有特殊情况无法认定或鉴证的,应当由审计组做出书面说明。

《内部审计具体准则 2104 号——审计工作底稿》明确规定:"审计工作底稿应当由审计组组长在编制审计报告前进行复核,并签署复核意见。"同时该准则还规定:"经复核审定的审计工作底稿,不得增删或修改"。审计人员根据符合意见检查审计工作底稿,确有需要改动,应当另行编制审计工作底稿,并做出书面说明。复核审计工作底稿的目的是保证审计工作底稿的完整性、适用性、真实性和规范性,减少审计风险,提高审计质量。审计人员对审计工作底稿的真实性负责,审计人员和复核人员对审计工作底稿中记载国家秘密和被审计单位的商业秘密负有保密责任,见表 1-3 ~ 表 1-5。

表 1-3　审计工作底稿

索引号：

被审计单位名称	
审计事项	
会计期间或者截止日期	

审计人员		编制日期	

审计过程记录：

审计结论或者审计查出问题摘要及其依据：

处理处罚建议及法律法规依据：

科目调整要求：

复核意见	
复核人员		复核日期	

共　　页　第　　页　　　　　附件（共　　页）

表 1-4　×××建设项目基本情况表

审计名称：　　　　　　　　　　　　审计工作底稿编号：

被审计单位名称		法人代表	
经济性质		主管部门（单位）	
注册地址		联系电话	

组织机构情况：

基本情况：
注册资金：
　　其中：1. 国家资本金
　　　　　2. 法人资本金
　　　　　3. 个人资本金

生产经营状况：

财务状况：（主要经济指标）

其他情况：

审计评估：

审计主管：×× 　　　编制人：×× 　　　编制日期：××××年×月×日

　　　　　　　　　　　　审核人：×× 　　　审核日期：××××年×月×日

表 1-5   ×××建设项目审计工作底稿

索引号：   金额单位：   共   页   第   页

被审计单位名称	
审计项目	
实施审计期间或截止日期	
审计过程记录	
审计结论或审计查出问题摘要及其依据	
	审计人员 编制日期
复核意见	
	复核人员 复核日期

审计人员与被审计单位就初步审计结论达成一致之后，则着手准备编写审计报告。

5. 编写审计报告

审计组向其派出机构提交审计报告前，应当征求被审计单位对审计报告的意见。被审计单位自收到审计报告之日起十日内提出书面意见；在规定期限内没有提出书面意见的，视同无异议，并由审计人员予以注明。被审计单位对审计报告有异议的，审计组应当进一步研究、核实。如有必要，应当修改审计报告。

审计报告正文内容包括以下方面。

① 审计概况。说明审计立项依据、审计目的和范围、审计重点和审计标准等内容。

② 审计依据。应声明内部审计是按照内部审计准则的规定实施，若存在未遵循该准则的情形，应对其做出解释和说明。

③ 审计结论。根据已查明的事实，对被审计单位经营活动和内部控制所做的评价。

④ 审计决定。针对审计发现的主要问题提出的处理、处罚意见。

⑤ 审计建议。针对审计发现的主要问题提出的改善经营活动和内部控制的建议。

⑥ 附件。应包括对审计过程与审计发现问题的具体说明、被审计单位的反馈意见等内容(一般在向本单位领导呈送报告时附送)。

⑦ 签章(抄送：派出审计组的机构领导及适当管理层)。

下面是某审计机构派出的审计组发送给被审单位的某建设项目审计报告征求意见书及被审计单位的书面回执(表 1-6)。

审计报告征求意见书

××××(被审计单位名称)：

根据《内部审计具体准则第 3101 号——审计报告》第三十四条的规定，现将××××年×月×日至××××年×月×日对你单位××××的审计报告送达征求意见。请在收到审计报告之日起××日内提出书面意见,送交审计组。如果在规定期限内没有提出书面意见,视为无意见。

　　附:审计报告

审计组长:

报告送达时间:

表1-6　被审计单位对审计报告意见

第　　页

　　　单位负责人(签章)　　　　　　　　被审计单位(签章)

　　　　年　月　日　　　　　　　　　年　　月　　日

注:可另加附页。

审计报告反馈意见说明书

关于对×××（审计项目名称）的审计报告

征求意见日期　　年　月　日　　　　　被审计单位反馈意见日期　　年　月　日

对被审计单位反馈意见的说明：

审计组组长（主审）：

年　月　日

内部审计机构应当建立健全审计报告的复核制度，设立专门机构或者配备专门人员，对审计报告进行复核。复核机构或者复核人员复核审计报告后，应当提出复核意见，并做出复核工作记录。

审计报告经复核后，由内部审计机构所在单位主管领导审定；重大事项的审计报告，应当由本组织最高决策层审定，见表1-7。

表1-7　审计报告审核意见书

审计报告名称			
内部审计机构负责人		审计组组长（或主审）	
内部审计机构审核意见： 审核人（内审机构负责人）： 年　月　日			
内部审计机构分管领导（或机构）意见： 签章： 年　月　日			

（三）审计终结阶段

上述工作完成之后，审计人员整理并归还审计资料，撤离审计现场，而后，整理审计档案。下列资料应存入档案。

① 审计方案。

② 审计通知书或审计委托书。

③ 审计工作底稿。

④ 审计报告、审计报告征求意见书及书面回执。

⑤ 审计时所依据的主要资料的复印件。

（四）后续审计阶段

后续审计一般是指审计机构对被审单位在前次审计工作结束后，为检查审计结论和处理决定执行情况，或发现有隐瞒行为，或漏审、错审时而进行的跟踪审计。此外还有两种情况也要进行后续审计：第一种情况，有些建设项目铺了摊子，但建设资金不能及时到位，或配套项目不能同步建设，或厂址的工程、水文地质条件不清等，都直接影响建设速度，拖延工期，使项目难以按期竣工投产，造成较大经济损失，为促使这类建设项目能按计划达到预期的目的和效果，对其实施后续审计就显得十分必要。第二种情况，对于同一个建设项目，曾进行过前期审计或在建项目审计，当审计机关在项目建成投产以后，再次对其实施的审计。通过审计，一方面可以全面考核项目的实际投资效益，并与可行性研究时的预计效益进行比较，全面评价项目的建设业绩和教训；另一方面，可以检验前次的审计质量和审计水平，总结经验，指导今后实践。

后续审计的主要内容包括以下几点。

① 把原审计结论，处理决定中所提出的问题的落实执行情况列为后续审计的重要内容。检查被审单位有无认真采取整改措施，改正或处理有关人和事，效果如何。对于尚未得到采纳、执行的有关问题，要认真分析、查明原因；对于因故拖延不改或措施不力的，要督促其尽快采取措施解决；对于故意推托延迟，拒不执行的，应责令其在限期内改正。

② 检查上一次审计时已审出的问题有无重犯的情况，特别要深查那些隐埋较深，上次审计时因某种原因（如时间仓促、人力有限、线索不够）未能见底的问题。例如，挪动、转移建设资金，挤占建设成本等。

③ 审查有无产生新问题。有的单位钻空子，避开已审过的问题，在别的方面做文章，例如，违反财经纪律的新方式，新计划外工程，损失浪费都有可能重新发生。

④ 检查上一次的审计质量和审计报告的质量。回顾工作中有无不妥或失误之处，审计决定有无不够客观、不够准确，或者操作不便的情况。通过自我复审，利于改进工作，提高审计质量，树立审计的权威性。

后续审计是审计工作程序不可缺少的重要组成部分，是强化审计监督职能，深化审计内容，加快实现审计工作制度化、规范化的有效途径。

内部审计人员应在报送审计报告后，经过合理的一段时间，对被审计部门进行复查，看其是否采取了合适的纠正措施并取得了理想的效果；如果没有采取纠正行动，应调查是否是高级管理层或董事会的责任。内部审计人员一定要让管理者或董事会关注真实的和潜在的风险,但若管理者或董事会做出了接受风险和不采取纠正行动的选择,则内部审计人员没有进一步的责任。同样,如果管理者选择了内部审计人员建议以外的其他纠正方法,也是如此。内部审计人员在实施后续审计时,要考虑到被审部门的业务安排和时间要求,尽量减少对被审单位的业务、职工以及先前审计过的业务的影响。

二、建设项目内部跟踪审计

由于建设项目审计具有审计时间长、审计内容多、审计对象广泛等一系列特点,外部审计机构受其审计力量的制约而感到实施全过程审计难度较大。但内部审计机构有得天独厚的优势可以对建设项目实施全过程审计,这是因为内部审计机构是建设单位的一个职能部门,它的主要工作应围绕本单位的经营管理目标开展,直接由本单位的主要负责人负责。只要领导重视内部审计工作,要求其对建设项目实施跟踪审计,则内部审计机构和本单位的建设管理部门都应责无旁贷地执行,从这个意义上说,内部审计机构实施跟踪审计具有一定的基础条件。同时,内部审计机构有进行跟踪审计的时间条件。因此,在众多审计方法中,内部审计机构应以"跟踪审计"为主。跟踪审计并不要求审计人员做到"面面俱到",而是对建设项目建设过程中的关键环节进行把关。因而,内部审计机构在审计之前制定审计方案时,应通过建设项目内部控制制度测试,确定最佳控制点,亦即项目建设过程中常发现问题的一些关键点。

一般来说,内部审计机构应把握对这样几个工作环节进行审查监督。

1. 招标投标审计

招标投标是项目建设过程中选择承包商、设计单位、监理单位及设备供应商等有关单位的主要方式之一。正因为如此,许多建设项目在招标投标过程中经常有意识地进行舞弊活动,如泄露标底、哄抬标价或压低标价等。因此,对招标投标工作审计就显得十分重要,但如果在招标投标工作完结之后对其合法规性进行审计的话,则将降低审计的制约力度。同样,如果对招标投标的所有工作都实施跟踪审计,则一方面会降低审计效率;另一方面也很难操作,并会因为审计本身超越了权限而面临违法的风险。如何在不违法的前提下最大可能地体现招标投标审计的工作质量,审计人员最好选择在开标前准备工作完结但尚未发布招标公告和开标这两个时点分别进行审计。这样一来,既可以把握开标准备工作的真实合法性,又能审查标底和投标报价的真实有效性,从而避免了合同签订之后审计招标投标工作的无效性。

2. 对在建期的各项工作实施审计

在建期是建设项目形成的关键环节,实施在建期审计的关键是把握建设项目的审计目标,充分发挥内部审计部门的内部控制作用,使审计工作有利于查错纠偏。因此,内部审计人员应在隐蔽工程已经完成但尚未掩埋之前和主体工程快要完成但尚未进行内外装饰之前实施审计,必要时,可以对主体工程的施工记录、设计变更签字等工作进行跟踪审计监督,以保证反映建设项目有关内容资料的真实性,为外部审计工作打下良好的基础。

3. 对建设项目造价进行审计

应按照项目的计价程序,从投资估算开始依次审计设计概算、施工图预算和竣工决算,并保证适时性,避免发生造价审计的滞后性,以保证建设项目的投资效益。

三、建设项目内部审计相关要求

与其他专业审计一样,内部审计机构进行建设项目审计时,必须遵循规范的审计程序,并在审计过程中,特别注意以下关键问题:① 建设项目审计通知书应下发给本单位与项目建设有关的部门。② 建设项目审计人员构成中应包含一定数量的工程技术人员。③ 审计前应采用风险评估的方法制定审计方案。④ 注意建设项目审计的依据应包括方针政策、法律、法规和相关的技术经济指标。⑤ 在制定审计方案时,需要明确建设项目审计的目标具有一定的层次性,既与其他专业审计一样,建设项目审计追求真实性、合法性和有效性,同时也适应项目建设的目标要求,追求工期目标、投资目标和质量目标。⑥ 在审计的实施阶段,注意不断到现场进行测量,必要时,还可以进行技术测定;同时,注意审计工作底稿的格式和内容,注意保持职业的警惕性,以便于及时发现舞弊线索;注意审计过程的合法性,不要超越审计权限和范围,努力降低自身的审计风险。⑦ 在审计终结阶段,注意审计档案的完整性,并坚持后续审计。

在开展建设项目内部审计时,应考虑成本效益原则,结合本组织内部审计资源和实际情况,既可以进行项目全过程的审计,也可以进行项目部分环节的专项审计。

思考与计算题

1. 某单位新建分校项目,总体设计中包括工程的建造、实验楼中的设备安装和购置,问:设备购置费是否进入新建项目的建设费用?

2. 某高校的实验楼项目已经使用了多年,现在要重置设备,问:这种购置行为是否属于项目建设行为?

3. 建设单位的内部审计人员能否审计为本单位项目施工的施工单位的财务收支情况? 为什么?

4. 建设单位内部审计报告是否具有对外鉴证的功能?

5. 建设项目的审计程序与一般的财务审计程序之间有什么区别和联系?

第二章

建设项目开工前期主要工作审计

按照项目的建设程序划分，建设项目审计可以分为三个阶段的审计，即开工前审计、在建期审计和竣工后审计。本章重点介绍开工前审计的相关工作和主要要求，并从理论和实务两个角度确认开工前审计的重点内容。站在内部审计的角度研究开工前审计问题，需要沿着这样的逻辑线路来思考：① 开工前的主要工作有哪些？从理论上来说，开工前做什么，审计人员就应该审计什么。因此，了解开工前的工作内容十分重要。② 对开工前工作审计什么？这需要从理论要求和实践要求两个角度来进行解释。③ 对开工前各项工作审计的基本思路和基本要求是什么？例如，如何选择开工前审计的时间，如何收集审计依据，如何取证等问题。

如果说第一章为我们搭设了建设项目审计的整体框架，那么，从本章开始，我们将在第一章的基础上，顺序延伸相关的知识和专业内容。

按照现行的建设程序要求，建设项目的招标投标工作是开工前期的重要工作之一，应该列入本章之中，但为了更加系统地展示这部分审计内容，招标投标审计单独在第三章阐述。

第一节　建设项目投资立项审计

课前思考

随着城市化建设进程的加快,我国各级政府对城市建设和公益事业等基础设施的投入呈逐年递增趋势。为了确保政府投资建设资金的高效安全运行,就必须规范项目管理,提升投资绩效。审计法明确规定"审计机关对政府投资和以政府投资为主的建设项目"进行审计监督。新的形势下,对政府投资建设项目审计工作提出了更高的要求和赋予了更多的期待。

微课
如何开展建设项目
投资决策审计

当你学完这一节,你将能够:

(1) 理解建设项目投资立项审计的内容;

(2) 掌握投资立项审计的基本程序和方法;

(3) 掌握投资立项审计实施方向;

(4) 具备正确判断前期投资立项审计问题和分析案例的基本能力。

思考或讨论

(1) 建设项目投资审计立项包含哪些内容?

(2) 工程投资立项审计过程中哪些是关键环节,如何控制?

(3) 如何正确实施投资立项审计?

(4) 工程审计人员在检查前期立项资料时可以关注哪些问题?

审计实训

(1) 调研:请你调研学校的建设项目,拟定一份投资估算清单。

(2) 请你结合本章所学知识,分析本校园的建设项目,并将其进行正确分类。

一、建设项目投资立项审计的内容

投资立项审计是指对已立项建设项目的决策程序和可行性研究报告的真实性、完整性和科学性进行的审查和评价。我国近几年的审计实践表明,在项目投资立项决策过程中还存在如下主要问题:① 前期投资决策中提出的建设条件难于落实,投资项目选址不当;② 可行性研究报告中使用的基础数据不全、不实,从而导致前期决策结果失真,深度不能满足设计工作的要求;③ 许多项目还是领导项目或人情项目,致使可行性研究报告成为可批性的报告,前期决策工作流于形式;④ 投资决策过程中对投资项目的经济评价分析失误,致使投资效益目标难以实现;⑤ 我国正处于从计划经济向社会主义市场经济转换的关键阶段,所以,客观上就存在较大的投资决策风险,在投资决策阶段所考虑的相关因素,在投资实施时会发生很大的变化,这也是影响投资决策质量的重要原因之一。因此,进行投资决策控制,必须做到如下几点。

① 重视可行性研究工作,使用先进的技术经济分析方法,全面、系统地分析项目的建设条件、建设环境以及项目在技术和经济上的可行性程度,定性分析与定量分析相结合,以定量分析为主;静态分析与动态分析相结合,以动态分析为主;宏观分析与微观分析相结合,以宏观分析为主。在进行可行性研究分析时,应注意减少人为因素的干扰,将民主化与科学化的思想引入项目决策过程。

② 重视对投资估算的编制工作,加强对投资估算指标的管理,完善投资估算编制程序,减少投资估算的随意性,以达到正确确定投资控制目标的目的。

③ 建立严格的投资决策风险责任制,真正做到谁决策,谁承担风险。具体地说,就是建立项目法人经营责任制,明确投资主体与建设单位的关系,分清各自的责任范围,确保国家投入的建设资金能够产生预期的效益。

④ 重视建设项目前期投资立项审计工作,将立项审计工作纳入建设项目审计范畴。为此,需要明确的建设项目前期决策审计的主要内容应包括如下部分。

(一) 审计可行性研究前期工作的合规性

首先,审计投资决策程序是否完整,是否做到了前后呼应;其次,审计建设项目投资决策程序是否符合项目的建设要求,是否与项目的建设程序相一致。例如,大中型建设项目是否具备可行性研究报告书,可行性研究报告书的编批程序是否符合国家要求,有无先报批、后论证的行为发生等问题。如果审计人员在在建期或竣工后对建设项目投资决策进行审计的话,则应注意审计前期的决策方案是否得到了严格的执行,建设质量和建设项目的综合效益是否达到了前期投资决策中所预期的目标和标准。投资决策行为的这种前后呼应性,从客观上要求前期决策审计必须注重决策过程的符合性。

当前,可行性研究前期工作的合规性审计是我国审计部门比较重视的审计内容之一,在审计实务中,主要是通过检查文件、看批文等具体工作得以体现的。

(二) 审计可行性研究报告的编制与审批单位的资质和级别的合规性

按照我国有关部门的规定要求,编制可行性研究报告的单位必须是经各部、各省和各有关部门批准的工程咨询机构和设计院所,必须有合法的营业执照和资质证书。甲级设计单位或咨询机构,可以在全国范围内承揽大中型项目的可行性研究报告的编制任务;乙级设计单位或工程咨询机构可以在地方或行业范围内承揽中小型项目的可行性研究报告的编制任务。大中型建设项目,由主管部门负责评审,报国家发展和改革委员会审批;特大型项目的可行性研究报告,由国家发展和改革委员会同各主管部门评审,报国务院批准。审计时,若发现建设项目可行性研究报告的编批单位不符合规定的资格或标准,则应要求建设单位重新报批,否则不得进行后续工作。

(三) 审计可行性研究报告内容的完整性和编制深度的到位程度

可行性研究是在大量调查的基础上,对项目在技术上、经济上和生产布局的可行性进行论证,并做多方案比较,从而选择最佳方案的过程。进行可行性研究,可以使建设项目的质量标准符合建设业主的意图,并与建设目标相一致,使项目与所在地区的环境相协调,为项目在长期的使用过程中创造良好的运行条件和环境。由此可见,项目的可行性研究直接影响项目的决策质量。因此,加大对建设项目的可行性研究报告的审计力度是十分必要的。

在进行可行性研究审计时,应从整个国民经济角度出发,根据国民经济发展的长期计划和我国在一定时期的产业规划,有效地控制投资规模,要做到量力而行,资金、材料、设备不留缺口;投资方向、投资结构应有利于国民经济发展,有利于搞好综合平衡;要讲究投资效益,预测投资回收期,正确处理局部和整体、近期和远期、直接与间接、社会效益与经济效益之间的关系;要本着"由外延转向内涵、由粗放经营转向集约经营,先改进、挖潜、革新,后建设"的原则,对建设规模、发展速度、投资方向、投资结构和效益进行全面考虑,运用技术经济分析的方法,认真核对可行性研究报告中所确定的各项经济指标,使建设项目最大可能地实现质量目标、工期目标和效益目标。

评价建设项目可行性的主要指标有财务内部收益率、投资回收期、投资利税率、固定资产借款偿还期、经济内部收益率及其经济换汇成本等。审计时,审计人员应采用抽样审计的方式,着重检查上述指标在原可行性研究报告中所用的基础数据是否真实,计算方法是否正确;参考依据是否合理;有无虚假分析的行为发生等相关内容。从理论上说,这是可行性研究报告审计的核心内容,也是重点内容。

(四) 审计投资决策文件本身的科学性和合理性,财务评价是否可行

财务评价是指在财务数据估算的基础上,从企业和项目的角度出发,根据现行财务制度和价款,对项目财务可行性所进行的分析和评价。财务评价的内容包括:① 财务盈利能力(投产后产生的利润和税金);② 清偿能力(财务、债务清偿);③ 财务外汇平衡能力。财务评价的基本程序:第一步,估算财务数据,包括:① 总投资额;② 总成本;③ 销售收入或营业收入;④ 销售税金及附加;⑤ 利润及利润的分配。第二步,编制财务报表。包含编制资产负债表、现金流量表、损益表等主要报表和固定资产投资估算表、投资计划与资金筹措表、总成本费用估算表等辅助报表。第三步,计算财务指标,包括静态指标(投资回收期、投资利润率、投资利税率、资本金利润率)和动态指标(财务净现值、财务内部收益率、动态投资回收期等)。第四步,提出财务评价结论,看项目是否可行。

1. 估算财务数据

(1) 估算总投资额

新建项目总投资额＝固定资产投资额＋流动资金＋建设期利息

① 固定资产投资额。计算式为固定资产投资额＝建筑工程投资＋设备购置费用＋设备安装费用＋预备费用＋其他费用(如土地征用费、拆迁费、青苗补偿费等)。建筑工程投资＝拟建项目的建筑面积×每平方米造价;设备的购置费用是指设备从产地到项目所在地的一切费用,又要区别国产与进口、标准设备与非标准设备分别估算;国产标准设备购置费用＝出厂价＋运杂费;进口设备购置费用＝离岸价格(FOB)＋国际运费＋国际运输保险费＋关税＋进口增值税＋银行财务费用＋外贸手续费＋国内运杂费。

② 流动资金。是指企业在生产过程中处于生产和流通领域,供周转使用的资金。它以货币形态开始,依次经过供应过程、生产过程和销售过程三个阶段,具有时间上的继起性和空间上的并存性。估算时一般根据固定资产投资额或销售收入乘以比率计算。

注意:a. 根据国有商业银行的规定,新上项目或更新改造项目的项目业主必须拥有30%的自有流动资金,其余部分方可申请贷款;b. 流动资金根据生产负荷投入,长期占用,全年计提。

③ 建设期利息。是指项目在建设期内因使用外部资金而支付的利息,包括国内借款利息和国外借款利息(含承诺费、管理费)。

年建设期利息估算公式为:

$$(年初借款本息累计+\frac{当年借款额}{2})×年利率$$

中外合资项目总投资额＝建设投资＋建设期利息＋流动资金

建设投资＝固定资产投资(建筑工程投资＋设备购置费用＋安装费用＋其他费用)＋无形资产投资＋开办费用＋预备费用＋投资方向调节税

（2）总成本的估算

总成本费用是指项目在一定时期内（一般为一年）为生产和销售产品而花费的全部成本费用。

$$总成本=生产成本+管理费用+财务费用+销售费用$$

为了方便计算，根据国家发展改革委、建设部联合颁布的《建设项目经济评价方法与参数》（第二版）的规定将总成本中的生产成本、管理费用、财务费用、销售费用相同费用名称进行合并。总成本费用估算公式：

$$总成本费用=①原材料成本+②燃料、动力成本+③工资及福利费+④修理费+⑤折旧费+⑥维简费+⑦摊销费+⑧利息支出+⑨其他费用$$

①～⑨项详细的估算方法参见《建设项目经济评价方法与参数》（第三版）。

（3）销售收入或营业收入的估算

销售收入是指企业出售产品，提供劳务获得的货币收入，也叫营业收入。估算公式：

$$销售收入=年销售量×销售单价$$

年销售量设定等于生产量并按各年生产负荷加以确定；国家控制的物资的销售单价实行计划价，其他均为市场价，市场价又主要表现为出厂价或离岸价。

（4）销售税金及附加的估算

销售税金及附加主要有增值税、消费税、营业税、资源税、城市维护建设税、教育费附加。这些都要按照现行的税法体系的规定来计算，要掌握这些税种的税目、税率、应纳税额的计算、减免税的规定等。

（5）利润及利润分配的估算

利润总额的估算公式为

$$利润总额=产品销售（营业）收入-总成本-销售税金及附加$$

根据利润总额可计算企业所得税及净利润。税后利润一般按照下列顺序分配。

① 弥补被没收的财物损失，支付各项税收的滞纳金和罚款。

② 弥补以前年度亏损。

③ 提取法定盈余公积金。

④ 提取公益金。

⑤ 向投资者分配利润，即应付利润。

2. 计算财务指标

（1）静态指标

$$投资利润率=\frac{年利润总额或平均利润}{总投资}×100\%$$

$$投资利税率=\frac{年利税之和}{总投资}×100\%$$

静态投资回收期（P_t）：① 含义。指项目净收益抵偿全部投资所需的时间。② 表达式。$\sum_{t=0}^{P_t}(CI-CO)_t=0$。③ 计算公式。$P_t=$（累计净现金流量出现正值年份-1）+│上年累计净现金流量│/当年净现金流量。④ 依据。财务现金流量表（全部投资）。⑤ 判断。和同行业标准投资回收期比较，小于或等于则可行。

$$资本金利润率 = \frac{年利润总额}{资本金} \times 100\%$$

（2）动态指标

① 财务净现值（FNPV）。

a. 含义。财务净现值是拟建项目按部门或行业的基准收益率，计算出项目计算期内各年财务净现金流量的现值之和。

b. 公式。$\sum_{t=0}^{n}(CI-CO)_t(1+i)^{-t}=FNPV$。

c. 计算依据。财务现金流量表。

d. 判断：FNPV≥0 项目可行，说明项目收益率超过或等于国家规定的基准收益率。

② 财务内部收益率（FIRR）。

a. 含义。财务内部收益率（FIRR）是指项目计算期内各年财务净现金流量现值之和等于零的折现率，用来反映拟建项目的财务盈利能力。

b. 表达式。$\sum_{t=0}^{n}(CI-CO)_t(1+FIRR)^{-t}=0$。

c. 采用试算插入法的计算公式。$FIRR=i_1+(i_2-i_1)\times FNPV1/(FNPV1+|FNPV2|)$，要满足 $2\%<i_2-i_1<5\%$，这个公式可以用数学的方法推导出来。

d. FIRR 的经济含义。反映了项目财务确切的盈利能力或项目筹资所能承受的最高利率。

e. 计算依据。财务现金流量表（全部投资、自有投资）；判断：$FIRR\geq i_c$（国家规定的基准收益率）。

f. 特性。FIRR 实质是 $\sum_{t=0}^{n}(CI-CO)_t(1+FIRR)^{-t}=0$ 这个一元高次方程的解，对于多解或无实数解，这个指标不可用，应采用别的经济指标。只有当方程有唯一解的时候，该项目为常规项目，即计算期内累计净现金流量开始为负值，后均为正值。

二、建设项目投资决策审计的基本程序和方法

建设项目投资决策审计工作的深度标准是什么？如何把握投资决策审计的尺度？这是困扰审计人员的主要问题之一，也是在建设项目审计领域中尚未完全达成一致的理论争端之一。就此问题，仁者见仁，智者见智，各家说法不一。有一部分专家学者认为，建设项目投资决策是在建设业主与建设项目管理部门充分论证的基础上确认的，具有较强的科学性和合理性。因此，建设项目审计人员不必在此投入过多的精力再反复论证可行性研究报告的真实性和科学性，这样可以避免重复劳动，减少审计成本，另一方面也可以保证建设项目投资决策审计工作的独立性和客观性，以此维护投资决策审计的权威性。另外，还有一部分专家认为，在不违反审计原则的前提下，可以实施建设项目前期决策审计，审计人员应深入了解审计建设项目投资决策的质量，对投资决策的各项技术经济指标进行论证和评价，必要时，从基础数据分析入手，评价数据的采集工作是否真实，数据来源是否可靠。当然，若要做到这一点，必须将建设项目审计作为一个完整连续的过程来看，例如，审计建设项目决策时基础数据之一的"固定资产投资额"时，必须前伸到对建设项目估算编制的准确性的审

计,在此基础上评价决策指标的适当性。对建设项目前期决策审计进行如此延伸,会给审计人员带来一定的审计风险,但从国民经济发展的宏观层面上看,这种风险的遭遇,还是值得的,因为建设项目决策工作对于建设项目效益目标的实现来说是至关重要的。

由于我国建设项目审计工作起步较晚,建设项目审计的环境基础尚未完全形成(例如,与建设项目审计有关的投资理论体系不甚完整,项目管理制度尚未健全,项目审计的法律、法规不尽完善等)。因此,建设项目前期决策审计的方法也在探索阶段,这是十分正常的。建设项目审计与其他专业审计工作的最大不同之处在于其具有较强的技术经济综合性的特点。因此,审计人员进行审计时,应考虑到这种区别,一方面意识到建设项目前期决策对投资效益的影响巨大;另一方面又要关注由于其本身特点所决定的审计风险。为了解决这个矛盾,建设项目审计人员需将上述提到的两种观点融合起来,在审计工作中综合运用,既要避免重复劳动,又要避免审计风险。因此,需要改变审计者的身份,变被动审计为主动参与。具体来说就是使用跟踪审计的方法,使建设项目前期决策审计与决策工作本身同步进行。

当然,跟踪审计的实施需要具备一定的配套条件。在建设项目审计实务中,政府审计机关不可能面面俱到,所有的项目都可以进行跟踪审计,因此,就需要外部审计与内部审计的配合,最大限度地发挥内部审计工作的作用。实施跟踪审计,内部审计部门具有得天独厚的优势,它在审计时间上可以保持与建设项目的建设工作同步进行,在审计鉴定过程中,可以直接获取第一手资料。另外,内部审计部门又是建设主体的构成部分,对项目的建设环节和技术管理方法都比较熟悉,便于审计工作的开展。因此,需要明确在建设项目前期决策审计时,以内部审计为主,外部审计依赖内部审计的结果进行抽样检查。从这个意义上说,内部审计不仅仅是查错纠弊,更重要的是配合外部审计,尤其是政府审计工作。以政府审计为龙头,带动内部审计工作,形成稳定的审计体系,这是跟踪审计方法能够得以实施的重要保证。

实施跟踪审计,首先应界定审计时间。最好的做法是从审计制度上规定内部审计部门的审计应在建设项目前期决策审批之前进行,在建设项目可行性研究报告编制过程中,内部审计人员介入,及时指出论证过程中存在的问题,并向本单位领导报告,由领导决定是否予以采纳。德国联邦审计院就是这样进行建设项目前期决策审计工作的,只不过它的审计主体是联邦审计院,而不是建设单位的内审机构。其次,强调跟踪审计的实效性。在决策的实施过程中,会由于各种原因导致设计变更、投资规模改变等众多问题,审计人员通过跟踪审计,对其合理部分进行确认,对于不合理部分予以制止,可以从实质上保证建设项目投资效益的实现。

跟踪审计的最大优势在于它能够及时发现问题,并及时进行审计分析,不断与建设目标进行对比,以此为依据,向决策层提出建议,便于业主和国家政府部门吸取经验教训,提高决策水平。从控制论的角度讲,跟踪审计成本较低,确实是一种有效的控制手段。当前,我国许多建设项目的内部控制制度都不是很健全,内部审计部门在建设项目的控制与管理过程中未能很好地发挥其优势,因此,强调实施跟踪审计的同时,也从客观上呼吁建设项目内部控制制度的建立与完善,有利于促进我国项目建设由原来的以政府管理为主向以企业自身管理为主的方向转换,推动建设项目管理体制的改革。

国际内部审计师协会(IIA)在《内部审计实务标准》中明确规定:将这个定义要求直接引用到建设项目审计之中,其决策审计就应该使用咨询的方式完成,即内部审计人员列席本单位重大项目投资决策论证会议,在会议上提出咨询性建议,是否采纳由决策者决定,但是,如果被采纳的话,审计人员不承担决策责任。这也符合内部审计客观性的要求。

三、建设项目投资决策审计实施引导

1. 审计目标

在履行建设项目审计职责时,开展前期决策审计工作,其最直接的目的有两个:① 确认前期决策的科学性和可行性程度;② 将项目实际情况与前期决策时预期的目标相比较,以确定前期决策目标的实现程度。

2. 需要收集的审计资料

需要收集的审计资料包括:① 项目建议书;② 可行性研究报告;③ 可行性研究单位资质级别证明资料的复印件;④ 有关的合同、批文;⑤ 建设项目投资效益评价参数;⑥ 行业主管部门发布的《投资项目可行性研究指南》及组织决策过程的有关资料;⑦ 国家、行业或地方有关部门颁发的相关文件;⑧ 其他与投资、收入、成本相关的资料。

3. 审计内容和审计操作思路

① 审计项目建议书。寻找类似工程的平均造价指标,运用指标分析估算是否比较接近同类项目的平均造价水平,如果过高或过低,寻找原因,分析其是否有人为的压低估算或抬高估算的问题。

② 审计可行性研究报告。审查可行性研究报告编制单位的营业执照复印件和合同,注意是否有"挂靠"现象。

③ 审计批准的投资估算额度是否适当。与实际财务决算投资额相比较,看两者的误差率,如果超过±10%,查找是否办理了调整概算的审批手续。

④ 审计可行性研究报告的内容是否完整。对照《投资项目可行性研究指南》加以确认。

⑤ 审计可行性研究报告的审批程序。对照国家有关审批文件规定确认审批程序的合规性和完整性。

⑥ 审计可行性研究报告编制单位的收费是否合理。首先了解市场收费行情,判断收费的适当性;其次,查找地方或国家颁发的咨询收费标准,判断其收费是否合规。

⑦ 审计开工前各项审批手续是否完备、合法。查找相关部门(包括城建部门、土地管理部门、环保部门等)的批文。

⑧ 审计前期决策中测算的效益指标是否得以实现。根据财务决算和项目后评估有关的资料,测算实际的效益指标,例如投资回收期、净现值、贷款偿还期等,将前期决策的可行性研究报告中的相关数据与实际数据比较,看其结果是否一致,并对不一致的指标进行分析,寻找原因,以便于改进今后的决策程序,提高决策科学性和可行性水平。

4. 主要的审计方法

针对前期决策过程的特点,对这部分内容审计要以查阅法、分析比较法、计算法为主。

5. 可能的审计结论及审计建议

经过系统的审计分析之后,应该围绕如下内容得出审计结论。

① 前期决策程序是否完整、合规?

② 前期决策资料是否完整、真实?

③ 前期决策时使用的数据是否可靠、合理?

④ 前期决策使用的技术经济分析方法是否恰当、有效?

⑤ 实际效益与决策预期效益是否一致?

⑥ 进行可行性研究的单位是否具备相应的资质、级别?

⑦ 前期决策过程中发生的费用是否适当?

审计建议应围绕如何规范今后项目建设管理程序来展开。

四、建设项目前期决策审计案例分析

【例 2-1】　某审计小组对某市住宅试点小区一幢住宅楼已经选定的设计方案的适当性进行审计,已知的背景资料如下。

该项目有三个设计方案可供选择。

方案 A:结构方案为大柱网框架轻墙体系,配合预应力大跨度选合楼板,墙体材料采用多孔砖及移动式可拆装式分室隔墙,窗户采用单框双玻塑钢窗,面积利用系数为 123.46%,综合性造价 1 437.48 元/m²。

方案 B:结构方案同 A,墙体采用内浇外砌,窗户采用单框双玻空腹钢窗,面积利用系数为 73%,综合性造价为 1 108 元/m²。

方案 C:结构方案采用砖混承重体系,配合预应力预制多孔板,墙体材料采用标准黏土砖,窗户采用单玻空腹钢窗,面积利用系数 70.69%,综合性造价为 1 081.8 元/m²。

各方案功能得分及重要性系数见表 2-1。

表 2-1　各方案功能得分及重要性系数

方案功能	方案功能得分			方案功能重要系数
	A	B	C	
结构体系 F_1	10	10	8	0.25
楼板类型 F_2	10	10	9	0.05
墙体材料 F_3	8	9	7	0.25
面积系数 F_4	9	8	7	0.35
窗户类型 F_5	9	7	8	0.10

设计单位在进行可行性研究分析时,认为方案 C 造价最低,其他条件与方案 A 和 B 相差不多,因而确定方案 C 为最优方案。

问题:这种选择是否适当?

解:审计人员在进行审计时,应首先明确审计方法。由于该项目给了明确的对比指标,因此,可以用定量分析的方法确定已经选定方案的适当性,根据已知条件,审计人员可以按照价值工程的分析思路,通过价值系数的高低来选择最优方案。具体分析过程如下。

① 确定各方案的成本系数。

A、B、C 三个方案单位造价之和：$1\ 437.48+1\ 108+1\ 081.8=3\ 627.28$（元/m^2）

方案 A 成本系数：$1\ 437.48÷3\ 627.8=0.396\ 3$

方案 B 成本系数：$1\ 108÷3\ 627.8=0.305\ 5$

方案 C 成本系数：$1\ 081.80÷3\ 627.8=0.298\ 2$

② 确定各方案的功能系数。各方案的功能系数见表 2-2。

表 2-2　各方案的功能系数

功能因素	重要系数	方案功能得分加权值		
		A	B	C
F_1	0.25	0.25×10=2.5	0.25×10=2.5	0.25×8=2.0
F_2	0.05	0.05×10=0.5	0.05×10=0.5	0.05×9=0.45
F_3	0.25	0.25×8=2.0	0.25×9=2.25	0.25×7=1.75
F_4	0.35	0.35×9=3.15	0.35×8=2.8	0.35×7=2.45
F_5	0.10	0.10×9=0.9	0.10×7=0.7	0.10×8=0.8
总分		9.05	8.75	7.45
总功能评价系数		9.05÷25.25=0.358	8.75÷25.25=0.347	7.45÷25.25=0.295

③ 确定价值系数。各方案的价值系数见表 2-3。

表 2-3　各方案的价值系数

方案名称	功能系数	成本系数	价值系数	选优
A	0.358	0.369 3	0.969	
B	0.347	0.305 5	1.136	最优方案
C	0.295	0.298 2	0.989	

④ 结论。价值工程要求方案应满足必要功能的费用，清除不必要功能的费用。可以看出方案 B 价值系数最高，为最优方案。

虽然方案 C 造价最低，但使用材料及功能不能满足当前及未来经济、社会各方面发展的需要，价值系数较低，故不能作为最优方案。

相比较而言，方案 A 的材料、结构选择较为先进，并运用复式住房思路取得诱人的使用面积，但因此而带来的是高昂的造价，与我国国情及老百姓的承受能力不相适应，所以，也不能在目前作为最优方案。但可以相信，在不远的将来，随着人民生活水平的不断提高，用地进一步紧张，方案 A 不失为一个较好的方案。

通过这一分析过程，审计人员不难得出结论，设计单位通过可行性研究确定的方案 C 不是最优方案，即选择方案 C 并不恰当。

【例 2-2】　某企业根据批准的项目建设书，拟建一个钢筋混凝土构件厂，项目总投资为 3 400 000 元，其中第一年 800 000 元，第 2 年 2 600 000 元，第 3 年年初正式投产。投产后即能达到 10 000m^3 的设计能力，销售价格为 366 元/m^3，变动费用为 200 元，包括投资借款利息在内的年固定费用总额为 736 000 元，该项目的经济寿命期为 10 年，最后一年可回收自有固定资产投资 1 200 000 元，回收流动资产投资 200 000 元，回收固定资产余值 164 000 元,该部门基准投资收益率(按照税前利润计算)为 20%。其他资料见表 2-4。

表 2-4 某企业各年资金折现率

年份	资金流入量	资金流出量	净资金流量	折现率 20%		折现率 25%	
				折现系数	净现值	折现系数	净现值
1	0	−800 000	−800 000	0.833 3		0.800 0	
2	0	−260 000	−260 000	0.694 4		0.640 0	
3	3 660 000	−2 736 000		0.578 7		0.512 0	
4	3 660 000	−2 736 000		0.482 3		0.409 6	
5	3 660 000	−2 736 000		0.401 9		0.327 7	
6	3 660 000	−2 736 000		0.334 9		0.262 1	
7	3 660 000	−2 736 000		0.279 1		0.209 7	
8	3 660 000	−2 736 000		0.232 6		0.167 8	
9	3 660 000	−2 736 000		0.193 8		0.134 2	
10	3 660 000	−2 736 000		0.161 5		0.107 4	
11	3 660 000	−2 736 000		0.134 6		0.085 9	
12				0.112 2		0.068 7	
合计							−85 120.8

问题:

① 将需要计算的项目填入表中。

② 计算该投资项目的净现值和内部收益率。

③ 做出方案是否可取的评价。

④ 计算盈亏平衡点,并对计算结果进行评述。

解: ① 投资后各年净资金流量 = 3 660 000−2 736 000 = 924 000(元)

最后一年资金流入量 = 3 660 000+1 200 000+200 000+164 000

$$= 5 224 000(元)$$

最后一年资金流出量同上年即为 2 736 000 元。

最后一年净资金流量 = 5 224 000−2 736 000 = 2 488 000(元)

② 代入净现值公式

$$\text{NPV} = \sum_t (\text{CI}-\text{CO})_t \times (1+i_c)^{-t}$$

计算可得净现值 393 959.2 元。

用插值法计算内部收益率为 24.11%。

③ 据上述计算净现值为正值,该项目有投资收益。同时,内部收益率大于基准收益率,故该方案可取。

④ 宜通过计算以产量和生产能力利用率表示的盈亏平衡点后评述。

【例 2-3】 某汽车制造厂选择厂址。经过对 A、B、C 三个城市的地理位置、气象、天文、地质地形条件和社会经济现状、交通、运输及水电气的现状和发展趋势的考查,综合专家评审,对厂址选择应考虑的内容及其重要性、各城市的相应得分见表 2-5。

表 2-5　某汽车制造厂选址得分

X	Y	选址得分		
		A 市	B 市	C 市
材料供应	0.35	90	90	95
交通运输	0.2	75	90	80
配套基地	0.2	85	70	90
劳动力资源	0.15	85	70	70
自然环境	0.1	90	85	80
Z				

① 原材料、钢铁、煤、木材及生活资料的供应要有充分保证。

② 除上述大量原材料要运进工厂外,每年要向外输出大批成品汽车、废料及垃圾。因此,交通条件最好是兼有水陆运输之便。

③ 邻近要有各种辅助工业(如汽车发动机零件的配套供应条件等)和国产化水平在很大程度上决定了经营期产品的质量和生产成本的高低,而且在建设阶段影响投资规模,并且要提供足够电力。

④ 劳动力的文化素质、技术水平及吸引和稳定高技术人才的条件。

⑤ 现场地形要求平坦,水源充足,但地下水位不宜太高,此类自然条件对基本建设投资与周期影响。

问题:①X、Y、Z 栏目名称是什么?

② 计算各城市综合得分。

③ 根据综合得分,选择理想厂址,并说明理由。

解:① X 为评价要素,Y 为要素权重,Z 为评价指标值。

② A 市为 $90 \times 0.35 + 75 \times 0.2 + 85 \times 0.2 + 85 \times 0.15 + 90 \times 0.1 = 85.25$,同理 B 市为 82.5,C 市为 82.75。

③经上述计算可以看出:C 市综合指标得分最高,是三市中较为理想的厂址。由于 C 市材料供应及配套基地都优于另外两市,所以其可最大利于投产后的企业运营。而劳动力资源及自然环境虽然较差,但这两方面的问题对大型企业来讲,影响不是非常大。

【例 2-4】　在某公路桥的设计中,根据目前交通情况只需两车道桥,但根据今后交通流量的增加可能需要四车道桥,现提出两种设计方案。方案 A:现在只修建两车道桥,需投资 150 万元,今后再加宽两车道,需再投资 90 万元。方案 B:现在就修四车道桥,需投资 200 万元。

问题:为了满足交通需要,可能在第五年年末就需要四车道桥,应选择哪一种方案?(假设利率为9%)

解:按两种方案的现值做平衡点分析,取时间 x(年)为变量。

　　方案 A:$PVa = f_1(x) = 150 + 90(P/F, 0.09, x)$

　　方案 B:$PVb = f_2(x) = 200$

　　　　令 $f_1(x) = f_2(x)$

则 $150+90(P/F,0.09,x)=200$

$(P/F,0.09,x)=0.555\ 6$

查复利表：当 $x=6$ 时，$(P/F,0.09,6)=0.596$；

当 $x=7$ 时，$(P/F,0.09,7)=0.547$。

内插得：$x=6.82$ 年（平衡点）。

因第五年年末就需要四车道，需选取方案 B，即现在就修四车道。

【例 2-5】　拟建某工业项目，建设期为 2 年，生产期为 10 年，基础数据如下。

① 第一年、第二年固定资产投资分别为 2 100 万元、1 200 万元。

② 第三年、第四年流动资金注入分别为 550 万元、350 万元。

③ 预计正常生产年份的年销售收入为 3 500 万元、经营成本为 1 800 万元，税金及附加为 260 万元，所得税为 310 万元。

④ 预计投产当年达产率为 70%，投产后的第二年开始达产率为 100%，投产当年的销售收入、经营成本、税金及附加、所得税均按正常生产年份的 70% 计。

⑤ 固定资产余值回收为 600 万元，流动资金全部回收。

⑥ 上述数据均假设发生在期末。

问题：① 请在表 2-6 中填入项目名称和基础数据并进行计算。

② 假设年折现率采用银行贷款利率（年利率 12%，每半年计息一次）。试计算年实际折现率（要求列出计算式）、折现系数、折现净现金流量值和累计折现净现金流量值（不要求列出计算式），将数值直接填入表 2-6 中）。

③ 计算动态投资回收期（要求列出计算式）。

*折现系数取小数点后三位，其余取小数点后两位。

表 2-6　现金流量表（全部投资）1　　　　　　　　　　　万元

序号	年份 项目名称	建设期		生产期										合计
		1	2	3	4	5	6	7	8	9	10	11	12	

年实际折现率 =　　　　　　　　　　　　　　　动态投资回收期 =

解：① 现金流量表计算数据见表 2-7。

表 2-7　现金流量表（全部投资）2　　　　　万元

序号	寿命周期(年) 项目名称	建设期 1	建设期 2	生产期合计 3	4	5	6	7	8	9	10	11	12	合计
1	现金流入			2 450	3 500	3 500	3 500	3 500	3 500	3 500	3 500	3 500	5 000	35 450
1.1	销售收入			2 450	3 500	3 500	3 500	3 500	3 500	3 500	3 500	3 500	3 500	33 950
1.2	回收固定资产余值												600	600
1.3	回收流动资金												900	900
2	现金流出	2 100	1 200	2 209	2 720	2 370	2 370	2 370	2 370	2 370	2 370	2 370	2 370	27 189
2.1	建设投资	2 100	1 200											3 300
2.2	流动资金			550	350									900
2.3	经营成本			1 260	1 800	1 800	1 800	1 800	1 800	1 800	1 800	1 800	1 800	17460
2.4	税金及附加			182	260	260	260	260	260	260	260	260	260	2522
2.5	所得税			217	310	310	310	310	310	310	310	310	310	3007
3	净现金流量	−2100	−2100	241	780	1130	1130	1130	1130	1130	1130	1130	2630	8261
	折现系数	0.890	0.790	0.700	0.627	0.558	0.497	0.442	0.394	0.35	0.312	0.278	0.247	
4	折现净现金流量	−1869.00	−950.40	169.91	489.09	630.54	561.61	499.46	445.22	395.5	352.56	314.14	649.61	1688.21
5	累计折现净现金流量	−1869.00	−2819.40	−2649.49	−2160.43	−1529.89	−968.28	−468.82	−23.6	371.9	724.46	1038.6	1688.21	

② 年实际折现率 = $(1+12\% \div 2)^2 - 1 = 12.36\%$

③ 投资回收期 = $(9-1) + |-23.60| \div 395.50 = 8.06$（年）

【例 2-6】 某开发公司造价工程师针对某设计院提出的商住楼的 A、B、C 三个设计方案，进行了技术经济分析和专家调查，得到如表 2-8 所示数据。

表 2-8　方案功能得分

方案功能	方案功能得分 A	B	C	方案功能重要系数
F_1	9	9	8	0.25
F_2	8	10	10	0.35
F_3	10	7	9	0.25
F_4	9	10	9	0.10
F_5	8	8	6	0.05
单方造价/(元/m²)	1 325.00	1 118.00	1 226.00	

问题:① 在表2-9中计算各方案成本系数、功能系数和价值系数,计算结果保留小数点后四位(其中功能系数要求列出计算式),并确定最优方案。

表2-9　价值系数计算表

方案名称	单方造价/(元/m²)	成本系数	功能系数	价值系数	最优方案
A					
B					
C					
合计					

② 采用工程量清单招投标单位工程报价包括哪五部分?

③ 已知某方案系统效率6 000、设置费1 000元、维持费2 000元,求费用效率?

解:① 功能得分计算:

$$FA = 9 \times 0.25 + 8 \times 0.35 + 10 \times 0.25 + 9 \times 0.10 + 8 \times 0.05 = 8.85$$

$$FB = 9 \times 0.25 + 10 \times 0.35 + 7 \times 0.25 + 10 \times 0.10 + 8 \times 0.05 = 8.9$$

$$FC = 8 \times 0.25 + 10 \times 0.35 + 9 \times 0.25 + 9 \times 0.10 + 6 \times 0.05 = 8.95$$

功能总得分、功能系数计算:

功能总得分 $\sum Fi = 8.85 + 8.9 + 8.95 = 26.7$

功能系数:

$$\phi A = FA / \sum Fi = 8.85 \div 26.7 = 0.331\,5$$

$$\phi B = FB / \sum Fi = 8.9 \div 26.7 = 0.333\,3$$

$$\phi C = FC / \sum Fi = 8.95 \div 26.7 = 0.335\,2$$

根据表2-10数据可知,最优方案为方案B。

表2-10　价值系数计算表

方案名称	单方造价/(元/m²)	成本系数	功能系数	价值系数	最优方案
A	1 325.00	0.361 1	0.311 5	0.862 6	
B	1 118.00	0.304 7	0.333 3	1.093 9	√
C	1 226.00	0.334 2	0.335 2	1.003	
合计	3 669.00	1.000 0	1.000 0		

② 单位工程报价包括分部分项工程费、措施项目费、其他项目费、规费、税金。

③ 费用效率 $CE = 6\,000 \div (1\,000 + 2\,000) = 2$。

第二节　建设项目的设计(勘察)管理审计

微课
建设项目设计管理
审计

课前思考

工程设计过程中,需要审计设计单位的选择方式是否合法合规,设计单位的资质、级别是否适当,设计文件是否完整,设计程序是否合规,审计设计收费是否合规、合理,审计设计文件是否经过有关部门批准,审计设计变更是否适当,审计初步设计方案是否科学合理,审计施工图设计阶段完成的设计图纸是否完整,审计设计质量保证体系是否完整。

任务驱动

当你学完这一节,你将能够:

(1) 了解设计(勘察)管理审计的内容;

(2) 掌握建设设计工作实施的先后顺序;

(3) 具备正确判断设计工作过程的规范性和合理性的基本能力。

思考或讨论

(1) 设计工作包括哪些内容?

(2) 如何判断设计单位的选择方式是否合法合规,设计单位的资质、级别是否适当?

(3) 如何判断审计设计变更是否适当?

(4) 设计质量保证体系应该包括哪些内容?

审计实训

请搜索"三边"工程的案例,从对项目后评估审计的角度看,设计中的"三边"(边勘察、边设计、边施工)问题直接影响投资效益,讨论是否存在"三边"项目,并对这一类项目的投资效益情况进行分析。

一、设计概况

设计(勘察)管理审计是指对项目建设过程中勘察、设计环节各项管理工作质量及绩效进行的审查和评价。工程设计是对拟建工程项目,在技术上和经济上进行全面详尽的安排、运算、并编制出完整的设计文件的工作。

国家建设计划确定之后,建设工程项目采用的工艺和装备是否先进合理,产品的品种、质量和成本是否有市场竞争力,建筑是否先进、适用、美观,结构是否合理、坚固、经济,以及建设速度的快慢、投资的多少、质量的优劣、投资效益的高低,在很大程度上取决于设计。而且对企业生产过程合理化,保证生产的不断增长和技术的不断进步,也具有重要作用,它是项目建设前期的重要工作内容之一。设计人员通过初步设计、技术设计和施工图设计三大主要设计阶段,明确设计方案,完成全套设计图纸,确定设计概算,形成设计文件。设计质量的好坏不仅决定建设项目的使用功能,而且还将从根本上影响建设项目的经济性。根据国外有关部门资料统计,对项目投资影响最大的阶段,是项目建设的前期阶段。在投资决策完成之后,设计阶段成为控制项目投资的关键阶段。在初步设计阶段,影响项目投资的可能性为 75% ~ 95%;在技术设计阶段,影响投资的可能性为 35% ~ 75%;在施工图设计阶段,影响项目投资的可能性为 5% ~ 35%。

1. 工程设计的任务

根据我国经济发展和改革开放的基本要求,综合考虑我国的实际情况,设计工作的基本任务如下。

①　确保重点,择优安排建设条件好、经济效益好的重点建设项目的设计工作,以期增加产品产量,提高产品质量和企业生产水平;或适应社会需要、国民生活所需的民用建设,从而满足经济建设的需要。

②　积极进行现有企业的技术改造、扩建项目的设计工作,坚持走以内涵为主扩大再生产的路子。

③　对加工企业的设计,侧重发展深度加工,改变现有加工产品结构。

④　做好新产品开发、推广和适应新技术革命所需材料的设计工作。

⑤　设计单位要面向社会,积极开展横向联合,扩大服务范围,积极承担各方面委托的设计、咨询、科研、监理和工程承包等工作,推动设计单位向企业化、社会化方向发展。

⑥　努力推动设计单位自身的技术进步,做好技术开发、应用和设计服务工作,以推动设计企业的技术进步。

⑦　设计单位应发展对外合作业务,承担国外设计、咨询和工程承包工作,或同国外进行合作设计。

2. 工程设计的原则

我国设计单位应遵守的设计原则有以下几点。

①　贯彻执行国家经济建设的方针、政策,遵守国家的法律、法规、规范、规程和基本建设程序。

②　从全局出发,正确处理工业与农业、各工业之间、沿海与内地、城市与乡村、近期与远期、平时与战时、技术改造与新建、生产和生活、经济效益与建设之间的关系。

③　根据工程的不同性质、不同要求,合理确定设计标准。对生产工艺、主要设备和主体工程要做到先进、可靠、经济、安全。非生产性建设应坚持适用、经济、美观的原则。

④　根据国家需要、技术可能和经济合理的原则,充分考虑资源的综合利用和经济效益。

⑤　保护环境,在进行各类工程设计时,应积极改进工艺,采用行之有效的技术措施,防止粉尘、毒物、废水、废气、废渣、噪声、放射性物质及其他有害因素对环境的污染,并进行综合治理和利用,使设计符合国家规定的标准。

⑥　节约用地、节约能源和合理使用能源。

⑦　建设项目应按照专业分工和协作配合的原则进行设计,辅助生产设施、公用设施、运输设施以及生活福利设施等,都应尽可能采取社会化协作,以发展生产技术、节约建设资金和提高投资效果。

⑧　立足于自力更生,引进技术的目的是借鉴外国先进的技术成果,通过消化、吸收、推广应用,为生产建设、技术改造和国防建设服务,促进科学技术和国民经济的发展,以增强自力更生的能力。

⑨　保证设计质量,正确处理好设计质量与设计进度的关系。所采用的各项数据和技术条件要正确可靠;所选用的各种设备、材料和要求的施工条件要切合实际;设计文件的内容和深度要符合建设与生产的要求。

3. 工程设计分类

各个部门的工程设计分类很广,一般按不同的情况进行分类。

① 按照建设项目的不同类别分为交通工程设计、矿山工程设计、工业项目设计、机电产品或其他产品工程设计等。

② 按照产品品种可分为煤炭、钢铁、有色金属、化工产品、石油、水泥、机械制造、机车、汽车等工程设计。

③ 按建设性质可分为新建工程设计和改扩建工程设计。

④ 按建设规模不同,根据有关文件规定可分为大型、中型、小型工程设计。

⑤ 按建设项目组成内容不同,可分为联合企业设计和单一工程设计。如大型钢铁联合企业包括采矿、选矿、炼铁、炼钢、轧钢、炼焦、化学工业等组成部分,所以,对大型钢铁联合企业的设计就属于联合企业设计;而对某采矿厂的设计则属于单一工程设计。

⑥ 按服务性质不同又分为生产性工程设计和非生产性工程设计。如工业厂房设计、公路桥梁设计等属于生产性工程设计,住宅设计、办公楼设计等则属于非生产性工程设计。

4. 设计单位

设计单位是从事建设项目工程设计工作的部门,其首要任务是做好设计。为促进技术进步,推动技术开发,很多设计单位开展了科研工作,安排某些工程上需要并有能力承担的科研项目,这些设计单位已改称为设计研究院。

因工作需要,构成设计单位主体力量的是设计人员,一般占全体总人数的70% ~ 80%。设计单位的主要工作如下。

① 承担或参加项目建设前期工作,根据主管部门或有关单位的委托编制项目建议书,进行可行性研究,选择建设地点,进行工程设计所需的科学试验,编制项目的设计文件。

② 按上级下达的设计任务、有关部门单位的委托合同和有关设计技术经济协议、设计标准和规范进行建设项目的工程设计,按上级或合同规定进度提交设计文件、设计图纸、设计概算或修正概算、主要设备和材料清单。

③ 建设工程进入施工阶段时,积极配合施工。负责交代设计意图、解释设计文件、及时解决施工中设计文件出现的问题。对大中型建设项目和大型复杂的民用工程,在施工时应派驻现场设计代表,并参加隐蔽工程验收。

④ 参加试运转、投料生产竣工验收及参与工程总结等工作。

随着设计深化改革,设计单位的任务已向"一业为主,两头延伸,多种经营"的方向发展,以"机构企业化、技术商品化、经营多样化"为目标前进。

5. 设计程序

总结设计工作经验,科学合理地安排各项设计工作的先后顺序即为设计程序。为使设计工作有计划、有步骤、有秩序地进行,坚持按规定的设计程序开展工作是必要的。这也是提高设计效率和设计质量的重要手段。我国现行的设计工作遵循以下程序:一般的建设项目按照初步设计、施工图设计两个阶段进行;对技术复杂项目,根据主管部门的要求,可以按照初步设计、技术设计、施工图设计三个阶段进行;对一些牵扯面广的大型矿区、油田、林区、垦区和联合企业等项目,应做总体设计。

① 初步设计。初步设计根据批准的可行性研究报告和落实的设计基础资料编制,

该阶段完成的主要设计图纸有总平面图、平面图、立面图、剖面图和工程效果图等。初步设计完成之后,即编制设计概算,它们是确定建设项目投资额,编制固定资产投资计划,签订建设项目总承包合同、贷款合同,实行投资包干,控制建设项目拨款,组织主要设备订货,进行施工准备,以及编制技术设计文件或施工图设计文件的依据。

② 技术设计。它根据批准的初步设计文件编制,是对初步设计方案的进一步修正,通过技术设计,解决初步设计方案中不合适的内容,使之能够更好地满足施工图设计和项目投入使用的需要,技术设计完成后,需要编制修正概算。技术设计文件和修正总概算经批准后,是建设工程拨款和编制施工图设计文件的依据。

③ 施工图设计。它根据批准的初步设计和技术设计或技术设计和主要设备订货情况及其相关资料编制,并据以指导施工。在施工图设计阶段,主要完成结构施工图,如基础平面布置图、楼板平面布置图、屋面板平面布置图等。中外合资、外商独资和对外工程的设计,一般按照委托方的要求,采取动态设计的方法,以求达到缩短建设工期,早日投入使用的目的。

6. 设计管理

国家各主管部门都设有设计主管机构。其主要职责是负责本部门建设项目设计文件的审批、管理本系统的勘察设计单位。对直属设计研究院等每年都要下达设计任务;按季、按年检查各院任务的完成情况;组织各院编制统一的设计工作量定额、各种设计规程和概算定额;帮助各院解决所需的重大装备等问题。还要召开所属设计单位的计划工作、技术工作会议,了解情况、加强领导、交流经验。

行政管理体制和机构改革、政府职能转变后,主管部门对设计工作主要是进行宏观控制,统筹规划,掌握政策,信息引导,组织协调,提供服务和检查监督等。

设计单位主要有以下设计管理工作内容。

① 根据上级下达和承接的各项设计、科研合同任务,编制年度设计工作计划。

② 建立健全各级各类人员的岗位责任制和技术经济责任制,实行按劳分配,做到工作有秩序、进度有控制。

③ 经常进行"质量第一"教育,严格遵守设计质量管理制度,保证设计高质量。

④ 按工程项目分别派总设计师,并组成各工程项目以总设计师为首的设计核心领导班子,组织工程设计协调进行,善始善终。

⑤ 与建设、勘察、施工、科研和设备制造部门密切协作配合,互创条件,互相促进,保证设计任务顺利进行。

⑥ 当建设项目由数个设计单位共同承担设计时,经主管部门指定的主体设计单位,负责组织各个部分设计单位相互协作配合,顺利开展设计工作;并负责编制总体设计,编写设计文件总说明,汇编总概算,对建设项目的合理性和整体性负责。

二、设计工作审计的内容

1. 审计设计单位的资质和级别

在我国,一般通过招标投标、上级主管部门指定和建设单位委托三种主要方式选择设计单位。目前,随着投资体制改革工作的不断深入与发展,第一种方式的使用日益普及,其优越性也日渐明显。当然,无论以哪一种方式选择设计单位,都应首先考虑设计单位的资质和级别,因为它是设计单位技术能力的标志和象征。因此,审计单位和审计人员在审计设计工作情况时,必须先对设计单位的资质和级别进行审查认证。

我国有关部门对设计单位的资质级别和其对应的设计范围规定如下。

① 甲级设计单位。可以在全国范围内承担证书规定行业的大、中、小型工程项目的设计任务。

② 乙级设计单位。可以承担证书规定行业的中、小型工程项目的设计任务。

③ 丙级设计单位。可以承担证书规定行业的小型工程项目及零星工程项目的设计任务。

设计单位在接受设计任务时,应出示等级证书,只能在规定的范围内承担设计任务。审计人员在进行这一部分内容的审计时,应首先审计设计单位的确定方式是否符合有关要求,重点明确在选择设计单位的过程中,是否有人为干扰因素存在,有无"领导项目""人情项目"情况出现,有无行贿受贿、拿回扣等行为发生;其次审计设计单位的资质与级别是否符合项目建设规模的要求,有无名不副实、越级设计行为发生。当前,建筑市场不是十分景气,设计部门面临市场竞争的考验。因此,许多设计单位实行了承包设计责任制,指标到人、任务到人,并推行提成的方法,鼓励所有人员接受设计任务。这样做固然提高了设计人员的积极性,但也给设计管理工作带来了十分严重的问题,如许多设计人员设计技术不高,但也承接了大型项目的设计任务,致使设计质量下降,设计浪费很大。更为严重的是,有些级别不高的设计单位,为了能够承接设计范围之外的设计任务,挂靠高级别的设计单位,间接地导致了设计级别不够,质量风险加大。对设计单位资质和级别进行审计,有助于规范建筑市场,它能协助有关部门治理建筑市场的混乱局面。这样一来,审计人员对设计单位的资质和级别的审计就显得十分重要。因此,审计人员在进行审计时,不仅要查阅有关部门文件,同时还要深入实际,多做调查与分析,从各个方面了解设计过程的真实性和合规性。

2. 审计设计依据

首先需要明确,进行建设项目工程设计时,需要哪些依据性的资料;其次界定这些资料对设计工作将产生什么样的影响;最后才能确定,如何对这些资料进行审计。

为了更好地完成设计任务,保证设计工作质量,设计人员在进行项目设计时,必须具备以下依据资料。

① 批准的可行性研究报告及有关文件。如批准的项目建议书、投资估算资料等。如果具备了这些文件资料,并且报批手续齐全,则意味着建设项目经过了前期决策,已经立项,只有经过立项批准的项目,才能进行勘察设计,因此,这些文件是建设项目设计工作必需的依据。

② 勘察部门提供的地质勘探资料。如水文地质状况资料等。勘察工作是设计工作的基础,通过勘察确定建设地点以及建设地点的地下和地上情况,为设计工作提供第一手资料,没有勘察工作做先导,便无从下手进行设计,因此勘察部门提供的地质勘察资料反映了建设场地的基本情况,它是设计工作的直接依据。

③ 有关建设地区的气候、大气环境以及各种资源、原材料、燃料等方面的资料。这些资料所提供的情况,为建设项目设计时所进行的技术经济分析和评价打下了基础,也是落实配套工程设施的先决条件。

④城市规划、环境保护等部门有关用地、规划、环保、消防、人防、抗震设防烈度等方面的资料。根据这些资料,设计人员确定项目的建设规模、使用用途和结构形式,并明确对建设项目特殊功能的设计要求。由此可见,这些资料是建设项目设计的关键性依据。

⑤国家制图标准及设计规范等有关资料。国家制图标准对制图过程提出了规范性的要求,例如尺寸、线型、标高的规定等,设计人员按照制图标准的规定进行绘图,能够保证图纸的标准性和通用性;其他的设计规范是确定工程结构形式和尺寸的主要依据,通过这些规范,确定主体结构类型、主要材料的配置、工程的设计标准等相关内容。

对建设项目设计依据的审计,主要涉及上述文件与资料,审计人员在行使审计职责时,一方面要注意这些资料的完整性、真实性,另一方面还要关注其准确性与可靠性。这些文件和资料直接影响建设项目设计方案的选择、设计质量以及配套工程的设计工作。因此,设计依据的审计对设计工作的审计质量具有十分重要的作用和影响。

3. 审计设计方案

设计方案通过初步设计、技术设计或扩大初步设计完成,它是项目设计目标的具体体现。对设计方案进行审计,可以保证项目建设符合国家产业政策,符合有关部门设计标准和设计规范等要求。在实施设计方案的审计时,应以下列内容为重点。

① 审计设计规模。对生产性建设项目,年生产能力表示设计规模,如年产多少万吨水泥,年产多少万吨钢材等;对于非生产性建设项目,大多以设计容量表示设计规模,如学校可容学生的人数、医院可供的床位数等。设计规模应符合已经批准的可行性研究报告,如与可行性研究报告不一致,需说明原因,并增补报告,报请有关主管部门批准,否则,审计机关有权要求设计单位修改设计方案或令其暂停设计。

② 审计建筑面积。建筑面积是房屋工程的一个重要的技术性指标,它是指房屋工程每一层外墙皮所围起的水平面积之和。包括使用面积、结构面积和辅助面积三大主要部分。建筑面积从另一个侧面反映了建设规模。审计建筑面积的依据是批准的可行性研究报告等文件资料,通过审计,注意发现设计方案所显示的建筑面积是否与立项时批准的建筑面积相一致,是否存在超规模、超面积、超标准的现象发生。

③ 审计生产工艺和产品方案。在初步设计阶段,应确定产品的生产工艺和生产方案。而对这一部分内容的审计,则表现为对工艺技术的先进性和可行性的审查与比较,通过审计,保证建设项目的生产工作能够顺利进行。另外我们也必须注意到,对这部分内容进行审计,也是企业审计的主要内容之一。

④ 审计建筑造型。建筑造型反映了单体工程的立体美观性程度。对建筑造型实施审计,则代表着不同的审计个性与审美观点。就此意义而言,这项审计带有较大的伸缩性,对于保证审计质量来说,具有一定的难度。但无论怎样,对建筑造型的审计依然有独特的标准,一要注意建筑造型满足其使用要求的程度,二要注意建筑造型与周围环境的和谐程度,三要注意国家规划部门的总体规划和安排。

⑤ 审计建设项目的平面布局。建设项目的平面布局一般从两个方面表现出来:一是建设项目的总平面图。它表达了建设项目总的平面布置情况,如新建建筑工程的位置、原有建筑物、构筑物、原有道路及其他附属工程的位置等。二是建设项目内每一工程项目的平面布置图。它反映了建筑工程内每一层平面的基本布置情况,如每一个房间的位置、使用要求、开间、进深、房屋朝向与走向等内容。单体工程平面图在初步设

计阶段完成,是设计方案的主要构成部分。这样一来,对设计方案的审计主要应围绕如下内容展开:一是注意审计总体布局是否合理;二是审计每一工程项目的内部设计是否最大限度地满足了使用要求与设计规范要求,如工艺通风要求、采光要求等。严格说来,审计人员有权对上述内容提出修正建议,当然,建议能否被采纳,则主要取决于建设单位的认可程度。

⑥ 综合审计设计方案的适用性、经济性和美观性。适用性是指建设项目能够满足结构要求和使用要求的功能程度。其中,结构功能程度是指项目所达到的安全性程度,如工程的各部位所具有的承受压力能力、承受拉力能力、抗弯曲能力、抗剪切能力等;使用功能的满足程度是指满足使用的舒适性程度,如建筑设计与生产工艺之间的矛盾是否容易解决,生活使用是否舒适等。在我国,早年的住宅设计大多以大居室小客厅为主,结果导致使用上的不方便。近年来,随着人们生活水平的提高,建筑设计打破传统布局,取而代之的是大客厅小卧室,更好地满足了人们的居住要求,提升了生活质量。

经济性是指建筑成本的节约性程度。它通常通过设计概算反映出来,因此,对设计方案经济性的审计也主要通过对设计概算的审计来完成。审计人员通过核实工程量,检查定额套用和费用计算过程,判断建设项目投资额的真实性与准确性程度,在概算无误的前提下,评价单位投资指标,并与相同地区的平均造价指标相比较,借此分析设计方案满足经济性要求的程度,并建议设计部门修正造价指标过高的设计方案。在满足使用要求的前提下,设计方案的经济性是设计人员所应面临的主要问题。满足经济性要求的主要方式之一是使工程结构尽可能地简单,但这并不意味着要求设计人员一味追求工程的经济性而忽略其他。经济性是一个相对指标,在不同经济条件下,对设计方案的经济性要求标准也是不一样的。审计人员在实施审计时,不要忽视这一点。

美观性是指建筑工程立体造型的新颖性、立面形状的合理性及与周围自然环境的和谐性。建筑工程的审美标准主要反映在如下几个方面:a. 建筑造型与使用要求是否相般配;b. 装修标准是否与建设单位的经济条件相吻合;c. 建筑工程的形态、高度以及形状等是否与自然环境和社会环境相和谐。审计人员在对设计方案实施美观性审计时,应注意到上述几点内容,使审计工作更加符合项目建设与使用要求。

适用性、经济性、美观性前后呼应,既相对独立,又相互制约。审计人员在进行审计时,既不能片面追求某一方面,也不能不分主次以平均的观点对待每一方面。应以适用性为首,后两者次之。在我国,由于设计收费与工程造价成正比,所以,设计人员在设计时考虑最多的是设计方案的安全性和美观性,而忽视节约建设成本的要求,致使保守的设计方案不断涌现,从根本上导致了造价的提高。正因为如此,审计人员应明确审计重点,通过审计,促进设计方案的进一步完善与合理。

4. 审计设计图纸

以房屋工程为例,一套完整的工程施工图,一般包括建筑施工图、结构施工图、给水排水工程施工图、电气照明工程施工图、采暖通风工程施工图及工业管道工程施工图等主要内容。其中,建筑施工图反映在设计方案之中,主要通过初步设计完成,后面几种图纸则在施工图设计阶段完成。因此,严格来说,对设计图纸的审计,既包括对设计方案所确定的建筑施工图的审计,也包括对其他几种图纸的审计。由于前面已经详尽地介绍了对设计方案审计的有关内容,因此,下面重点介绍对结构施工图、给水排水施工图、电气照明工程施工图、采暖通风工程施工图及工业用管道工程施工图的审计内容和要求。对结构施工图的审计,重点表现为对结构设计的合理性、安全性和可靠性进行审计,如基础、墙体、柱梁、楼板、门窗、楼梯等主要部位的结构尺寸是否合理,钢筋混凝土构件中钢筋的分布是否适当等;对水、暖、工业管道工程图的审计,则以管道布置的合规性和可行性审计为主;对电气照明工程图的审计,应围绕管线及电气设施排设的规则性展开。在对上述内容进行审计时,审计人员应有一定的力学知识、工程结构知识和生产工艺知识,否则,这项审计无法深入进行。当前,这也是我国建设项目审计的难点和空白点,受多种条件限制,对设计图纸的审计还停留在理论研究过程之中,甚至在审计界还存在着它究竟是不是属于建设项目审计范畴的争论。

对设计图纸的审计,还包括对图纸的设计程序的审计,即审计设计程序是否合规、审批手续是否完备等。具体包括:① 图纸是否有审计和审核人员的签字,是否盖有设计单位的公章;② 一套图纸的先后排列是否清晰,图纸前后是否矛盾,标注有无遗漏;③ 材料来源有无保证,能否替换,图中所要求的条件能否满足,新材料、新技术的应用有无问题;④ 基础选择是否合理,地基处理有无保证,有无容易导致使用问题发生的隐含因素;⑤ 工艺管道、电气线路、设备装置、运输道路与建筑物之间有无矛盾,布置是否合理;⑥ 图纸是否符合国家现行制图标准和有关部门设计规范的要求,有无不规范设计行为的发生。

5. 审计设计收费

国家对各种专业工程的设计收费都有规定。审计人员在对这一部分内容进行审计时,应以国家文件规定的标准和有关文件资料、合同等为依据,结合实际,监督设计单位合理收费,杜绝不正之风。首先审计设计单位是否执行了国家有关部门规定的设计收费标准,有无高套级别、高套类别的情况发生。我国目前的设计收费标准是按行业制定的,由国务院主管部门同意编制,经国家发展和改革委员会同意后统一颁发,各设计单位不得自行编制设计收费标准。其次,审计设计的内容是否完整,图纸页数是否齐全,如果设计单位只进行了工程项目部分内容的设计,则应在规定的设计收费标准基础上降低一定的比例。

表2-11、表2-12所示为我国外资和中外合资建设项目现行的勘察设计收费标准。

表 2-11　民用项目工程设计取费标准　　　　　　%

项目	投资额/万元	一般建筑	高层建筑 公共建筑 复杂建筑	别墅、剧院 涉外宾馆 特殊建筑
外资、独资	≤500	3～4	4.5～5	5.5～6
	501～2000	3.5～4	4～4.5	4.5～5.5
	≥2001	3～3.5	3.5～4	4～4.5
中外合资	≤500	2.5～3.5	4～4.5	5～5.5
	501～2000	3～3.5	3.5～4	4～5
	≥2001	2.5～3	3～3.5	3.5～4

表 2-12   工业项目工程设计取费标准   %

项目	投资额/万元	一般建筑	复杂建筑	特殊建筑
外资、独资	≤1000	3.5~4.5	5~5.5	6~6.5
	1001~8000	4~4.5	4.5~5	5~6
	≥8001	3.5~4	4~4.5	4.5~5
中外合资	≤1000	3~4	4.5~5	5.5~6
	1001~8000	3.5~4	3.5~4.5	4.5~5.5
	≥8001	3~3.5	3~3.5	4~4.5

另外,工程设计中套复用图纸的工程,如非同一委托单位或在不同小区范围内建设的项目,按同类新设计项目的 80% 收费;而配有基础或因地制宜做局部修改的,按同类新设计的 100% 收费。

6. 审计设计质量保证体系

为满足设计质量要求,设计单位要建立有效的质量保证体系。设计文件、图纸,需经过各级技术负责人审定签字后,方可交付施工。对设计质量保证体系进行审计的重点包括:审计设计单位是否设置了项目总负责人,是否设置了专业技术负责人;审计所有的图纸是否经过了有关负责人员的校对与签字认可,未经签字的工程,不得出图;审计设计过程是否严格执行了设计工作程序,有无进行方案论证和图纸会审工作。

从理论上说,上述六项内容是设计工作审计的重点,但在我国的审计实务中,还没有达到这个深度。很多审计单位不对建设项目的设计工作进行审计,还有一些审计单位即便是在审计计划中将项目设计工作审计列入其中,也仅停留在设计程序的合规性、设计文件的完整性、设计收费的合理性等方面,而没有对设计质量实施审计。这有点本末倒置,无法从根本上保证项目审计目标的实现,与国外审计工作相比,这也是差距所在。如韩国政府审计机构十分关注设计的合理性程度。具体体现为检查设计部门的设计计划、设计方法、任务范围以及设计应遵循的设计原则等内容;同时注意审计设计方案的质量,包括设计的适用性、经济性、选址分析、土地利用的有效性和设施配置的完整性等;在此基础上深入审计设计过程的合规性和设计合同的公正性。通过设计的合理性审计,审计人员依据审计时点的不同,出具不同的审计建议,如果审计工作开展在施工开始之前,则要求设计部门修正不适当的设计方案及相关内容,如果审计工作发生在在建期或竣工后,则向有关部门通报此事,并建议有关部门在今后的设计及设计管理工作中注意减少此类问题发生的可能性,对于影响工程质量或潜在构成劣质工程隐患的项目,政府审计机构有权要求其拆除重建。例如,韩国国家审计机关在在建期对某地铁×号线××工区的工程设计进行事后审计时发现:按照混凝土工程说明书及地铁设计标准,在设置重量物的车站地上通风机械室和电气室中,设计负荷量为 $2.00t/m^2$、水泵室负荷量为 $100.00t/m^2$。由于是地上结构,应能够支撑风、雪负荷等有实际影响的负荷。但是,经过计算分析,审计人员发现原设计方案未能充分考虑上述因素,致使设计的通风机械室和电气室的实际抗载能力只有 $0.5t/m^2$,并未考虑风、雪等可能造成实际影响的荷载,对车站的使用安全构成了严重的威胁。在此情况下,政府审计机构要求有关部门将该工程拆除并重新按照设计标准要求施工。这样看来,韩国政府审计机构对设计合理性审计的力度远远大于我国，而且具有较强的制约性。因此，我们有理由相信，在不久的将来，随着经济体制改革工作的不断深入，我国的建设项目审计也将很快延伸到对设计质量本身的审计。

三、审计导航

1. 审计目标

设计工作与前期决策工作一样重要，从一定意义上说，设计方案的好坏，直接影响项目建设质量、项目造价和投资效益。针对设计情况进行后评估审计，主要目的是确认设计文件的适用性、经济性、美观性，并对财务决算和设计概算进行比较，分析实际投资与概算投资的吻合性程度。

2. 需要收集的资料

① 图纸（建筑施工图、结构施工图、设备施工图等）。

② 概算书（建设项目总概算、单项工程综合概算、单位工程概算、其他工程费用概算及概算的编制说明）。

③ 设计合同。

④ 建设部颁发的设计收费文件（待查）。

⑤ 同时期设计收费的市场报价信息。

⑥ 同时期的单位平均造价指标信息。

⑦ 如果是通过招标投标方式选择的设计单位的话，还需要与招标投标有关的资料（如招标文件、投标书）等。

⑧ 有关建设地区的气候、大气环境以及各种资源、原材料、燃料等方面的资料。

⑨ 城市规划、环境保护等部门有关用地、规划、环保、消防、人防、抗震设防烈度等方面的资料。

⑩ 国家制图标准及设计规范等有关资料。

3. 审计思路

① 审计设计单位的选择方式是否合法合规，设计单位的资质、级别是否适当。

思路：对照《中华人民共和国招标投标法》和国家、地方及建设单位主管部门的相关文件来判断，选择设计单位的方式是否合规。当前，选择设计单位的主要方式有两种：一是招标投标；二是委托指定。我国的招标投标法第三条规定：“在中华人民共和国境内进行下列工程建设项目包括项目的勘察、设计、施工、监理以及与工程建设有关的重要设备、材料等的采购，必须进行招标：（一）大型基础设施、公用事业等关系社会公共利益、公众安全的项目；（二）全部或者部分使用国有资金投资或者国家融资的项目；（三）使用国际组织或者外国政府贷款、援助资金的项目”。

如果符合上述条件，但没有招标投标的项目，审计人员应在审计报告中给予揭示；如果已经通过招标投标方式选择设计单位了的话，则注意审计其招标组织形式、资格预审文件、招标文件、合同条款等是否经过了工程所在地的招标管理部门审核批准。未经审批就招标了的项目，不符合招标投标程序。

对照国家关于建设项目类别划分的文件，根据概算批准确定的投资规模确定项目属于大型项目还是中小型项目，然后查认设计单位的资质级别证书复印件，确定该设计单位是否具备条件承担该项目的设计任务。同时要注意是否有"挂靠"的迹象,如果有,应予以指出,供建设单位参考。

② 审计设计文件是否完整,设计程序是否合规。

思路:完整的设计文件包括两大部分内容:图纸和设计概算。审计时注意是否存在"三边(边勘察、边设计、边施工)"项目。

③ 审计设计收费是否合规、合理。

思路:对照设计收费文件和市场行情,确定设计合同中所约定的设计收费是否恰当。将合同与国家颁发的设计收费文件及市场价格信息相比较,确定建设单位支付的设计费是否过高。另外,注意设计单位完成的设计图纸是否完整,如果只是局部设计,则要按比例降低设计费用;同时注意是否有重复设计,如果有的话,重复设计的部分应按设计收费文件规定的系数比例计算。勘察、设计收费不能超过有关标准或中标价,设计单位如没有编制施工图预算,在合同价款中应扣除施工图预算编制费。

另外,工程设计中套复用图纸的工程,如非同一委托单位或在不同小区范围内建设的项目,按同类新设计项目的80%收费;而配有基础或因地制宜做局部修改的,按同类新设计的100%收费。

④ 审计设计文件是否经过了有关部门批准。

思路:查找批文,对照建设单位主管部门的文件规定,确认设计文件的审批是否合理,如果没有相应的主管部门的批文,则视设计程序不规范。

⑤ 审计设计变更是否适当。

思路:收集设计变更通知单,首先通过现场核实的方式确定通知单上注明变更的内容是否真实;其次审查变更通知单上的签字手续是否齐全(建设单位现场管理人员、施工单位现场管理人员、监理人员和设计人员均要签字)。最后审计设计变更的程序是否规范。

对照建设单位主管部门的规定,勘察、设计文件一经审查批准后,建设单位不能随意修改总平面布置、功能,提高主要工艺流程、主要设备、建设标准,不能突破设计批复的建设规模等控制性指标和内容。如由于客观原因确需修改时,应报原勘察、设计审批部门批准;否则将视情节轻重追究项目负责人及建设单位负责人的责任。建设单位在施工图设计批准后,即可进行下一阶段实施工作。

⑥ 审计初步设计方案是否科学合理。

思路:基本原则是"适用、经济、美观",对设计方案的审计具有极大的不确定性,因此,审计人员的意见只能作为参考,建议能否被采纳,则主要取决于建设单位的认可程度。

⑦ 审计施工图设计阶段完成的设计图纸是否完整。

思路:完整的设计图纸包括建筑施工图、结构施工图和设备施工图,如果图纸不全就施工的话,审计人员应该予以指出。

⑧ 审计设计质量保证体系是否完整。

思路:主要核对与图纸、概算等设计文件有关的审批手续是否齐全。特别要关注如下问题。

a. 施工图预算是否控制在批准概算数内。

b. 主要工程量计取与初步设计内容是否基本一致。

c. 定额子目选用是否正确,应有工料分析表和单位造价比较分析说明。

d. 采用的原始数据来源正规,数据及计算是否正确。

e. 根据本项目的特点分析本项目设备及材料消耗多(少)的主要原因。

f. 和同类工程在综合造价和静态投资两方面的比较,分析其客观和非客观原因。

4. 主要的审计方法

通过审计设计文件和设计程序来完成该部分审计工作,从对项目后评估审计的角度来看,设计中的"三边(边勘察、边设计、边施工)"问题直接影响投资效益。所以,应重点关注是否存在"三边(边勘察、边设计、边施工)"项目,并对这一类项目的投资效益情况进行分析。

5. 可能的审计结论和建议

(1)可能的审计结论

① 设计文件是否完整。

② 设计程序是否规范,设计变更等手续是否齐全。

③ 设计收费是否合理。

④ 设计质量是否最佳。

⑤ 是否是"三边"项目。

⑥ 设计单位的资质、级别是否符合项目规模要求,是否存在"挂靠"现象。

(2)建议

由于是事后审计,所以应围绕今后如何规范设计管理工作提出审计建议。

四、建设项目设计工作审计的案例分析

【例 2-7】　某医院拟建一建筑面积为 5 000m² 的门诊大楼,设计概算造价为 4 800 万元,该建设单位通过招标投标的方式选择了设计单位,设计单位的资质为甲级,通过谈判,两家确定设计费为 80 万元。在签订合同时,负责设计的人员向甲方提出:签订两份合同,一是"技术咨询服务"合同,二是"设计"合同,并要求将 80 万元的设计费用分为两部分,分别出现在两份合同中(每份合同含 40 万元),因而,80 万元就被分成了"技术咨询服务费"和"设计费"两部分。甲方领导追问其原因,设计人员称,这样做的主要目的是减少向设计单位交纳的管理费,原来门诊大楼设计的人员不是该中标的甲级设计院的正式职工,而是以联合设计的方式进行合作的,他们之间约定:这些人以该设计院的名誉承接设计任务,而后,向设计院交纳 30% 的管理费。正是基于此点考虑,设计人员要求与建设单位签订上述两份合同。问:① 这样做是否恰当。② 假如双方已经按此签订了合同,那么,审计人员在事后审计时,应如何处理? ③ 该项目的招标投标工作是否有效? ④ 设计费 80 万元是否适当?

解:① 这种做法不恰当。因为设计单位在项目施工期间进行咨询服务属于设计工作的延伸,设计费包括该项费用,因而,不能另外签订合同。

② 如果甲方和设计单位已经按此签订了合同,审计人员应指出这是不恰当的,但不能宣布合同无效。审计人员应建议双方修订合同,使之合法化。

③ 招标投标工作依然有效。

④ 设计费是否适当,应根据建设部颁发的《设计单位设计收费规定》这个文件来确认。如果高于规定的收费标准,则不适当;如果符合标准规定,则认为适当。

【例 2-8】 某建设单位准备建设六层的砖混结构的住宅楼,设计单位提供的设计方案为如图 2-1 所示的形式,按照使用要求,底层为车库,顶层主要为隔热而设。2~6 层每层的层高均为 2.7m,底层车库的层高为 2.3m,坡屋顶隔热层的檐口高度为 2.3m。同时,设计单位与建设单位签订的合同规定:按照建筑面积计算设计费,标准是 10 元/平方米。问该方案有何问题? 它会产生什么影响?

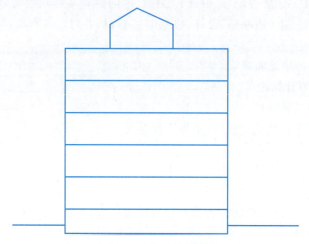

图 2-1   某住宅楼示意图

解:该方案设计的不甚合理,主要是底层车库的层高和顶层坡屋顶的高设计不当。按照国家建筑面积计算规则要求,层高大于 2.2m 的楼层计算建筑面积。从使用要求上看,车库和隔热层没有必要设计成高 2.3m,应充分利用这一规则要求,在不影响使用功效的前提下,降低层高至 2.2m。这样做一是可以降低工程的建设成本;二是可以节约设计费用。因为,该项目设计收费是以建筑面积为基数来确定的,建筑面积越大,则设计费用就越高。所以,审计人员在审计时,有权要求甲方与审计单位修正设计方案(由于该项目的图纸不详,因而关于设计方案的其他内容无法审计,只能就已知条件做上述几点分析)。

【例 2-9】 某建筑设计院承揽某一生产车间项目的建筑设计任务,为了保证该车间的正常使用,建设单位在建设期的主要工作是完成车间的建造、车间内生产用设备的购买和设备的安装。按照投资计划,预计上述三项工作中,建筑工程投资 3 000 万元,设备购置费为 2 000 万元,设备安装工程投资为 1 800 万元。三项累计为 6 800 万元。建设单位与设计单位签订的设计合同约定:"设计单位按照该项目投资额的 2% 收取设计费。"结果设计单位计算得出的设计收费总额为 68 000 000×2% = 1 360 000 (元)。问:这种做法是否正确。

解:审计人员在审计这个项目时应注意两点:一是取费基数究竟是指建筑投资,还是指建筑安装投资或是全部建设费用。如果是第一条,则取费基数为 3 000 万元;如果是第二条,则基数为 3 000+1 800 = 4 800(万元),如果是第三条,则合同计算得数正确。

究竟应以何为基数,应依据设计收费文件确定。直观理解似乎是第一种做法正确,但也不一定,项目性质不同,文件规定的计算方法不同。审计人员应注意到这一点。其次还应根据文件确定合同中约定的 2% 这一比例是否合规。

【例 2-10】　某项目通过公开招标的方式选择设计单位,共有 4 家设计单位参与投标,但中标单位只是其中之一。问:建设单位是否应向另外未中标的 3 家单位支付设计费? 如果支付,应按哪个标准确定?

解:是否需要支付设计费,应根据招标文件规定来确定。如果建设单位在招标文件中明确规定了按一定的比例支付设计费,则应予以执行;若招标文件中规定不向未中标单位支付设计费,则在实际操作中,就可以不再支付。这不违反国家有关政策和法规。

但需要注意的是,如果招标文件规定应支付一定比例的设计费,应考虑投标时所报送的图纸仅仅是一套图纸的一部分。主要是建筑施工图,因而,应按照工作量比例,在国家规定的收费标准的基础上进行折让,而后,确定具体比例。所以,审计人员审计时,应考虑招标文件本身的合规性。

【例 2-11】　某设计单位承接了某单位一五层框架结构实验楼的设计任务,根据图纸设计要求,该工程项目为一左右对称结构,整个工程的建筑面积为 $6\,000\text{m}^2$。设计单位与建设单位通过设计合同明确了收费标准为 10 元/m^2(建筑面积)。审计人员在对其进行审计时,发现合同签订的设计收费总额为 $6\,000 \div 2 \times 10 = 30\,000$(元)。问:该项设计费的确定是否正确。

解:审计人员首先应查找国家设计收费文件,根据文件确定这样的项目设计收费 10 元/m^2 是否符合规定标准,如果在规定的收费标准之内,则进一步审计计算的基数是否正确。该项目按照建筑面积的一半计算总的设计费用,经过调查了解,其理由是该图纸设计的工程结构左右对称,因此,按一半建筑面积计费,这种计算是错误的,国家没有这种规定。正确的计算应为 $6\,000\text{m}^2 \times 10$ 元/$\text{m}^2 = 60\,000$(元)。审计人员通过审计,应予以指出,并建议合同当事人双方修正工程设计合同。

【例 2-12】　某工程有一 9.9m 的钢筋混凝土简支梁,经初步计算,表 2-13 中所示 3 种断面尺寸都满足作用荷载下的强度、刚度等要求。当前适用的有关预算定额基价:A 种混凝土 220 元/m^3,B 种混凝土 230 元/m^3,C 种混凝土 225 元/m^3;梁侧模板 21.4 元/m^2,梁底模板 21.4 元/m^2,钢筋制作、绑扎 3 390 元/t。

表 2-13　三种断面尺寸

方案	断面尺寸/mm	钢筋/(kg/m³ 混凝土)	混凝土种类
第一方案	300×900	95	A
第二方案	500×600	80	B
第三方案	300×800	105	C

问题:根据上述资料确定哪一种设计方案最经济?

解:

三种方案的费用情况计算见表 2-14。

表 2-14　三种方案的费用情况

项目	单位	第一方案	第二方案	第三方案
混凝土	m²	2.673	2.97	2.376
钢筋	kg	253.9	237.6	249.5
梁侧模板	m²	17.82	11.88	15.84
梁底模板	m²	2.97	4.95	2.97
混凝土费用	元	588.06	683.10	534.6
钢筋费用	元	860.72	805.46	845.81
模板费用	元	455.00	376.99	412.63
直接费合计	元	1 903.78	1 865.55	1 793.04

　　由直接费用合计栏的数据比较可知：第三种方案的经济效果较好，宜采用第三种方案。

　　需要特别说明的是，尽管建设项目理论和国外审计发展现状两个方面都证实了对设计工作审计的重要性，并明确地界定了对建设项目设计工作进行审计的完整范畴，标识出了其审计的重点为技术性和经济性审计两个主要部分，包括设计的适用性和经济性审计等相关内容，但受诸多因素的影响，我国审计机构对设计工作审计还仅限于其程序的规范性，取费的合理性等内容方面，审计工作未能完全深入到位。所以，在我国建设项目审计的理论界及实务界至今还存在着这样的争论：对设计工作的技术性内容审计究竟属于还是不属于建设项目审计的范畴？设计的技术性工作直接影响设计方案的经济性程度，而审计工作的最本质的职能之一就是经济监督。因而，审计设计工作的技术性内容属于建设项目审计范畴，随着时间的推移和审计实践的发展，人们终究将在这一点上达成共识。

第三节　开工前期准备工作审计

课前思考

　　A 同学刚刚到审计部工作时，首先接到的业务工作是了解和办理工程的开工前审计，由于 A 同学不了解工程的程序，第一次知道工程建设还需要办理审计这个流程，这个流程的意思是基本建设工程在办理完规划手续、土地手续、施工手续、资金来源充足之后，最后一关要办理开工前审计的手续。A 同学需要思考，开工前审计需要做什么？需要搜集什么资料，审计标准是什么？

任务驱动

　　当你学完这一节，你将能够：

　　(1) 了解建设资金来源的内容；

　　(2) 掌握建设项目"三通一平"的内容。

思考或讨论

（1）项目资金来源包括哪些？

（2）"三通一平"包括哪些内容，审计标准是什么？

（3）"三通一平"工作边界在哪儿？

（4）"三通一平"费用如何计算？

（5）"三通一平"工作质量如何界定？

审计实训

请搜集本教学楼的平面布置图，绘制场地布置，列出"三通一平"工程量。准确叙述"三通一平"的工作内容、工作标准。

一、审计资金筹集情况

资金筹集贯穿项目建设全过程，由建设单位财务部门负责牵头，根据工程管理部门、计划部门等相关部门提供的投资计划、施工进度计划等相关资料，确定工程建设资金总额度及建设全过程各阶段所需资金额度，制订资金筹集计划，确定筹资方式，以作为资金筹集的重要依据。

1. 审计目标

对资金筹集情况进行审计，基本目标是审计筹资过程的合法合规性、建设资金的到位性和筹资成本、筹资费用的经济性。对于内部审计来说，重点目标是审计筹资成本、筹资费用的经济性，其实这也是绩效审计的重要组成部分。

2. 需要收集的资料

① 已经获得批准的建设单位投资计划。

② 建设单位财务部门编制的筹资计划和年度建设预算。

③ 使用国家财政资金的项目的上级有关部门关于划拨资金的批文。

④ 使用银行贷款的项目的贷款协议或合同。

⑤ 使用自有资金的项目的银行存款证明资料。

⑥ 合同等其他相关资料。

⑦ 筹资成本与费用测算资料。

3. 审计内容和思路

① 建设项目的资金来源是否合规，资本金、当年资金是否落实。根据立项审批资料，确定项目资金来源渠道，对于国家预算资金投入建设的项目，要注意实际投入资金是否与批准的投资额度一致，如果超过了批准额度，关注超过部分的来源渠道是否合法、合规，是否有上级主管部门或国家、地方的有关有权部门允许调整概算的批文。

② 自筹资金是否经财务部门批准，并存入银行。查看银行存款证明，并关注是否有财务部门领导的审批意见。

③ 使用银行贷款须提供银行贷款承诺书或合同。查看银行贷款承诺书或合同，并计算贷款利息，同时分析对投资效益的影响。

④ 利用外资需提供主管部门批准的可行性报告、合同章程、协议书,预算内资金需落实。审计主管部门批准的可行性报告、合同章程、协议书,并分析筹资成本。

⑤ 审计筹资成本和费用是否合理、经济。针对不同筹资方式计算不同的费用内容。

a. 贷款的资金成本。贷款是项目投资资金的一个重要来源。借款需要支付利息,所以,利息即为贷款的资金成本。

b. 债券的资金成本:

$$K_{B} = \frac{I_{t}(1-T)}{B(1-f)} = i_{b} \cdot \frac{1-T}{1-f}$$

式中　K_B——债券成本率;

　　　B——债券筹资额;

　　　I_t——债券年利息;

　　　i_b——债券年利息利率;

　　　T——公司所得税税率;

　　　f——筹资费费率。

c. 自有资金的成本估算。自有资金成本应该表现为机会成本。

d. 最低期望收益率的估算。单位的资金成本有多种来源,所以,不能简单地用其中某一个来代表单位资金总成本,一般来说,使用各种不同来源的资金成本的加权平均值,并以其作为投资项目的最低期望收益率。其计算式为:

$$K = \sum K_{i} F_{i}$$

式中　K——加权平均资金成本;

　　　K_i——第 i 种来源的资金成本;

　　　F_i——第 i 种来源资金占项目总投资的比重。

4. 主要的审计方法

主要的审计方法包括查阅法、比较法、计算和分析法。

5. 可能的结论与建议

主要针对资金筹集是否到位、筹集方式是否合法合规、筹资过程是否经济等相关问题得出审计结论,并提出规范管理,提高效益的建议。

二、审计"三通一平"情况

"三通一平"是指"通水、通电、通路和平整场地",这是所有建设项目在开工之前必须由建设单位完成的技术准备工作,讲究一点的项目可能还要完成"五通一平"或"七通一平"。

在审计这部分工作时,需要关注以下问题:①"三通一平"工作边界在哪儿?②"三通一平"费用如何计算?③"三通一平"工作质量如何界定?

【例 2-13】　假设某电力企业需要建设一个平面形状如图 2-2 所示的电厂,周边环境决定了该项目需要从西面的 312 国道上修一条临时性道路到施工现场,为了保证施工,这条路贯穿施工现场西东。

问题:施工现场中临时性道路的建设费用是否属于"三通一平"费用?

图 2-2　电厂

解：施工现场内临时性道路的建设费用不属于"三通一平"费用，而应该列入建筑工程费中的临时设施费。本项目的"三通一平"费用所包含的通路费用只是从 312 国道到施工现场边缘的这一段路程需要的建设费。同样的道理，通水、通电费用的计算边界也是到施工场地边缘，施工场地内的临时性水电设施等费用都进入项目的临时设施费。

1. 审计目标

审计与"三通一平"有关的工作和费用计算的真实性、合法合规性和效益性。

2. 审计依据

① 与"三通一平"有关的图纸、合同、施工签证、施工日志、验收报告等资料。

② "三通一平"费用计算书。

③ 规划部门的批文。

④ 与建设地点有关的水文、地质勘探资料等。

3. 审计内容和审计思路

① 对照合同审计确认"三通一平"工作是否在开工前完成。

② 计算复核"三通一平"费用计算书，审计确认费用计算是否正确，包括工程量是否真实、计算标准是否适当等内容。

③根据施工方案要求审计确认"三通一平"的工作质量是否能够满足施工要求。

④ 重点审计关注"三通一平"费用是否与建筑工程费中的临时设施费重复。

【例 2-14】　假设内部审计人员在审计竣工决算时发现，该项目因为"三通一平"工作质量问题导致实际施工时机械停置并误工 12 天。同时，为了保证施工，施工单位还对"三通一平"工程进行了返工修补。

问题：决算时施工单位应该向建设单位提出哪些索赔？

解：应该提出两项索赔要求。一是工期索赔，要求顺延；二是费用索赔，包括误工费、机械停置费和返工修补费等。

4. 主要的审计方法

主要的审计方法包括计算比较法、复核法、测量法。

5. 可能的结论与建议

主要针对"三通一平"的工作质量、费用计算机管理工作是否规范等相关问题发表意见,提出改进建议。

思考与计算题

1. 与外部审计相比,内部审计人员在建设项目投资决策审计中的优势是什么?

2. 在审计资金筹集情况时,国家审计机关的审计人员比较关注资金的到位性和筹资的合法合规性,与之相比,内部审计人员在审计资金筹集情况时关注的重点是什么?

3. 对设计工作的审计要求审计人员具有较高的专业胜任能力,在现阶段,大部分内部审计人员难以做到,因此应该将审计重点放在哪些方面?

4. 审计设计收费是否恰当的直接依据有哪些?

5. 假设通过招标投标的方式选择设计单位,四家设计单位来投标,但中标的只有一家。问:建设单位是否要向未中标的其他三家设计单位支付设计费? 依据是什么? 如果支付的话,这项费用从什么费用里支出?

6. 建设单位卖招标文件给参与投标的设计单位,这笔收入如何处理?

7. 在建设项目的设计阶段发生的主要费用有哪些? 分别列入什么费用中?

第三章

建设项目招标投标审计与建设工程合同管理审计

　　招标投标是指采购人事先提出货物、工程或服务采购的条件和要求，邀请众多投标人参加投标并按照规定程序从中选择交易对象的一种市场交易行为。具体而言，建设项目招标是建设单位（业主）为完成某一具体项目的建设任务，根据与项目有关的各项资料，经有关管理部门批准后，通过一定的方式通告（或邀请）承包商前来投标，履行必要的程序而选定最佳承包商的过程。投标是对应建设项目招标而引起的一种经济行为。建设项目投标是由经过预审合格取得投标资格的投标者，按照招标文件和有关规定要求，并综合考虑自身实力，按照规定的程序向招标单位投送标书以争取中标的经济行为。

　　无论站在哪个视角来研究，招标投标审计与合同管理审计都是建设项目审计的重要内容之一，但受诸多因素的影响，内部审计人员在履行招标投标审计与合同审计时还面临许多问题和困惑，例如，审计的有效性与招标投标法、合同法的冲突问题，审计效果增值与审计效率的冲突问题等。如何在审计实践中解决这些问题？如何改良审计程序以提高审计的有效性？为了更好地理解这些问题，要回答什么是招标投标？建设工程合同包含哪些内容？招标投标与合同管理中存在哪些问题？审计人员应该如何审计才能有助于防范这些问题的发生？围绕这些核心问题进行阐述，是本章的核心主题。

第一节　建设项目招标投标概述

课前思考

　　招投标违法违规现象屡见不鲜，网上就曾曝光了两起招投标违规事件。

　　① 四川正方建筑工程有限公司等 9 家单位在海北州特殊教育学校建设项目招标投标活动中串通投标。

微课
建设项目招标投标概述

海北州特殊教育学校建设项目 2019 年 3 月 7 日开评标。经海北州住房城乡建设局和海北州公安局联合调查,四川正方建筑工程有限公司、隆生国际建设集团有限公司、河南泰宇建筑工程有限公司、河南景鹏建设工程有限公司、日昌(福建)集团有限公司、杨刚建设集团有限公司、河南九一建设工程有限公司、江苏品意堂建筑装饰有限公司、江苏建驰建设有限公司 9 家公司委托同一个人编制投标文件,存在串通投标的违法行为。

上述 9 家单位串通投标的违法行为由海北州住房和城乡建设局依法依规进行行政处罚。依据《青海省建筑市场信用管理办法》,四川正方建筑工程有限公司等 9 家单位信用评价降为 D 级,一年内取消其参与政府投资项目工程建设活动资格;一年内不受理进青登记手续;一年内在非国有投资项目中建设单位禁止选用。

② 江西临川建设集团有限公司等单位在察尔汗盐湖旅游资源开发项目一期工程招标投标活动中违法违规问题。

经核查,江西临川建设集团有限公司、重庆恒通建设(集团)有限公司投标文件业绩造假,存在虚假骗标的行为,依据《青海省建筑市场信用管理办法》,将江西临川建设集团有限公司及重庆恒通建设(集团)有限公司信用评价降为 D 级,一年内取消其参与政府投资项目工程建设活动资格;一年内不受理进青登记手续;一年内在非国有投资项目中建设单位禁止选用。

该项目招投标活动中,存在招标代理机构(广东省广大工程顾问有限公司)与评审专家为特定投标人谋取中标的嫌疑,依据《青海省房屋建筑和市政基础设施工程串通投标等违法行为认定处理办法》,移交公安机关。

上述两起事件反映出,青海省工程建设招投标领域存在串通投标、招标代理不规范等违法违规问题,违反了诚信守法原则,严重影响了公开、公平、公正的招投标环境。

这两起事件提醒着每个招投标人、各个招标代理机构都要严格遵守法律法规,不得与投标人串通,暗箱操作,干扰评标程序正常进行,不得泄露招标投标活动中的相关信息。投标企业要以被通报事件为戒,严格按照法律法规和相关规定开展工程招投标活动,树立诚信意识、法治意识,规范经营,积极维护建筑市场良好秩序。

任务驱动

当你学完这一节,你将能够:

(1) 了解招投标的主要工作内容;

(2) 掌握招标投标程序;

(3) 正确判断招投标过程是否存在违规现象;

(4) 按照评标办法计算评标结果。

思考或讨论

(1) 招投标的主要工作有哪些内容?

(2) 招标投标的正确顺序是什么?

(3) 如何判断招标投标过程是否合法合规?

审计实训

传闻投标江湖里,没有废不了的标。请搜集整理现实生活中被废标的案例,并指出废标的理由是否符合现行招投标法律法规。

一、建设项目招标投标的主要内容

(一)建设项目的招标投标概念

建设项目招标投标是项目在建设过程中建设单位作为一个买方,从多个卖方中择优选择项目的勘察、设计、施工、监理单位以及供货单位的竞价方式。因为在所有市场中价格是最为敏感的因素,而买方心理是质优价廉,卖方的心理是同质价优,为了很好解决这一矛盾和提高资源的配置效率,人们便采用了招标投标制的竞价方式。因此,哪里有市场?哪里就有可能存在给买方更多机会和择优选择卖方的招标投标竞价方式,可见招标投标的应用范围极为广泛,它涉及建筑市场、政府采购、医药市场、证券市场、会计审计服务市场等。

在市场经济国家,各级政府部门和其他公共部门或政府指定的有关机构的采购和建设开支主要来源于法人和公民的税赋和捐赠,必须以一种特别的方式来促进采购和建设尽量节省开支,最大限度地透明和公开以及提高效率目标的实现。招标与投标所具有的程序规范、透明度高、公平竞争、一次成交等特点,决定了招标投标是政府采购及项目建设的主要方式。招标投标是一个完整连续的过程,没有招标就不存在投标,无投标的招标没有任何实际意义。因此,在项目建设与管理过程中,我们一般称之为建设项目招标投标。招标投标是市场经济条件下的一种竞争手段,通过这种方式,优选建设项目的承建单位,有利于提高建设质量,节约建设费用,确保建设工期。我国于1999年8月30日第九届全国人民代表大会常务委员第十一次会议通过了《中华人民共和国招标投标法》(以下简称《招标投标法》),这标志着我国招标投标工作进入了法制化、规范化的崭新阶段。按照《招标投标法》的要求,在中华人民共和国境内进行下列工程建设项目包括勘察、设计、施工、监理以及与工程建设有关的重要设备、材料等的采购,必须进行招标:大型基础设施、公用事业等关系社会公共利益、公众安全的项目;全部或者部分使用国有资金投资或者国家融资的项目;使用国际组织或者外国政府贷款、援助资金的项目。由此可以看出,我国十分重视建设项目招标投标工作,鼓励以公开、公平、公正和诚实信用的原则优先选择项目的设计单位、施工单位、监理单位和材料、设备的供应单位以及与之相关的有关部门等。

由此可见,推广执行招标投标经济责任制,加强招标投标审计也势在必行。以招标投标工作程序为主线,审视招标投标全过程的每一项工作内容,是招标投标审计工作的客观要求。因此,可以说,招标投标的审计范围界定在所有招标投标项目的全部工作内容之内。

在国际建筑市场上,招标投标的发包方式是国际通行的惯例。鸦片战争后,随着外国资本的侵入,工程招标投标也逐渐成为我国当时建筑业承发包的主要方式,并且一直沿用到新中国成立初期。1959年我国又进一步从理论上认定工程招标投标是资本主义的经营方式,予以彻底批判并加以摒弃。

改革开放以后,1980 年,国务院在《关于开展和保护社会主义竞争的暂行规定》中首次提出:"对一些适宜于承包的生产建设项目和经营项目,可以试行招标、投标的办法"。我国是从 20 世纪 80 年代初开始引入招标投标制度的。先后在利用国外贷款、机电设备进口、建设工程发包、科研课题分配、出口商品配额分配等领域推行。1981 年以吉林省吉林市和深圳经济特区为代表,率先试行工程招标投标,收效良好,对全国产生了示范的影响。1983 年,城乡建设环境保护部颁布了《建筑安装工程招标投标试行办法》,它是我国第一部关于工程招标投标的部门规章,起了积极的推动作用。1984 年,国家计委和城乡建设环境保护部联合制定了《建筑工程招标投标暂行规定》。1992 年,建设部印发了《工程建设施工招标投标管理办法》。1999 年 8 月 30 日颁布了《中华人民共和国招标投标法》(2000 年 1 月 1 日实施),2017 年 12 月 27 日,进行了修正。

(二)建设项目招标投标的类型与特点

建设项目招标投标的最大特点是公开、公平、公正和择优。招标投标的实质就是通过市场竞争机制的作用,使先进的生产力得到充分发展,落后的生产力得以淘汰,从而有力地促进经济发展和社会进步。在西方市场经济国家,招标投标不仅在公共采购领域被普遍推行,而且也被私有企业广泛运用。目前在我国固定资产投资体制中实行招标投标制,一方面,达到的节资增效,缩短工期,保证了工程的质量,提高了经济效益;另一方面,实行公开、公平、公正的市场竞争机制,增加透明度,减少贪污腐败。

招标分为公开招标和邀请招标:公开招标是指招标人以招标公告的方式邀请不特定的法人或者其他组织投标;邀请招标是指招标人以投标邀请书的方式邀请特定的法人或者其他组织投标。

招标人采用公开招标方式的,应当发布招标公告。依法必须进行招标的项目的招标公告,应当通过国家指定的报刊、信息网络或者其他媒介发布。招标公告应当载明招标人的名称和地址、招标项目的性质、数量、实施地点和时间以及获取招标文件的办法等事项。

招标人采用邀请招标方式的,应当向 3 个以上具备承担招标项目的能力、资信良好的特定的法人或者其他组织发出投标邀请书。《招标投标法》规定,招标人采用邀请招标方式的,应当向 3 个以上具备承担招标项目的能力、资信良好的特定法人或者其他组织发出投标邀请书。按照国内外的通常做法,采用邀请招标方式的前提条件,是对市场供给情况比较了解,对供应商或承包情况比较了解。在此基础上,还要考虑招标项目的具体情况:一是招标项目的技术新而且复杂或专业性很强,只能从有限范围的供应商或承包商中选择;二是招标项目本身的价值低,招标人只能通过限制投标人数来达到节约和提高效率的目的。因此,邀请招标是允许采用的,而且在实际中有其较大的适用性。

在邀请招标中,招标人有可能故意邀请一些不符合条件的法人或其他组织作为其内定中标人的陪衬,搞假招标。为了防止这种现象的发生,应当对邀请招标的对象所具备的条件做出限定,即向其发出投标邀请书的法人或其他组织应不少于 3 家;而且该法人或其他组织资信良好,具备承担招标项目的能力。前者是对邀请投标范围的最低限度的要求,以保证适当程度的竞争性;后者是对投标人资格和能力的要求,招标人对此还可以进行资格审查,以确定投标人是否达到这方面的要求。为了保证邀请招标适当程度的竞争性,除潜在招标人有限外,招标人应邀请尽量多的法人或其他组织,向其发出投标邀请书,以确保有效的竞争。

投标邀请书与招标公告一样,是向作为供应商或承包法人或其他组织发出的关于招标事宜的要约邀请文件。为了提高效率和透明度,投标邀请书必须载明必要的招标信息,使供应商或承包商得知招标的条件是否为他们所接受,并了解如何参与投标人的名称和地址、招标项目的性质、数量、实施地点和时间以及获取招标文件的办法等基本要求,也可以增补其他资料,如招标人对招标文件收取的任何收费、支付招标文件费用的货币和方式、招标文件所用的语言、希望或要求供应货物的时间、工程竣工的时间、提供服务的时间等。

在《招标投标法》颁发以前,还存在第三种招标投标形式,即议标。现在,议标不属于招标投标范畴,但对于"抢险救灾、科研试验、保密工程;外商独资和私人投资;投资额在 50 万元以下的项目",可以考虑采用非招标投标的议标方式来确定承包商。

二、建设项目招标投标程序

建设项目招标投标的基本程序可以划分为招标准备、招标、投标、开标、评标、定标这几个主要阶段,其主要环节见图 3-1。

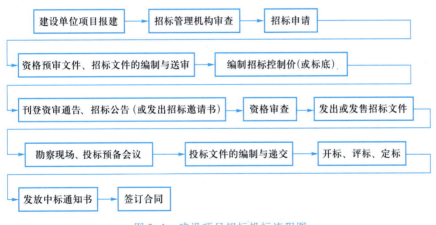

图 3-1　建设项目招标投标流程图

【小思考 3-1】

以业主自主公开招标为例,将下列混乱的招投标程序以正确的先后顺序排列出来。

① 接收投标文件;② 编制招标控制价;③ 确定中标单位;④ 签订承发包合同;⑤ 投标单位资格审查;⑥ 成立招标工作小组;⑦ 发售招标文件;⑧ 评标;⑨ 现场勘察和招标答疑;⑩ 编制招标文件;⑪ 发出中标通知书;⑫ 开标;⑬ 发布招标公告。

【参考答案】　⑥⑩②⑬⑤⑦⑨①⑫⑧③⑪④

（一）施工招标文件范本

施工招标文件

招标编号：

（注意：此文件应由招标人自行编制，本文件作为范本，仅供参考！解释权属招标人！）

招　　　标　　　人（章）＿＿＿＿＿＿＿＿＿＿＿

法定代表人（章）＿＿＿＿＿＿＿＿＿＿＿

发放时间＿＿＿＿＿＿年＿＿＿＿＿月＿＿＿＿＿日

第一章　投标须知

第二章　合　　同

　　　　一、协议书格式

　　　　二、通用条款

　　　　三、专用条款

　　　　四、附件1　承包人承揽工程项目一览表

　　　　五、附件2　发包人供应材料设备一览表

　　　　六、附件3　工程质量保修书

　　　　七、附件4　承包人银行履约保函

　　　　八、附件5　发包人支付担保银行保函

第三章　技术规范

第四章　工程量清单

第五章　图纸和技术资料

第六章　投标文件格式

　　　　一、投标函

　　　　1. 投标函

　　　　2. 投标保证金银行保函

　　　　3. 法定代表人资格证明书

　　　　4. 授权委托书

　　　　二、工程量清单报价表

　　　　1. 表2.1.1 各专业工程预算及报价汇总表

　　　　2. 表2.1.2 甲供材料清单

　　　　3. 表2.1.3 投标人自行采购主要材料清单

　　　　4. 采用综合单价投标报价的有关说明

　　　　5. 表2.1 综合单价法报价汇总表

　　　　6. 表2.2 工程量清单报价表

　　　　7. 表2.3 设备清单及报价表

　　　　8. 表2.4 现场因素、施工技术措施及赶工措施费用报价表

　　　　9. 表2.5 材料清单及材料差价

三、辅助资料表

1. 表3.1 项目经理简历表

　　表3.1.1 投标人(企业)业绩表

2. 表3.2 主要施工管理人员表

3. 表3.3 主要施工机械设备表

4. 表3.4 项目拟分包情况表

5. 表3.5 劳动力计划表

6. 表3.6 施工方案或施工组织设计

7. 表3.7 计划开、竣工日期和施工进度表

8. 表3.8 临时设施布置及临时用地表

9. 表3.9 联营体协议书和授权书

(二) 监理招标文件范本

监理招标文件

招标编号:_____

招标人或招标代理机构(章):_____

法　定　代　表　人　(章):_____

发放时间:_____年_____月_____日

第一章　投标须知

前　附　表

序号	内容规定
1	工程名称: 建设地点: 工程规模: 工程要求工期:____年__月__日开工,____年__月__日竣工,工期____天。
2	委托监理范围:
3	标段划分内容及合同编号:
4	资金来源: 招标方式: 投标保证金数额:(银行保函或现金) 履约保函金额:(银行保函或现金)
5	投标有效期:投标截止日后_____日内有效。 投标文件份数:正本_____份,副本_____份,共_____份。
6	投标文件递交:南京市建设工程交易中心(广州路183号) 　　　　　　　　二楼第_____会议室。 投标截止时间:_____年___月___日___时
7	开标时间:_____年___月___日___时 开标地点:南京建设工程交易中心二楼第_____会议室。

一、总   则

（一）监理工程概况

1. 本工程监理招标范围＿＿＿＿＿＿＿＿＿＿。

2. 本工程已经＿＿＿＿＿＿＿＿部门项目审批,获批准文号＿＿＿＿已落实资金＿＿＿＿＿＿,由银行出具保函。

3. 工程基本情况(包括招标项目的技术质量要求、施工现场场地条件以及三通一平)。

4. 业主提供的现场办公条件(包括交通、通信、住宿等)。

（二）投标单位条件

1. 监理单位资质及要求

具有＿＿＿＿＿＿部门核发的＿＿级监理资质等级证书,持有工商行政管理部门核发的营业执照并取得法人资格的监理单位。对本地区或本系统以外的监理单位同时要求,具有市建委核发的建设监理许可证。

以联合体参加投标的,联合体各方均应具备＿＿＿＿级监理资质等级,取得工商执照及法人资格。由同一专业的单位组成的联合体,按照资质等级较低的单位确定资质等级,联合体各方应当签订共同投标协议,明确约定各方拟承担的工作和责任,并将共同投档协议连同投标文件一并提交招标人。联合体中标的,联合体各方应当共同与招标签订合同,就中标项目向招标人承担连带责任。参加联合体的各成员不得再以自己的名义单独投标,也不得同时参加两个和两个以上的联合体投标。

2. 拟派驻的总监资质要求及其他要求

总监必须具有＿＿＿＿＿＿＿核发的＿＿＿＿级总监资质。

其他要求:＿＿＿＿＿＿＿＿＿＿＿＿＿＿＿＿＿＿＿＿＿＿＿。

3. 监理机构人员配备要求

施工阶段监理单位派驻到现场的监理人员(含总监)总人数应符合下表要求:

岗位	人员要求	上岗持证要求
总监工程师	名	
总监代表	名	
岩土专业	名	
土建专业	名	
测量专业	名	
造价、概预算	名	
试验专业	名	
合同、信息管理	名	
设备专业	名	

续表

岗位	人员要求	上岗持证要求
道桥专业	名	
其他	名	
总计	名	

注:表中所列人员配备为最低限度要求,中标单位可根据实际工作需要及时投入人员,所有监理人员均须身体健康,年龄不得超过 65 岁。

（三）投标费用

投标单位应承担其编制投标文件以及递交投标文件所涉及的一切费用,无论投标结果如何,招标单位对上述费用不负任何责任。

（四）现场考察及答疑

1. 投标人可对工程现场和周围环境进行考察,以获取需投标人负责的有关投标准备和签署合同所需的材料,考察现场的费用由投标人自负。招标单位对投标人进行的现场考察给予必要的协助和配合。

2. 投标单位需要招标单位解答的问题,对招标文件有疑问需要澄清的,应当以书面形式向招标人提出。

二、招标文件内容、澄清及修改

（五）招标文件的组成

1. 招标文件包括本文件及所有按第（七）条发出的修改澄清通知。

2. 投标人应认真审阅招标文件所有的内容,如果投标人的投标文件不能实质性地响应招标文件要求,将按作废处理。

（六）招标文件的澄清

1. 要求澄清招标文件的投标人,最迟应在投标截止日期前____天以书面或传真的方式向招标单位提出要求澄清的问题。招标单位在不迟于投标截止日前____天以书面形式予以解答,此书面答复(包括对询问的解释,但不说明询问来源)将以补交书面形式发送所有投标人,由此而产生的对招标文件内容的修改,将以修改通知的方式发出。

2. 投标单位对招标单位提供的招标文件所做的推证、解释和结论,招标单位概不负责,投标单位由于对招标文件的任何推证和误解以及招标单位对有关问题的口头解释所造成的后果,均由投标单位自负。投标单位应认真检查招标文件是否齐全,如有遗漏,请于_____日内向招标单位索取,否则责任自负。

（七）招标文件的修改

1. 在投标截止日期 15 天前,招标人都可能会以书面通知的方式修改招标文件,修改通知作为招标文件的组成部分,对投标人起同等约束作用。

2. 投标人在收到招标文件修改通知后应立即以电话、电报、电传或传真告知招标单位予以确认。

3. 为使投标人有合理的时间将修改通知内容考虑进去,招标人可以酌情延长递交投标文件的截止日期,具体时间将在修改通知中写明。当投标文件、修改通知内容相互矛盾时,以最后发出的通知为准。

三、投 标 报 价

(八)投标报价应包括完成招标文件所确定的委托监理的范围和监理业务所需的全部费用。

(九)投标单位应根据本工程的造价和监理工作量,在国家规定的相应监理费取费标准范围内报价。

四、投 标 文 件

(十)投标文件应包括下列各项内容。

1. 投标函。

2. 法人资格证明书或法人授权委托书(如果授权)。

3. 投标保证金(如果有)。

4. 监理取费。

5. 投标人情况介绍(含企业简介、业绩证明材料等)。

6. 监理人员一览表(含性别、年龄、职务、职称、专业以及持上岗、执业证情况等)。

7. 监理规划或监理大纲,包括针对本工程技术难点的处理方法等。

8. 用于本工程的检测设备、仪器一览表或委托有关单位进行检测的协议,通信、信息设备、交通工具等。

9. 近三年来监理工程一览表和《监理业务手册》复印件。

10. 监理人员的学历证书、职称证书、监理工程师岗位证书及总监理工程师资格书复印件,须带原件备查。

11. 有关业绩方面的有效证明材料。

(十一)投标人应当使用本招标文件提供的投标文件表式,表式可以按同样格式进行扩展。

(十二)投标担保。

1. 投标担保方式采用:＿＿＿＿＿＿＿＿＿＿＿＿＿＿＿＿。

2. 投标保证金采用:＿＿＿＿＿＿＿＿＿＿＿＿＿＿＿＿。

3. 投标人应当按照招标文件的方式和金额,将投标保函或者投标保证金随投标文件提交招标人。

4. 对于未能按要求提交投标保证金的投标书,将被视为不合格而予以拒绝。

5. 未中标投标人保证金最迟不超过投标有效期后＿＿＿＿＿＿天内无息清退。

6. 中标人不与招标人订立合同的,投标保证金不予退还并取消其中标资格。

(十三)投标文件的份数和签署

1. 投标人应按本招标文件的规定,向招标单位提交一式五份投标文件,其中一份正本,四份副本。并在封袋上注明"正本"或"副本"字样,当正本与副本有不一致时,以正本为准。

2. 投标文件正、副本均应使用＿＿＿＿＿＿纸统一装订,且均应使用不能擦去的墨水书写或打印,按要求由投标人加盖公章和法定代表人或法定代表人委托的代理人印鉴或签字。

3. 全套投标文件应无修改和行间插字,除非这些修改是根据"招标文件修改通知"的要求进行的,或者是投标人明显笔误必须修改的。不论何种原因造成的涂改、插字和删除,都应由投标文件签署人加盖印鉴。

五、投标文件的递交

(十四)投标文件的密封与标志

1. 投标文件中监理大纲为暗标,应单独封装,一式____份,密封在一个封袋上标明"监理大纲"字样。监理大纲的内容不能有任何反映单位名称的标志(包括不能加盖正、副本字样),统一用____纸打印,字体统一用四号宋体字打印,不得有任何加粗、斜体、下划线、边框、阴影等标记。

2. 除监理大纲外的所有投标文件为明标,应将投标文件的正本和副本分别密封,并在封袋上正确注明"正本"和"副本"字样。所有封袋上都应写明招标单位名称、工程名称,并在封袋骑缝处加盖投标单位公章。

(十五)投标截止期

1. 投标人应在投标须知中规定的时间之前将投标文件递交到指定地点。招标人在接到投标文件时将在投标文件注明收到的日期和时间。

2. 招标人可以按本文件第(七)条规定以修改通知的方式,酌情延长递交投标文件的截止日期。在上述情况下,招标人与投标人以前的投标截止期方面的全部权力、责任和义务,将适用于延长后新的投标截止期。

3. 超过投标截止期送达的投标文件将被拒绝并原封退给投标人。

4. 提交投标文件的投标人少于三个的,招标人将依法重新招标。

(十六)投标文件的修改与撤回

1. 投标人可以在递交投标文件以后,在规定的投标截止期之前,以书面形式向招标人递交修改或撤回其投标文件的通知。在投标截止期以后,不得更改投标文件。

2. 投标人的修改或撤回通知,应按本文件第(十三)(十四)条规定的要求编制、密封、标志和递交(密封袋上应标明"修改"或"撤回"字样)。

3. 投标截止以后,在投标有效期内,投标人不得撤回投标文件,否则其投标保证金将被没收。

六、开　　标

(十七)开标

1. 开标由招标人主持,邀请所有投标人参加。

2. 开标时,由投标人推选的代表或招标人委托的公证机构检查投标文件的密封情况,投标文件未按照招标文件的要求予以密封的,将当众拆封,宣读投标人名称、监理取费、总监姓名和其他招标人认为有必要的内容。

3. 招标人在招标文件要求提交投标文件的截止时间前收到的所有投标文件,开标时都将当众予以拆封、宣读、记录。

4. 唱标顺序按各投标人送达投标文件时间先后的逆顺序进行。

5. 在开标时,投标文件出现下列情况之一的,将作为无效投标文件,不得进入评标:

(1)投标文件未按照招标文件的要求予以密封的;

(2)投标文件中的投标函未加盖投标人的企业及企业法定代表人印章的,或者企业法定代表人委托的代理人没有合法、有效的委托书(原件)及委托代理人印章的;

(3)投标文件的关键内容字迹模糊、无法辨认的;

(4)投标人未按照招标文件的要求提供投标保函或者投标保证金的;

(5)组成联合体投标的,投标文件未附联合体各方共同投标协议的。

七、评标、定标

(十八)评标

1. 评标工作

评标工作在南京市招标办的监督下,由招标人依法组建的评标委员会在市建设工程交易中心组织进行。

2. 评标标准与方法

本工程采用综合评估法,以打分的方法衡量投标文件是否最大限度地满足招标文件中规定的各项评价标准。评标将对投标单位投标文件中的监理大纲或监理规划、人员素质、监理费、监理检测设备、监理业绩信誉、总监答辩等方面的内容进行量化,以得分最高者推荐为中标候选人或确定为中标人,具体的评分分值和办法详见附件(此处省略)。

(十九)投标文件的澄清

1. 为了有助于投标文件的审查、评价和比较,评标委员会可以书面方式要求投标人对投标文件中含义不明确、对同类问题表述不一致或者有明显文字和计算错误的内容做必要的澄清、说明或者补正。投标人的澄清、说明或者补正应以书面方式进行并不得超出投标文件的范围或者改变投标文件的实质性内容。

2. 投标文件中的大写金额和小写金额不一致,以大写金额为准;总价金额与单价金额不一致,以单价金额为准,但单价金额小数点有明显错误的除外;对不同文字文本投标文件的解释发生异议的,以中文文本为准。

(二十)在评标过程中,评标委员会若发现投标人以他人的名义投标、串通投标、以行贿手段谋取中标或者以其他弄虚作假方式投标的,该投标人的投标将做废标处理。

(二十一)投标人资格条件不符合国家有关规定和招标文件要求的,或者拒不按照要求对投标文件进行澄清、说明或者补正的,评标委员会可以否决其投标。

(二十二)评标委员会将审查每一投标文件是否对招标文件提出的所有实质性要求和条件做出响应。未能在实质上响应的投标,将做废标处理。

(二十三)投标文件有下述情形之一的,属于重大偏差、视为未能对招标文件做出实质性响应,并按前条规定做废标处理:

1. 没有按照招标文件要求提供投标担保或者所提供的投标担保有瑕疵;

2. 投标文件没有投标人授权代表签字和加盖公章;

3. 投标文件载明的招标项目完成期限超过招标文件规定的期限;

4. 明显不符合技术规格、技术标准的要求;

5. 投标文件载明的检验标准和方法等不符合招标文件的要求；

6. 投标文件附有招标人不能接受的条件；

7. 不符合招标文件中规定的其他实质性要求。

评标委员会根据规定否决不合格投标或者界定为废标后，因有效投标不足 3 个使得投标明显缺乏竞争的，评标委员会可以否决全部投标。所有投标被否决的，招标人依法重新招标。

（二十四）评标和定标将在投标有效期结束日 30 个工作日前完成。不能在投标有效期结束日 30 个工作日前完成评标和定标的，招标人将通知所有投标人延长投标有效期。拒绝延长投标有效期的投标人有权收回投标保证金。同意延长投标有效期的投标人应当相应延长其投标担保的有效期，但不得修改投标文件的实质性内容。因延长投标有效期造成投标人损失的，招标人将给予补偿，但因不可抗力需延长投标有效期的除外。

八、授 予 合 同

（二十五）中标

1. 确定中标单位后，招标人向中标单位发出中标通知书，并同时将中标结果通知所有未中标的投标人，中标通知书将成为合同的组成部分。

2. 中标单位收到中标通知书后，应在_____日内与招标人签订施工合同。中标人不与招标人订立合同的，投标保证金不予退还并取消其中标资格，给招标人造成的损失超过投标保证金数额的，应当对超过部分予以赔偿；没有提交投标保证金的，应当对招标人的损失承担赔偿责任。

（二十六）合同签订

招标人与中标人将根据《中华人民共和国合同法》的规定，依据招标文件和投标文件签订监理合同。

第二章　拟签订的合同条款

第一部分　建设工程委托监理合同

委托人_____与监理人_____经双方协商一致，签订本合同。

一、委托人委托监理人监理的工程（以下简称"本工程"）概况如下：

　　工程名称：

　　工程地点：

　　工程规模：

　　总投资：

二、本合同中的有关词语含义与本合同第二部分《标准条件》中赋予它们的定义相同。

三、下列文件均为本合同的组成部分：

①监理投标书或中标通知书；

②本合同标准条件；

③本合同专用条件；

④在实施过程中双方共同签署的补充与修正文件。

四、监理人向委托人承诺,按照本合同的规定,承担本合同专用条件中议定范围内的监理业务。

五、委托人向监理人承诺按照本合同注明的期限、方式、币种,向监理人支付报酬。

本合同自_____年_____月_____日开始实施,至_____年_____月_____日完成。

本合同一式_____份,具有同等法律效力,双方各执_____份。

委托人:(签章)　　　　　　　　　　监理人:(签章)

住所:　　　　　　　　　　　　　　　住所:

法定代表人:(签章)　　　　　　　　　法定代表人:(签章)

开户银行:　　　　　　　　　　　　　开户银行:

账号:　　　　　　　　　　　　　　　账号:

邮编:　　　　　　　　　　　　　　　邮编:

电话:　　　　　　　　　　　　　　　电话:

本合同签订于:_____年_____月_____日

第二部分　标准条件(略)

第三部分　专用条件(略)

第三章　设计采用的主要技术标准、规范、规程

第四章　图纸和技术资料

第五章　投标文件格式

一、投　标　书

_____:(招标单位名称)

(一)根据已收到的_____工程建设监理的招标文件,我单位经研究招标文件和有关资料后,做出监理费报价为该工程造价的_____%。总额_____万元(大写)。

(二)我单位将严格按监理人员执业守则,按国家相关法规、规范及我方制定的监理大纲、实施细则进行监理,在保证质量、安全的前提下,确保工程按期交付。

(三)贵单位的招标文件、中标通知书和本投标文件将构成约束我们双方的合同。

投标单位(盖法人章):_____

法定代表人或授权委托人(签字或盖章)_____

日期:　　　年　　　月　　　日

二、授权委托书

本授权委托书声明:我＿＿＿＿＿＿(姓名)系＿＿＿＿＿＿＿＿＿＿＿

＿＿＿＿＿(投标单位)的法定代表人,现授权委托＿＿＿＿＿＿＿＿＿＿(单位名

称)＿＿＿＿＿＿(姓名)为我的授权代理人,以本公司的名义参加＿＿＿＿＿＿

＿＿＿＿＿(招标)单位名称的＿＿＿＿＿＿＿＿工程的监理投标,授权委托人所签署的一

切文件和处理与之有关的一切事务,我均予以承认。

授权委托人无转让权、特此委托。

授权委托人:＿＿＿＿＿＿　性别:＿＿＿＿　年龄:＿＿＿

单　　　　位:＿＿＿＿＿＿　部门:＿＿＿＿　职务:＿＿＿

投标单位:(盖法人章)＿＿＿＿＿＿＿＿＿＿＿＿

法定代表:(签字或盖章)＿＿＿＿＿＿＿＿＿＿＿

日期:　　年　　月　　日

三、本工程拟用监理人员一览表

岗位	姓名	性别	年龄	职称	职务	学历	专业	监理业绩	资格证编号

四、用于本工程的检测设备、仪器一览表

序号	设备或仪器名称	型号规格	数量	国别产地	备注

五、近三年监理工程一览表

序号	工程名称	面积/万 m^2	规模	工程投资/万元	委托单位	工期	监理成果或目前进度

三、评标要求与评标方法

评标是建设项目招标投标工作中的关键环节,要体现招投标工作的公正性和透明化。首先要确定"三公"的评标立场,即以"公开、公正、公平"为原则对待所有的投标商,杜绝"人情采购、红包开路"的腐败行为;其次,明确评标委员会的工作职责,评委会要审查投标文件所有条款是否符合招标文件的要求,站在招标方的立场上,用要约形

式,最大限度满足采购需求,最终签署评审意见;最后,根据不同采购项目,确定入选中标人的名额。标准货物采购是根据招标项目的可拆分情况分包确定中标人,此种情况往往在招标文件的要约中暗示出来,评标原则中只需进一步明确。

《招标投标法》规定,中标人的投标文件必须最大限度满足招标文件中规定的各项综合评价标准,响应招标文件的实质要求,政府采购合同授予的中标人必须是报价最低最负责的投标商。根据这一原则,评委会按评标办法确定的评标因素,结合评审打分,并签署评审意见,确定或向招标人推荐中标者。评委评分,通常是单数评委人数的评分,去掉最高分,去掉最低分,平均得分最高者为推荐中标人,如果该中标人无法正常履行采购合同时,依次替补。评标方法主要有综合评标法和最低有效报价法,最低有效报价法适用通用技术、性能标准和施工难度不大的建设工程。下面重点介绍综合评标法。

综合评标法就是业主围绕工程质量、工期、成本"三大目标",主要综合报价、施工组织设计、投标人经历及业绩。综合得分一般是商务标得分和技术标得分总和,一般适用于技术复杂、施工难度较大、结构安全要求高的建设工程。要注意审查投标文件是否存在废标和偏差:首先阅读招标文件中关于废标的规定和开标记录;审查不可竞争规费费率是否正确;审查投标文件是否以甲供材料价格计入综合单价;采用横向比较分析,各投标单位综合单价是否存在重大差异,是否低于成本价。然后计算基准价,基准价一般表现在以下几方面:最低评标总价、平均值、平均值一定幅度;报价等于基准价的,得满分;偏离基准价的,相应扣减得分;每偏离1%,扣减0.5~4分;正偏离和负偏离的扣分标准可以不一致。最后计算商务标得分,商务标得分=总分-(|报价-基准价|/基准价×100×单位扣分)。

【例3-1】　某工程 A、B、C、D、E 投标报价分别为 1 582.63 万元、1 695.01 万元、1 665.13 万元、1 597.78 万元、1 510.81 万元,去掉最高价和最低价后,以剩余报价和的算术平均数的98%为基准价,高于或低于基准价1%扣0.5分,基准价为满分70分。求:① 计算基准价。② 计算各投标单位商务标得分。

① 基准价:
$$(1\ 582.63+1\ 665.13+1\ 597.78)÷3×98\% = 1\ 582.88(万元)$$

② 各投标单位商务标得分

A:$70-(1\ 582.88-1\ 582.63)÷1\ 582.88×100×0.5 = 69.99(分)$

B:$70-(1\ 695.01-1\ 582.88)÷1\ 582.88×100×0.5 = 66.45(分)$

C:$70-(1\ 665.13-1\ 582.88)÷1\ 582.88×100×0.5 = 67.40(分)$

D:$70-(1\ 597.78-1\ 582.88)÷1\ 582.88×100×0.5 = 69.53(分)$

E:$70-(1\ 582.88-1\ 510.81)÷1\ 582.88×100×0.5 = 67.72(分)$

【例3-2】　某综合楼施工,由业主自行组织施工公开招标。现有 A、B、C、D 4 家经资格审查合格的施工单位参加该工程投标,与评标指标有关的数据见表 3-1。

表 3-1　评 标 指 标

投标单位	A	B	C	D
报价/万元	3 420	3 528	3 600	3 636
工期/天	460	455	460	450

经过招标小组确定的评标指标及评分方法如下。

报价以标底价（3 600 万元）的 ±3% 以内为有效标。评分方法是：报价以标底价 −3% 为 100 分，在标底价 3% 以内，以标底价 −3% 为基准，每上升 1% 扣 5 分。

定额工期为 500 天，评分方法是：工期提前 10% 为 100 分，在此基础上每拖后 5 天扣 2 分。

企业信誉和施工经验均在资格审查时评定（企业信誉得分：C 单位为 100 分，A、B、D 单位均为 95 分。施工经验得分：A、B 单位为 100 分，C、D 单位为 95 分）。

上述四项评标指标的总权重分别为：投标报价 45%；投标工期 25%；企业信誉和施工经验均为 15%。

问题：计算各投标单位投标总得分，并确定中标单位？

解： 评标过程如下。

报价的有效范围：3 600×97% = 3 492（万元）；3 600×1.03 = 3 708（万元）；由于 3 420 万元 <3 492 万元，所以 A 单位为无效标；B、C、D 单位均为有效标。

报价得分：

B：100−（3 528−3 492）÷3 492×100×5 = 94.85（分）

C：100−（3 600−3 492）÷3 492×100×5 = 84.54（分）

D：100−（3 636−3 492）÷3 492×100×5 = 79.38（分）

综合评标得分：

B：94.85×45% +98×25% +95×15% +100×15% = 96.43（分）

C：84.54×45% +96×25% +100×15% +95×15% = 91.29（分）

D：79.38×45% +100×25% +95×15% +95×15% = 89.22（分）

所以 B 单位中标。

注意：使用国有资金投资或者国家融资的项目，招标人应当确定排名第一的中标候选人为中标人。排名第一的中标候选人放弃中标、因不可抗力提出不能履行合同，或者招标文件规定应当提交履约保证金而在规定的期限内未能提交的，招标人可以确定排名第二的中标候选人为中标人。

【例 3-3】 某工程采用公开招标方式，有 A、B、C、D、E、F 6 家投标单位参加投标。第一阶段评技术标。技术标共计 40 分，其中施工方案 15 分，总工期 8 分，工程质量 6 分，项目班子 6 分，企业信誉 5 分。技术标不满 28 分，不再评其商务标。各投标单位技术标得分见表 3-2。

表 3-2　各投标单位技术标得分

投标单位	A	B	C	D	E	F
技术标得分/分	32.9	34.6	27.2	35.7	32.5	30.4

第二阶段评商务标。商务标共计 60 分。以标底的 50% 与投标单位报价算术平均数的 50% 之和为基准价，但最高（或最低）报价高于（或低于）次高（或次低）报价的 15% 的，在计算投标单位报价算术平均数时不予考虑，此时商务标得分为 15 分。以基准价为满分（60 分），报价比基准价每下降 1% 扣 1 分；报价比基准价每增加 1%，扣 2 分。投标单位报价见表 3-3。标底为 13 790 万元。

表 3-3　投标单位报价

投标单位	A	B	C	D	E	F
报价/万元	13 656	11 108	14 303	13 098	13 241	14 125

问题：计算各投标单位的综合得分。

解：评标过程如下。

由于 C 单位技术标得分为 27.2 分，按规定不再评其商务标。

$(13\ 098-11\ 108)\div13\ 098=15.19\%>15\%$

$(14\ 125-13\ 656)\div13\ 656=3.43\%<15\%$

所以，B 单位的报价（11 108 万元）在计算基准价时不予考虑，且商务标为 15 分。

基准价 $=13\ 790\times50\%+(13\ 656+13\ 098+13\ 241+14\ 125)\div4\times50\%=13\ 660$（万元）

各投标单位商务标得分：

A：$60-(13\ 660-13\ 656)\div13\ 660\times100\times1=59.97$（分）

B：15（分）

D：$60-(13\ 660-13\ 098)\div13\ 660\times100\times1=55.89$（分）

E：$60-(13\ 660-13\ 241)\div13\ 660\times100\times1=56.93$（分）

F：$60-(14\ 125-13\ 660)\div13\ 660\times100\times2=53.20$（分）

各投标单位综合得分：

A：$32.9+59.97=92.87$（分）

B：$34.6+15.00=49.60$（分）

D：$35.7+55.89=91.59$（分）

E：$32.5+56.93=89.43$（分）

F：$30.4+53.20=83.60$（分）

所以 A 单位中标。

【小思考 3-2】

某工程 A、B、C、D、E 投标单位报价分别为 1 482.63 万元、1 595.01 万元、1 660.13 万元、1 587.78 万元、1 670.81 万元，去掉最高价和最低价后以算术平均数的 98% 为基准价，高于或低于基准价 1% 的扣 0.5 分，基准价为满分 70 分。求各投标单位商务标得分？

【参考答案】　A、B、C、D、E 商务标得分分别为 66.86 分、69.60 分、67.54 分、69.82 分、67.19 分。

四、招标投标管理要求

《招标投标法》规定，招标投标活动应当遵循"公开、公平、公正和诚实信用"的原则。所谓公开原则，就是要求招标投标活动具有透明度，实行招标信息、招标程序公开，即发布招标公告，公开开标，公开中标结果，使每一个投标人获得同等的信息，知悉招标的一切条件和要求。公平原则，就是要求给予所有投标人平等的机会，使其享有同等的权利并履行相应的义务，不歧视任何一方。公正原则，就是要求评标时按事先规定的标准和方法对待所有投标人的投标。《招标投标法》始终以"三个"原则为主线，在总则及各章的每一个条款中予以体现。诚实信用原则,就是招标投标当事人应以讲求实效、守信的态度行使权利,履行义务,以维持双方的利益平衡,以及自身利益与社会利益的平衡。从这一原则出发,《招标投标法》规定了不得规避招标、串通投标、泄露标底、骗取中标、非法转包等,要求当事人遵守,并规定了相应的处罚。

招标投标管理规定了公共采购的强制招标范围。《招标投标法》第三条规定了必须招标的工程建设项目。与此同时,将关系社会公共利益、公众安全的基础设施项目细化为能源、交通运输、邮电通信、水利、城市设施、生态环境保护等项目;将关系社会公共利益、公众安全的公用事业项目细化为市政工程、科技、教育、文化、卫生、社会福利、体育、旅游、商品住宅等项目。

《招标投标法》在总结国内外招标采购经验的基础上,确立了两种招标方式,即公开招标和邀请招标。公开招标比邀请招标更具竞争性,在程序上也更加公开,更能体现招标的原则和特点;但与邀请招标相比,公开招标所费成本更高,费时更长。考虑到公开招标与邀请招标各有千秋,何时采用公开招标,何时采用邀请招标,我国《招标投标法》赋予了招标人很大的自由选择权,即招标人可以根据招标项目的特点、潜在投标人的数量和资质等情况,决定采用公开或者邀请招标,只要这种选择不违反法律的强制性规定即可。这种强制性规定是:国家重点项目和地方重点项目,除非有不适宜公开招标的情况,《招标投标法》要求必须进行公开招标。

近年来,随着市场主体的不断成熟和市场规则的不断完善,以及招标在节约资金、保证质量方面作用的日益显现,一些日常大宗物资采购任务多的大型企业集团组建了自己的招标机构和队伍,通过采购企业日常生产所需的原材料、设备等,取得了良好的经济效益。从这一现实情况出发,《招标投标法》对招标人自行招标给予了肯定,但对自行招标的条件进行了限制,即招标人必须具有编制招标文件和组织评标能力。之所以这样规定,是因为如果让那些不熟悉招标程序、自身也不具备招标能力的项目单位组织招标,会影响招标工作的规范化、程序化,进而影响招标质量和项目的顺利实施;另外,也可防止项目单位借自行招标之机,行招标之名并无招标之实。《招标投标法》规定,招标人自行招标的,应向有关行政监督部门备案。

《招标投标法》规定,招标人有权自行选择招标代理机构,委托其办理招标事宜。任何单位和个人以任何方式为招标人指定招标代理机构的,招标人有权拒绝。《招标投标法》还规定了招标投标活动当事人和参与人的权利义务,其中,招标人的主要权利:自主招标或委托招标代理机构进行招标;自行选定代理机构;委托招标代理机构时,可以参与整个招标过程,其代表进入评标委员会,确定特殊招标项目的评标委员会成员;要求投标人提供资质情况的资料;在规定时间内有权对发出的招标文件进行澄清或修改;根据评标委员会推荐的中标候选人确定中标人,并与其签订书面合同。招标人的主要义务:不得规避招标;不得以不合理的条件排斥或者限制潜在投标人,也不得对潜在投标人实施歧视待遇;不得强制投标人组成联合体进行投标;不得泄露应当保密的内容;不得在确定中标人之前与投标人就有关实质性的内容进行谈判;不许私下接触投标人,不得接受投标人的财物或者其他好处,不得与中标人订立背离合同实质性内容的其他协议;不得在中标通知书发出后改变中标结果;所有投标被否决的,应当重新招标;中标无效的,应当重新确定中标人或重新招标。

投标人的主要权利:平等地获得招标信息;要求招标人或招标代理机构对招标文件中的有关问题进行答疑;有权在规定的时间内补充、修改或者撤回已提交的投标文件;控告、检举招标过程中的违法行为。投标人的主要义务:不得串通投标;不得以向招标人或评标委员会成员行贿的手段中标;不得以低于成本的价格报价;不得以他人名义投标或者以其他方式弄虚作假,骗取中标。此外,中标的投标人还有以下义务:不得将中标项目全部转让或者肢解后分别转让给他人;不得放弃中标项目。

招标代理机构的主要权利:组织和参与招标活动;依据招标文件规定,审查投标人的资格;按照规定标准收取招标代理费;招标人授予的其他权利。招标代理机构主要义务:不得泄露应当保密的与招标投标活动有关的情况和资料;不得与招标人、投标人串通损害国家利益、社会公共利益或者他人合法权益;不得私下接触投标人,不得接受投标人的财物或者其他好处。

评标委员会及其成员的主要权利:对投标文件进行评审和比较;认为所有投标都不符合招标文件要求的,有权否决所有投标;向招标人推荐中标候选人或直接确定中标人。评标委员会及其成员的主要义务:不得私下接触投标人,不得接受投标人的好处;不得泄露有关评标的情况。

有关行政监督部门的主要权利:监督招标投标活动并对违法行为依法进行处理。有关行政监督部门的主要义务:不得排斥本地区、本系统以外的法人或者其他组织参与投标,不得非法参加投标,不得非法干预、影响评标的过程和结果。

发布政府采购信息的报刊和网络等媒介由国务院财政部按照相对集中、受众分布合理的原则予以指定,省级政府采购管理机构还可以指定其他报刊和网络等媒介公告信息,但公告的信息内容必须一致。依照相关法律规定,以下政府采购信息应当在指定媒介进行公告:一是省级及省级以上人大、政府或财政部门制定颁布的政府采购法律、法规和制度规定;二是资格预审信息,包括财政部门预审或批准准入政府采购市场的业务代理机构名录和供应商名录;三是政府采购目录;四是公开招标信息;五是中标信息;六是违规通报;七是投诉处理信息。

享有平等进行竞争的权利,并有自愿组成联合体作为一个供应商参与政府活动的权利。相应地,供应商依法主要有以下义务:不得相互串通损害国家利益、社会公共利益和其他当事人合法权益;不得以任何手段排斥其他供应商参与竞争;不得以向采购人、采购代理机构、评标委员会成员、竞争性谈判小组成员、询价小组成员行贿或者是采取其他不正当手段谋取中标或成交;不得提供虚假材料或在招标采购过程中与采购人进行协商谈判谋取中标、成交。

采购代理机构:一般采购代理机构的资格由国务院有关部门或者省级人民政府有关部门认定,受采购人的委托,代采购人组织招标投标事宜。

我国招标投标法律制度在实践中的作用:招标投标制度有利于促进社会主义市场经济体制的建立和完善。改革开放以来,我国一直在进行建立社会主义市场经济体制的摸索和实践。党的十四大明确提出,我国经济体制改革的目标是要建立社会主义市场经济体制。市场经济的一个重要特点,就是要充分发挥竞争机制的作用,使市场主体(企业)在平等条件下公平竞争,从而实现资源的优化配置和组合。而招标投标的公开性、公平性、公正性、择优性等特点完全符合市场经济的要求,它通过事先公布采购条件和要求,使众多的供应商或承包商按照同等条件进行竞争,采购人从中选择中标人这一系列程序,真正体现"公开、公平、公正"的市场竞争原则。因此,招标投标制度的推广,有利于打破长期以来形成的条块分割、部门和地方垄断等阻碍市场竞争的旧体制格局,为企业提供一种平等竞争的环境和机遇,从而为我国经济的持续快速发展注入新的活力,促进社会主义市场经济体制的建立和完善。招标投标制度有利于保护国有资产,防止腐败,提高投资和采购效益。

【小思考 3-3】

案例:10 月 11 日 A、B、C、D、E 5 家投标单位领取招标文件,10 月 28 日投标截止。A 在送出投标文件后发现估计报价过高,投标截止时间前 10min 递交书面声明撤回投标文件。开标由公证人员主持,检查投标文件密封情况无误,并宣布了 B、C、D、E 4 家投标单位的报价工期等内容。评委由招标人直接确定,6 人组成,招标方代表 3 人,技术专家 3 人。评标过程中,评委要求 B、D 单位就施工方案的技术难点超出投标文件做更详细说明,招标方代表希望 B 单位再适当考虑降低报价的可能性。4 个投标人综合得分从高到低依次为 B、D、C、E,故 B 单位中标。B 为外地企业,投标人 11 月 10 日将中标通知书挂号寄出,B 单位于 11 月 14 日收到中标通知书。从报价看,从低到高依次为 D、C、B、E,因此招标人和投标单位 B 就合同价进行多次谈判,最终相当于 C 单位的价格,12 月 25 日签订书面合同。要求:分析该案例中哪些方面违反了招标投标法律法规的内容。

【参考答案】　① 从领取招标文件到投标截止不满 20 日。② 撤回投标文件要承担法律责任,报价可以按法定程序修正。③ 开标由招标人或招标代理主持,双方委托第三方检查密封情况,应宣布 5 家投标情况。④ 评委应为 5 人以上单数,专家评委不少于 2/3,随机抽取。⑤ 评标过程中不得超出投标文件说明,也不可要求降低报价。⑥ 超出 30 日签合同,合同价要等于中标价。

第二节　建设项目招标投标审计

课前思考

招投标作为一种竞争择优的交易方式,目前已成为建设工程中主要的择优方式并被广泛使用。建设工程招投标主要由以下阶段构成:前期准备、发布招标公告或发出投标邀请书、资格审查、编制和发售招标文件、现场踏勘与召开投标预备会、投标及截标、开标、评标和定标、发出中标通知书并签订合同。在操作中每一个阶段都有各自的特点,但并不是孤立的,而是相互联系,穿插进行的。在每个环节中,均有可能出现疏漏甚至舞弊。本节主要思考建设项目招标投标过程中如何开展审计工作。

微课
建设项目招标投标
审计

任务驱动

当你学完这一节,你将能够:

(1) 了解建设项目招标投标中存在的主要问题;

（2）掌握建设项目招标投标审计的分析及方法；

（3）具备正确判断建设项目招投标工作过程的规范性和合理性的基本能力。

思考或讨论

（1）常见招投标中容易发生哪些问题？

（2）如何判断中标单位的选择方式是否合法合规？

（3）如何判断招标文件设置是否适当？

（4）如何选择招投标审计介入时间。

审计实训

请同学们自行搜集本校教学楼图纸和相关信息，按照下列步骤对该项目工程施工模拟招投标情境的训练进行策划设计。

（1）组建招标小组、投标小组（一般每组六七人），明确分工；领取图纸资料及设计任务书。

（2）招标小组编制招标文件，组织现场公开发布招标公告。

（3）投标小组领取招标文件后，开始组织编制投标文件；招标小组同时负责问题澄清，公开答疑，并筹备投标会议。

（4）招标小组组织并主持开标评标会议及现场统计评分等；投标小组参加会议，并按抽签顺序进行汇报答辩。

一、招标投标中存在的主要问题

在建设项目招投标工作实践中，还存在许多不规范的竞争和不规则的运作，其中比较突出的有以下几点。

（一）招标单位、评委、政府有关职能部门负责人和业务人员收受投标方贿赂的职务犯罪现象

由于招标投标单位无视法律，工程招投标日益成为职务犯罪的高发部位。本来招标投标是"阳光工程"却成了"暗箱操作"，大量的金钱流入了个人腰包，腐败也就由此产生了。通过招标投标本可以节约资源，却变成了浪费资源；本可以提高工程质量，却变成了"豆腐渣"工程。据对河南省许昌市检察机关自 1997 年以来立案查处的 50 起发生在建筑工程领域的重大受贿案件调查发现，85% 的案件发生在工程的招投标承揽阶段。

（二）招标方搞假招标，"明招暗定"

假招标就是招标人通过种种弄虚作假的方式"明招暗定"，招标人从中谋取种种好处，其背后往往隐藏着利用职务的经济犯罪或腐败现象。例如：某水厂工程投标中，业主经过资格预审，确定了 6 家投标单位，组织了庞大的考察团对拟参加投标单位进行了考察。投标单位兴师动众，热情接待。而实际上，在考察前业主就已经确定了一家意向单位，并根据意向单位的企业特点、获奖情况、报价及施工技术方案等要素，为其设置评标程序及评标办法，让其中标。

（三）招标方任意肢解工程项目规避招标

有的招标人任意肢解工程项目是为规避招标,也有的招标人肢解工程项目是为了关照某些特别的投标单位。例如:某市社会福利服务中心工程招标。投标企业接到标书后,个个摇头。因为投标书载明,这一部分子项不在本投标范围,那一部分材料不在本招标圈内,一个完整的建安工程项目被分割肢解成十几块,而且被肢解的都是利润高的部分,真是"中标企业啃骨头,内定企业吃肥肉"。

（四）投标方相互串通搞"陪标"或者与招标人串通投标方之间"陪标"

有些投标单位为了使自己"合法中标",便私下找几个投标单位给其"陪标"。而陪标单位根本就无意问鼎,在招标中"自然"不能中标。

（五）投标方有意压低标价或者故意串通哄抬标价投标

我国建筑市场上,施工队伍众多,僧多粥少,为了承揽工程,不惜血本压价,搞恶性竞争,无序竞争。最终失去了招标投标本来的客观公正,保证工程质量,提高经济效益的目标。压低报价,只会导致两个结果:一方面,在既定的施工技术水平和管理条件下,压低报价又要有利可图,施工单位往往在施工时偷工减料,导致工程质量下降,出现了"豆腐渣"工程;另一方面,尽管中标价压低,施工单位就会在施工过程中以各种理由要求建设单位追加资金,最后决算价严重超标,失去了招标投标本身所具有的约束作用,招标投标过程中所发生的各项费用也没有发挥效益。

有的地区招标投标管理部门规定,如果所有投标单位的投标报价在开标时都超过标底价(例如,有的地区规定偏离标底幅度大于±5%),则以投标者的投标报价的平均值作为评标依据,原标底无效。在这样规定下,投标者在投标前进行秘密磋商和串谋,故意串通投标哄抬标价,蓄意废除标底,之后,所有投标者共享中标者以这种方式所赚取的不合理的利润,属于典型的市场舞弊行为。

近年来,特别是"审计风暴"开展以来,在已经侦破的职务犯罪大案要案中,除涉案金额大、串案、窝案等特点外,大多与工程发包及工程款结算过程中的关联交易有关。国家建设项目的发包人利用职权收受投标方的种种贿赂或收受投标方各种名义的回扣、手续费,归个人所有或将工程发包给子女、亲属的公司或与己有直接或间接经济利益关系的承包商,搞假招标。招标人通过种种弄虚作假的方式"明招暗定",招标方从中为个人谋取种种好处,其背后往往隐藏着利用职务的经济犯罪或腐败现象。

国家建设项目建设过程中职务犯罪的原因是多方面的,究其根本原因则是公共权力的失控和滥用。公共权力是根据公共意识组织、协调和控制社会公共生活的力量,它是基于人类共同生活的需要而产生的。自国家产生以来,公共权力主要表现为国家的政治权力。

孟德斯鸠在《论法的精神》一书中,认为权力集中于一个机关或某一个人就会被滥用,没有限制必然导致腐败,以致侵犯公民的自由权。"要防止滥用权力,就必须以权力约束权力"([法]孟德斯鸠,张雁深译,1982)。

权力制约在政治学中最早可以追溯至古希腊、古罗马的思想家,早期作为一种学说,进而作为一种政治纲领和理论武器则是由近代资产阶级思想家约翰·洛克和孟德斯鸠提出并发展起来的。约翰·洛克在《政府论》中提出了分权学说(立法权、执法权、联盟权)和君主立宪的主张,试图通过三种权力的相互牵制和均衡来削弱和限制王权([英]约翰·洛克,瞿菊农等译,1982)。孟德斯鸠丰富了分权学说,进一步提出了权力制衡思想。

我国政府从权力反腐到制度反腐已初见成效,迫切需要进一步探讨如何健全工程发包过程中职务犯罪的预防和监督机制。当具体的公共权力偏离了法律规范的轨道,被用来服务于个人或小集体的意志和利益时,权力通常就处于同授权人整体的意志和利益相冲突的状态。近年来我们专门对此进行调研,研究和借鉴国内外的做法和经验,提出如下建议。

1. 改革现行的国家建设项目决策机制

政府对于重大国家建设项目的建设计划,必须由同级"人大"民主表决通过后方可实施,"人大"对国家建设项目的建设计划拥有否决权。同级"人大"组织专家委员会进行项目评估,"人大"有权要求政府根据评估报告,调整国家建设项目的建设计划,最终由"人大"民主表决通过。一定程度上可以减少那些只看眼前利益甚至是只看个人利益的"形象工程""政绩工程""无底洞工程",对国家建设项目要坚决贯彻"科学决策、民主决策"的原则。

2. 对国家建设项目实行绩效管理与审计,进一步推行"代建制"

20 世纪 90 年代后,各国的政府改革均表现出一个相同或相似的基本价值取向,即采用商业管理的理论、方法和技术,引入市场竞争机制,提高公共管理水平和公共服务质量。这被称为"新公共管理"(NPM)运动。

在此背景下,首先要求政府采用"新公共管理",进一步注重对国家建设项目实行绩效管理,进一步推行"代建制",即投资人通过招标等方式,选择专业化的项目管理单位负责政府投资性项目的建设实施,项目管理单位负责严格控制项目投资、质量和工期,竣工验收后移交给使用单位。

"新公共管理"要求增加政府对公民的直接政治责任,要求政府倾听公众意见,增加行政透明度,接受公众监督,把公众喻为公共服务的"顾客",并提出政府在公共管理中要做到"以顾客为中心"。继续推进国家建设项目以"三 E"为中心,即经济性(economy)、效率性(efficiency)和效果性(effectiveness)的绩效审计,审计署 2002 年对 18 个重点机场和 38 个支线机场进行的审计取得了良好的效果,我国的绩效审计尚处在起步阶段,建议进一步对国家建设项目实行绩效审计。

3. 倡导颁布《职务犯罪预防法(条例)》,建议检察、纪检监察、审计、组织等部门建立有限消息资源共享和沟通机制

创设从物质到精神的一系列制度,使掌权者即使想实施腐败行为,也会因心念优厚待遇丧失之虞而放弃贪欲;健全完善监督制约制度以及严格的职权行使程序,使掌权者无法实施腐败行为;倡导颁布《职务犯罪预防法》,完善严密的刑事、民事、行政惩罚制度,使掌权者慑于罚则的威力不敢实施腐败行为。工程发包过程中职务犯罪表现为权力的滥用和以权谋私,因此应当在权力体制和结构的改革上寻求对策,改善权力运作的体制环境和相关环境。建议检察、纪检监察、审计、组织等部门建立有限消息资

源共享和沟通机制,最大限度防范国家建设项目职务犯罪。

4. 整顿和创建工程发包有序竞争的市场环境

创造工程发包有序竞争的市场条件,加速市场经济建设和健全市场机制;加大国家建设项目招标投标腐败审计的审查和处罚力度;学习招标投标工作先进地区的管理经验,积极推行"无标底"招标、试行"量价"分离和 FIDIC 合同条款;进一步改善评标办法,尽量缩短评标时间,防范工程发包过程中职务犯罪。

5. 开展国家建设项目招标投标专项审计调查和关注关联交易下的腐败审计

(1)建设项目招标投标程序合法合规性审计。① 审查是否招标投标。按照《招标投标法》规定,可以不进行招标的项目包括:a. 投资额小,50 万元以下;b. 私人、外商独资;c. 抢险救灾,国防科研保密性工程;d. 大量使用农民工以工代赈。除此之外的工程或项目必须强制招标,逃避招标的施工合同为无效合同。② 审查招标方式是否恰当。按照《招标投标法》规定,强制进行公开招标的项目包括:a. 大型基础设施、公用事业等关系社会公共利益、公众安全的项目;b. 全部或者部分使用国有资金投资或者国家融资的项目;c. 使用国际组织或者外国政府贷款、援助资金的项目。强制进行公开招标的项目不能搞成邀请招标,更不能搞成议标。③ 审查招标文件是否合法和完整,评标方法是否科学、合规。施工招标文件内容应包括投标须知、合同、技术规范、工程量清单、图纸和技术资料。④ 审查中标价格是否与合同价一致。《招投标法》没有禁止中标后招标投标方就中标价格进行谈判。审计时应注意有无地方法规强制中标价格一定等于合同价。我国大部分地区无此规定,在此条件下,中标价格小于或等于合同价都是合法的。对中标价格大于合同价的,一定重点审计取证,防范低价中标,合同补的假招标。

(2)中标单位资质的真实性、合法性审计。结合招标文件重点审计中标单位是否是法人或是依法组建的经济组织,资质是否符合招标文件的要求;进一步审查中标单位的技术力量和财务状况,是否是投标单位中最佳单位。针对我国建设项目招标投标过程中存在的问题,在加强审计监督的同时,要从认识上和措施上完善建设项目招标投标经济责任制。

(3)从建设单位的债权债务关系明细表入手,重点审查国家建设项目的发包人是否将工程发包给子女、亲属的公司或通过层层关联交易将工程款占为己有导致国有资产流失。

(4)在工程招投标审计过程中,除采用传统的审计方法外,建议充分利用现代信息技术,对招标投标实行全过程跟踪审计。采用往上查寻法与调查询问法相结合,通过互联网询价,建立材料价格数据库备用。对大宗物资采购,要搞调查研究。对吃回扣,索贿的要询问、并结合调研查询,注意发现大案、要案的线索,对招投标双方互相串通而中标的情况要依法查处。

【小思考 3-4】

审计人员如何选择介入建设项目招投标审计的时间?

【参考答案】　有条件审计人员最好在文件产生法律效力之前及时介入,提出审计意见。在对投标单位进行资格预审、标前会议、开标、评标、定标时,应当列席,做到知情和审计监督。

二、建设项目招标投标审计要点分析

国家审计机关和国家发展改革委特别强调和重视对国家建设项目招标投标的审计和稽查。《内部审计实务指南第 1 号——建设项目内部审计》规定，建设项目招标投标审计的内容主要包括以下几个方面。

（一）招投标前准备工作的审计

招投标前准备工作的审计，主要包括：检查是否建立、健全招投标的内部控制，看其执行是否有效；检查招标项目是否具备相关法规和制度中规定的必要条件；检查是否存在人为肢解工程项目规避招投标等违规操作风险，检查招投标的程序和方式；检查标段划分是否适当，符合专业需要；检查是否公开发布公告，信息是否全面准确，是否存在因有意违反招投标程序时间规定而导致的风险。

（二）招投标文件及标底文件的审计

招投标文件及标底文件的审计，主要包括：检查招标文件的内容是否合法、合规，是否全面准确地表述招标人的实质性要求；检查采取工程量清单报价方式招标时，其标底是否按《建设工程工程量清单计价规范》填制；检查施工现场实际状况是否符合招标文件的规定；检查投标保函的额度和送达时间是否符合招标文件的规定；检查投标文件的送达时间是否符合文件规定，法人代表是否齐全，有无存在套标作为有效标的问题。

（三）开标、评标和定标的审查

审查开标是否按规定进行；审阅开标会议的公证书和现场记录；审查招标人是否最大限度地满足招标文件中规定的各项综合评价标准，投标价格是否合理。审查中标人是否将中标基建工程的部分文件、关键性工作包给他人完成。审查评标委员会是否由招标人和有关技术、经济方面专家组成，并保证 5 人以上单数，专家不少于 2/3，有 8 年以上工作经验和高级职称。检查定标的程序是否符合规定；检查中标价是否异常接近标底，是否有可能泄露标底；检查中标人签订的合同是否有悖于招标文件实质性内容。

（四）加强建设项目招标方投标方的经济责任审计

在《招标投标法》第五章"法律责任"中明确规定了招标方、投标方、招标代理机构和评标委员等主体应负的经济责任和法律责任。

审计人员重点审计建设项目招标投标过程中，招标方、投标方、招标代理机构和评标委员等主体应负的经济责任和法律责任的履行情况。在《招标投标法》中规定：招标方不得以任何方式将应招标的项目而不招标或将必须进行招标的项目化整为零或者以其他任何方式规避招标。

规定投标人相互串通投标或者与招标人串通投标的，投标人以向招标人或者评标委员会成员行贿的手段谋取中标的，中标无效，构成犯罪的，依法追究刑事责任。

招标代理机构泄露应当保密的与招标投标活动有关的情况和资料的，或者与招标人、投标人串通损害国家利益、社会公共利益或者他人合法权益的,依法承担赔偿责任。情节严重的,暂停直至取消招标代理资格;构成犯罪的,依法追究刑事责任。

（五）开展建设项目招标投标中经济腐败审计

建设项目招标投标经济腐败审计是以防治经济腐败为目标,由独立的特定审计主体(国家审计和内部审计),运用专门的方略、手段和规程,对国家公职人员在招标投标过程中的违法违纪犯罪行为进行审查、监督和防范的特种审计。

它强调查处与防范相结合,并以防范为主,经济腐败审计采用腐败风险导向审计模式,即以具有审计价值(发生贪污腐败可能性较高)的疑点线索或移交的案件为起点,确立审计项目,安排特种审计查证。实施以审计机关为主,纪检监察、检察等其他监督部门全程紧密配合协作的审计查处,并适时进行内部控制分析评价,提出完善内控机制建议,加强建设项目招标投标过程中职务犯罪预防与监督。建立职务犯罪预防与监督机制,从源头上治理招标投标中存在的问题。

建设项目招标投标过程中的职务犯罪的特点,主要是指招标单位、评委、政府有关职能部门和投标方有关国家工作人员利用职权实施的贪污贿赂罪、渎职罪或利用职权实施的侵犯公民人身权利和民主权利的其他犯罪活动。职务犯罪是社会的毒瘤,其根源是吏治腐败。它扰乱了社会经济秩序,破坏了传统美德,甚至影响国家安全和稳定。

目前,建设项目招标投标的审计还难以从根本上治理建设项目招标投标中存在的问题,关键是要建立职务犯罪预防与监督机制,从权力反腐到制度反腐是必由之路。

1. 加强制度建设

我国政府从权力反腐到制度反腐已初见成效,迫切需要进一步探讨如何健全职务犯罪的预防和监督机制。积极倡导颁布《职务犯罪预防法》,进一步推进公开与监督制度、行政审批制度改革、干部人事制度改革、推进政府采购等。进一步完善严密的刑事、民事、行政惩罚制度,使掌权者慑于罚则的威力不敢实施腐败行为。

2. 加强舆论监督

近些年,舆论监督对端正党风、匡正时弊、严肃法纪发挥了重要作用,成为新闻宣传的重要内容之一,媒体中舆论监督类的报道,受到了公众的广泛关注和欢迎,说明舆论监督的效果以及重要性得到了社会各界的认同。曝光是舆论监督的重要手段,建立建设项目招标投标过程中系统严密的权力监督机制,在审计机关通过媒体公布国家建设项目审计结果的同时,建设项目招标投标整个过程必须接受舆论监督,各大媒体及时报道国家重点建设项目招标投标进展过程。

3. 加强群众监督

群众监督的实质是公民对招标单位、评委、政府有关职能部门和投标方有关国家工作人员的监督。群众监督的主要形式包括设立举报电话或信箱进行举报监督、信访监督、控申监督等。要依法建立健全群众监督的有效机制,提高实际效果,增大监督力度。一方面,要实现群众监督法治化、规范化。可以考虑通过立法程序出台《公民监督细则》,明确公民监督机构的设置、性质、任务、职权、义务及程序,明确举报、上访、控申人的权利、义务及应负的法律责任,明确举报、上访、控申受理中的保密原则、办理期限等。另一方面,要建立维护检举公民参与监督实践活动的权益。建立严格的监督工作保密制度,科学设置举报电话、信箱及相关设施。对打击报复举报、上访、控申人的行为,要依法追究刑事责任。维护建设项目招标投标的公开、公平、公正性和健康的社会经济秩序。

【小思考 3-5】

中标通知书中标的价格是否与合同价一致?有何依据?

【参考答案】 一致。《招标投标法》第四十六条:招标人和中标人应当自中标通知书发出之日起 30 日内,按照招标文件和中标人的投标文件订立书面合同。招标人和中标人不得再行订立背离合同实质性内容的其他协议。

三、建设项目招标投标审计实务导引

(一)审计目标

重点审计招标投标过程的合法合规性、真实性,并注意发现舞弊线索。

(二)审计内容与思路

1. 审计招标申请资料是否完整,内容是否真实

思路:查阅招标申请时提交的所有文件资料,注意其申请招标的项目是否是一个完整的单项工程或单位工程。一般情况下,新建项目以单项工程或单位工程为单位进行招标,如果申请招标的项目不是单项工程或单位工程,则应注意审计是否存在化整为零、肢解项目、逃避招标的情况。

在目前的招标投标实务中,这种情况比较多见。因此,该部分内容的审计是招标投标审计的重点。肢解项目的直接后果之一是增加项目管理难度,提高造价,并降低投资效益。

建设项目也称为建设单位。它是一组工程实体的统称,在一般情况下由两个或两个以上的建筑工程构成,但这些工程有一个共同的特点,即同属于一个甲方。用完整的定义来描述,建设项目是指在一个总体设计或初步设计范围内,由一个或几个单项工程所组成的经济上实行统一核算,行政上实行统一管理的建设单位。一个医院、一个学校、一个工厂都称为一个建设项目。

单项工程又称为工程项目或单体工程。它是建设项目的构成部分,即单独组织设计,单独组织施工,且竣工后能够单独发挥生产效益或效能的工程。如医院内的门诊大楼、办公楼、围墙等项目均为工程项目。

单位工程是工程项目的组成部分,是指具有独立的设计文件,能够单独地组织施工,但竣工后不能单独投入使用的项目。如门诊大楼中的土建工程、给水排水工程、电气照明工程等。

分部工程是单位工程的组成部分,是指按照工程的材料构成的变化或工程结构的变化将单位工程进一步分解所得到的每一部分。如土建工程中的基础工程、墙体工程、门窗工程等。

分项工程是分部工程的组成部分,也是项目划分的最小单位,它是将分部工程按照材料类型或施工工序的变化进一步划分所得的细部,如基础中的碎石垫层、混凝土

垫层等。

2. 审计审批手续

思路:招标项目按照国家有关规定需要履行项目审批手续的。设计、监理和施工招标由项目建设单位提出申请,物资采购招标由物资管理部门提出申请,根据权限和分工,建设单位招标部门自行组织或由其报上级主管部门(或地方招标管理中心)组织招标活动。

物资材料的招标权限划分,按省公司物资材料集中招标采购目录来划分。

3. 审计招标方式(招标分为公开招标和邀请招标)

思路:① 单项合同估价 50 万元及以上的采用公开招标方式。

② 专业性较强、有资格承接的潜在投标人较少或者需要在较短时间内完成的项目,可以进行邀请招标。

单项合同估价在 10 万~50 万元范围内的原则上采用邀请招标方式。

国务院发展计划部门确定的国家重点项目和省、自治区、直辖市人民政府确定的地方重点项目不适宜公开招标的,经国务院发展计划部门或者省、自治区、直辖市人民政府批准,可以进行邀请招标。

4. 审计招标程序

思路:① 招标人有权自行选择招标代理机构,委托其办理招标事宜。任何单位和个人不得以任何方式为招标人指定招标代理机构。

② 依法必须进行招标的项目,招标人自行办理招标事宜的,应当向有关行政监督部门备案。

5. 审计招标文件

思路:① 招标人不得以不合理的条件限制或者排斥潜在投标人,不得对潜在投标人实行歧视待遇。

② 招标文件不得要求或者标明特定的生产供应者以及含有倾向或者排斥潜在投标人的其他内容。

③ 招标文件应当包括招标项目的技术要求、对投标人资格审查的标准、投标报价要求和评标标准等所有实质性要求和条件以及拟签订合同的主要条款。

④ 国家对招标项目的技术、标准有规定的,招标人应当按照其规定在招标文件中提出相应要求。

⑤ 招标项目需要划分标段、确定工期的,招标人应当合理划分标段、确定工期,并在招标文件中载明。

⑥ 招标人应当有进行招标项目的相应资金或者资金来源已经落实,并应当在招标文件中如实载明。

⑦ 评标细则或标准应经招标领导小组审定,并符合公正的原则。

审阅招标文件,注意评标办法是否具有倾向性,内容是否完整,语言表达是否清晰,相关要求是否适当等相关问题。

当前在招标投标实际工作中,招标文件中最主要的问题是语言表达模棱两可,并存在压价现象,例如,招标文件中这样规定:"如果评标之后确定的中标价高于标底价,则以标底价为准签订合同,如果中标价低于标底价,则以中标价为准签订合同。"这种规定,就带有明显的压价倾向。审计时,应关注这类问题。另外,还要注意评标办法中是否具有明显的指向,如果有明显指向,则往往是暗箱操作的迹象之一。因此,审计招标文件,还有一个重要任务是发现舞弊线索。

6. 审计标底(如果设有标底)

思路:① 工程质量要求优良及以上的,工期要求比合理工期提前的,标底应当考虑相应的费用。标底必须控制在批准的总概算之内,如有突破,应先经批准,方可招标。

② 标底中应包括因场地和其他情况而增加的不可预见费用及其他有关政策规定的应计算在工程造价内的各项费用。

③ 标底应严格保密,一经确定,连同计算资料一并密封保存,由招投标管理部门在编制标底成员中指定专人保管,保密至开标。

7. 审计中标人的资格

思路:对照招标文件要求,查阅中标单位的资质证明资料,着重审计其是否具备了招标文件规定的级别标准,并注意其是否有挂靠行为。

招标通知发出后,符合条件的投标人应在规定的时间内响应招标文件的要求,编制投标文件,在规定的时间和地点递交投标文件。

建设单位相关部门配合招标中心做好对投标人资格的审查,妥善保管好投标人的投标文件。

8. 审计投标书

思路:对照招标文件要求,审阅投标书的格式、内容和具体的表达方式是否与招标要求一致。另外,还要审阅投标书是否如期送达到招标文件指定的地点,招标文件要求的标函内容是否完整。

① 投标文件以文字、图纸、资料、数据和样本等组成。投标人应按照招标文件要求的格式和要求编制投标文件。一般包括下列内容。

a. 投标书。

b. 银行投标保函或者投标保证金。

c. 法定代表人授权委托书。

d. 企业资格证明文件。

e. 企业营业执照有效复印件或者影印件。

f. 企业资质等级证书。

g. 企业概况。

h. 企业信誉。

i. 招标文件要求的其他内容。

j. 报价书。

k. 合同条款差异表。

② 投标文件不应随意涂改增删,确需修改时,修改处须有法定代表人或者其授权委托人签章。

③ 投标人送达投标文件以后,要求对投标文件进行补充、修改或撤回时,必须在投标截止日前以书面形式密封送交招投标管理部门,封面注明"补充投标"字样,且由法定代表人或其授权委托人签章方可生效。

9. 审计开标工作

招标人在招标文件约定的时间和地点如期组织开标。开标由招标管理中心组织实施。

开标会议由招投标管理中心代表主持,项目建设单位相关部门代表和所有投标人均参加。

思路:① 开标时间应当在招标文件规定的提交投标文件截止时间的同一时间公开进行,原则上自第一份招标文件开始发出之日起 20 日后开标。

② 开标地点为招标文件中预先确定的地点。

③ 开标会议由招投标管理部门代表主持,项目单位代表和所有投标人均参加。

④ 招投标管理部门在招标文件中要求提交投标文件的截止时间前收到的所有有效投标文件,开标时都应当当众予以拆封、宣读。开标过程应当记录,并存档备查。

⑤ 出现下列情况之一者,做不合格投标处理:

a. 投标文件逾期递交的;

b. 投标文件没有按照招标文件规定密封的;

c. 投标文件没有按照招标文件规定签章的;

d. 投标文件没有按照招标文件规定的要求和格式编制填写,或内容不全、字迹模糊、难以辨认的;

e. 没有交纳投标保证金或银行保函的;

f. 公开开标时,投标人法定代表人或其授权委托人不能当场出示有效证明身份证件的;

g. 投标人与通过资格预审的单位在名称和法律地位上发生实质性改变的。

10. 审计评标情况

招标人根据招标项目的性质,组织建设单位相关部门人员参加具体评标工作,分别成立招标领导小组和评标小组,评标小组根据投标人的投标文件,对照评标办法,分技术和商务部分分别打分,排出评标的初步结果,提交招标领导小组确定中标人选。

思路:因为是后评估审计,所以,无法对评标过程进行现场审计。因此,着重于对照招标文件审计评标结果,注意在评标过程中是否存在暗箱操作等舞弊迹象。

(1) 审计评标程序及组织

评标委员会成员组成应符合规定要求,有下列情形之一的,不得担任评标委员会成员:

① 投标人或者投标人主要负责人的近亲属;

② 项目单位负责人或者其行政监督部门的人员;

③ 与投标人有经济利益关系,可能影响对投标公正评审的;

④ 曾因在招标、评标以及其他与招投标有关活动中从事违法行为而受过行政处罚或刑事处罚的。

各投标文件由专家评委按评标办法及评分细则(或标准)各自打分,不得相互串通。

由招标领导小组指定专人对各评委的评分表进行汇总,按得分高低排出顺序,并经所有评委签字认可。

（2）审计评标办法

① 评标办法一般明确最低投标价中标、合理低投标价中标、有标底开标无标底评标的综合计分三种评标办法中的一种。

② 最低投标价中标、合理低投标价中标，一般适用于具有通用技术、性能标准或者招标人对其技术没有特殊要求的招标项目。中标人的投标文件必须满足招标文件的实质性要求、投标报价最低，并且低于标底（若有标底）。

③ 有标底开标无标底评标的综合计分评标办法。一般适用于使用一定通用技术标准和一定特殊技术要求的，并且对投标人有一定特殊技术要求的招标项目。中标人必须是能够最大限度地满足招标文件中规定的各项综合评价标准的投标人，得分最高。

（3）审计评标计分

① 根据招标文件规定的评标标准和方法，对投标文件进行系统地评审和比较。招标文件中没有规定的内容和方法不得作为评标的标准。

② 抽审部分投标文件的专家评标计分是否符合评标细则的要求。

③ 对各投标单位的评标计分汇总表进行复核。

④ 复核中重点把握以下几方面，如出现下列情况之一者，不得分或做不合格投标处理。

a. 在评标过程中，发现投标人的报价明显高于或低于其他投标报价或者在设有标底时明显低于标底，如投标人没有做出合理说明且没有提供相关证明材料的，其投标应做废标处理。

b. 投标人资格条件不符合国家有关规定和招标文件要求的，或者拒不按照要求对投标文件进行澄清、说明或者补正的，作不得分处理。

c. 审查每一投标文件是否对招标文件提出的所有要求和条件做出响应。未能在实质上响应的投标，应做废标处理。

d. 根据招标文件，审查并逐项列出投标文件的全部投标偏差。招标文件对重大偏差另有规定的，从其规定，否则应做不得分处理。

（4）审计中标候选人的推荐

① 审查技术性评估报告。评委对方案可行性、可靠性评估，关键工序评估，劳务、材料、机械设备、质量控制措施评估以及安全文明、环境保护的措施的评价是否正确，对投标人同期承揽工程量和施工能力和对评价投标文件中的施工组织设计、质量保证措施、工期保证措施的合理及经济性进行综合评定是否合理。

② 审查商务性评估报告。重点核对投标人的投标报价得分，审查全部报价数据计算的正确性，并与标底价格进行对比分析，分析报价构成的合理性。

③ 采用最低投标价中标或者合理低投标价中标的，审查是否根据招标文件中规定的评标价格进行调整，对所有符合招标文件规定的技术要求和标准的投标人的投标报价以及投标文件的商务部分做必要的价格调整和计分调整。

④ 采用有标底开标无标底评标的综合计分，是否对各个评审因素进行量化，并将量化指标建立在同一基础或者同一标上。

⑤ 审查技术部分和商务部分得分排序表，复核每一投标人的总得分或者综合排序。

（5）审计评标报告的合规性

① 审查评标报告内容的完整性，评标报告应记载以下内容：

a. 基本情况和数据表；

b. 评标委员会成员名单；

c. 开标记录；

d. 符合要求的投标一览表；

e. 废标情况说明；

f. 评标方法、评标标准或者评标因素一览表；

g. 经评审的价格或者评分比较一览表；

h. 经评审的投标人排序；

i. 推荐的中标候选人名单与签订合同前要处理的事宜；

j. 澄清、说明、补正事项纪要；

k. 注意事项。

② 签字。评标报告由评标委员会全体成员签字。对评标结论持有异议的评标委员会成员应以书面方式阐述其不同意见和理由。评标委员会成员拒绝在评标报告上签字且不陈述其不同意见和理由的，视为同意评标结论。评标委员会应当对此做出书面说明并记录在案。

（6）审计重新招标（若没有符合要求的中标人选）情况

① 评标委员会根据规定否决不合格投标或者界定为废标后，因有效投标人不足 3 个时，投标明显缺乏竞争的，评标委员会应当否决全部投标。

② 投标人少于 3 个或者所有投标被否决的，招标人应当依法重新招标。

11. 审计定标情况

评标委员会向评标领导小组汇报评标情况，提交评标报告，评标领导小组研究确定预中标方案，由招投标管理中心将预中标方案上报公司总经理审签，确定中标人后，由招投标管理中心根据中标结果办理、印发中标通知书，并同时将中标结果通知所有未中标的投标人。项目建设单位根据中标通知书与中标人签订合同。中标通知书是合同的组成部分，对项目单位和中标人都具有法律效力。

思路：① 审查是否有评标委员会向评标领导小组提交的评标报告。

② 评标领导小组研究确定预中标方案，要有完整的签字手续。

③ 审查是否按规定由招投标管理部门将预中标方案上报公司总经理审签后，才能签发中标通知书。

④ 按规定招投标管理部门应同时将中标结果通知所有未中标的投标人。

⑤ 招标文件对确定中标顺序另有规定的，从其规定，否则应确定排名第一的中标候选人为中标人。

⑥ 排名第一的中标候选人放弃中标、因不可抗力提出不能履行合同，或者招标文件规定应当提交履约保证金而在规定的期限内未能提交的，招标人应当确定排名第二的中标候选人为中标人。排名第二的中标候选人因前款规定的同样原因不能签订合同的，可以确定排名第三的中标候选人为中标人。

12.审计招标投标程序

思路:注意招标投标的各环节工作是否完整,是否履行了规定的审批程序,并办理了相关手续。

13.审计中标价

思路:与施工图预算审计思路一致。对照定额、造价确定的相关文件和工程量清单计价规范,审计标底和中标价的真实性、合理性和计算过程的准确性。

审计标底的重点在于审计工程量清单是否适当,计算时是否考虑了不同施工方案的影响。

如果是运用定额法报价的话,则对于中标价审计来说,重点审计是否存在盲目压价、恶性竞争的情况,分析判断其报价是否低于合理的成本价;如果是运用工程量清单报价法报价的话,重点审计单价中是否有不平衡报价倾向。

14.审计合同

思路:对照招标文件、合同法等相关资料,审阅合同文件是否完整,合同内容是否规范,语言表达是否清晰,各项条款是否合规,签订程序是否恰当等相关内容。另外,还要注意是否有转包问题。

(三)需要收集的审计资料

① 建设单位在办理招标申请时提交的所有资料,包括批准的可行性研究报告、批文、图纸、三通一平资料、资金到位情况证明等。

② 招标文件,含招标答疑资料。

③ 投标书。

④ 投标人资质证明资料。

⑤ 合同。

⑥ 相关的文件等。

(四)审计方法

审计方法主要包括查阅法、计算法、分析性复核法等。

(五)可能的审计结论和建议

① 招标投标程序(不)规范。

② 招标资格(不)符合要求(如肢解项目、化整为零等)。

③ 招标文件(不)规范。

④ 标底及投标报价(不)合理。

⑤ 招标管理(不)规范。

⑥ 投标单位资质、级别(不)适当。

⑦ 评标过程(不)合规。

针对审计发现,分析其对项目质量和效益的综合影响,在此基础上提出规范今后招标投标工作的各种建议。另外,如果在招标投标审计中发现有舞弊迹象,应向本单位纪检监察部门反映。

第三节　建设工程合同管理审计

课前思考

建设工程合同是建设单位与施工单位签订的明确双方权利义务的法律文件,起到保护当事人合法权益,维护社会经济秩序的重要作用,因此对建设工程合同的审计尤为重要。本章主要介绍了工程项目合同审计的意义,对合同主体、标的、工期的审计,以及对招投标、合同履行阶段的审计。

微课

建设工程合同的签订和审查(第一部分)

任务驱动

当你学完这一节,你将能够:

(1) 了解合同的组成部分;

(2) 掌握建设项目合同审计的分析及方法;

(3) 具备正确判断合同签订过程中合同条款规范性和合理性的基本能力。

微课

建设工程合同的签订和审查(第二、三部分)

思考或讨论

(1) 常见施工合同有哪些类型?

(2) 如何判断施工合同中合同条款的合法合规性?

(3) 常见合同审计需要注意哪些事项?

审计实训

同学们自行搜集施工合同示范文本,并以教学楼为例,尝试填写施工合同示范文本的协议书和专项条款。

一、建设工程合同概述

(一) 合同内容

合同是平等的自然人、法人、其他组织之间设立、变更、终止民事权利义务关系的协议。合同是当事人合法的行为。合同中所确立的权利义务,必须是当事人依法可以享有的权利和能够承担的义务,这是合同具有法律效力的前提。如果在订立合同过程中有违法行为,当事人不仅达不到预期的目的,还应根据违法情况承担相应的法律责任。

建设工程合同是承包人进行工程建设,发包人支付价款的合同。对于招标投标项目来说,签订建设工程合同是其最后一项工作。

(二) 合同类型

1. 按承揽方式分类

① 工程总承包合同。这是由业主与承包商之间签订的包括工程建设全过程的合

同。所谓工程建设全过程即从项目施工方案的选择、材料设备的采购和供应直至工程项目按设计要求建成竣工交付使用为止。

② 工程分包合同。这是总承包商将中标工程项目的某部分工程或某单项工程分包给某一分包商完成所签订的合同。总承包商对外分包的工程项目必须是业主在招标文件合同条款中规定允许分包的部分。如业主允许分包，则承包商应与分包商签订分包合同。工程项目招标中，分包合同的当事人是总承包商和分包合同。工程项目所涉及的权利和义务的关系，只能在承包商与分包商之间发生。业主与分包商之间不直接发生合同法律关系。但分包商要间接地承担总承包商对业主承担的与分包商所承担的工程项目有关的义务。即使（工程师）同意分包，也不得免除招标合同对总承包商所规定的任何责任和义务，总承包商应对分包商工作中的一切违约或失职负责。

③ 劳务分包合同。国内通常称为包清工合同。即在工程施工过程中，劳务提供方保证提供完成工程项目所需的全部施工人员和管理人员，不承担劳务项目以外的其他任何风险。

④ 劳务合同。是业主、总承包商或分包商与劳动提供方就雇佣劳务参与施工活动所签订的协议。当事人在商定的各项条件基础上，以雇佣劳务人员的劳动量为单位，支付相应的劳务报酬。劳务提供方不承担工程风险。

⑤ 联合承包合同。即由两个或两个以上单位之间，以总承包商的名义，为共同承包某一工程项目的全部工作而签订的合同。

2. 按计价方式分类

① 总价合同。即业主支付给承包商的款项在合同中是一个固定的金额，即总价。显然，采用此种合同时，对承、发包工程的详细内容及其各种技术经济指标必须仔细研究吃透，否则将会承担一定的经济损失的风险。总价合同一般可分为固定总价合同（即工程总价在合同中一次包死，不受任何涨价因素或其他有关因素的影响，此类合同一般适用于合同工期较短、设计图纸和工程量计算详细并且对市场行情充分掌握的工程项目。承包商签订此种类型的合同一般会承担较大的风险）、调值总价合同（在合同的执行过程中，合同价款随物价上涨因素而做相应调整，此类合同通常适用于工程建设期在一年以上的工程项目）、固定工程量总价合同（是由发包方或其咨询单位将发包工程按图纸和规定、规范分解成若干个分项工程量，由承包人据以标出分项工程单价与分项工程量相乘，得出分项工程总价，再将各个分项工程总价相加、构成合同总价）等。

② 单价合同。通常是由业主在招标文件中提供出较为详细的工程量清单，由承包商填报单价，再以工程量清单和单价表为依据计算出总造价。国内工程施工中常见的施工图预算就属于这种方式。目前国际工程项目招标中大部分也采取这种合同方式。

③ 成本加酬金合同。其特点是按工程实际发生成本加商定的管理费来确定总价。通常有下列几种形式：一是成本加固定酬金，即成本按实际发生数，但酬金是事先商定的一个固定数额；二是成本加定比酬金，即成本按实际值，酬金事先按约定好的成本的一定百分比来计算合同总价；三是成本加浮动酬金，这种承包是预先商定工程成本和酬金的预期水平，根据实际成本与预期成本的差价，酬金上下浮动；四是目标成本加奖罚合同，这种合同与成本加浮动酬金基本相同。这种办法是在初步设计阶段，粗略估算成本，作为目标成本，后随施工图的逐步具体化，工程量和目标成本可以加以调整。

另外规定出一个百分数作为计算酬金的比率,最后结算时,根据实际成本与目标成本之间的关系确定计算合同总价。

当前合同中最主要的问题是:a. 合同内容与招标文件不一致;b. 合同签订程序不适当;c. 承包方式不合理等。审计时应对上述问题给予足够的关注。

(三)建设工程合同的签订

投标单位中标后,建设工程价款和其他条件实际上已通过招标投标这一方式由双方做出了初步约定,但还必须通过签订具有法律效力的经济合同——建筑安装工程承包合同才能最后生效。签订严密的、合理的、合法的工程施工合同,是中标后进行价格管理的最重要的一步。把签订合同这一基础打好,才能更有效地进行中标后的价格管理。由于合同签订问题使中标单位陷于被动或蒙受经济损失的事例并不少见,故承包单位务必予以重视。

承包合同必须根据我国有关法律和有关规定或根据国际惯例和工程项目所在地的法律和有关规定,结合工程项目施工特点来签订。

工程施工合同的签订是一项十分严肃的法律行为,必须按一定的程序进行。根据我国的法律和国内外通行的做法,签订承包合同要经过"要约""承诺""鉴证和公证"三步程序。所谓"要约",就是订立合同的一方,就某项经济活动向另一方提出具体要求和订立合同的建议。所谓"承诺",就是另一方接受要约方的要约的内容和订立合同的建议。在招标、投标双方订立承包合同的时候,"要约"和"承诺"这一过程已通过招标单位招标,投标单位投标,在有关单位参与监督下决标而实现。在招标文件中均列有合同条款,投标单位在标书中都有按经济合同要求履行职责的承诺。因此,中标后工程施工合同的签订必须以招标文件和投标书为依据;合同的内容必须与招标文件和投标书一致。这是中标后承包合同签订的一个特点,承包单位应十分注意和重视。在订立合同时,不应再讨价还价,应将注意力放在研究合同条款的进一步完善、严密上,使合同条款公正、合理,力争对自己更有利。业主在确定中标单位后,合同当事人双方必须进行认真的合同谈判。承包单位应就合同的每一个条款尤其是直接影响承包单位经济利益的合同条款进行认真仔细的研究,力求使合同对自身更有利。对承包商来讲,一个有利的合同通常有下述几个方面的定性评价:合同条款比较优惠;合同价格较高;合同风险较小;合同双方责、权、利关系比较平衡;没有苛刻的、单方面的约束性条款等。因此,承包商在签订合同时要避免因自身的原因而处于不利的局面。目前,在我国建筑市场上,承包商常常会犯这样一些错误:一是由于建筑市场"僧多粥少",有些企业长期接不到施工任务,出现"饥不择食"的现象,例如,只要有工程施工任务,只要能成交,不管工程项目是否有利,盲目签订合同而形成包袱;二是出于寻求新的建筑市场,在未进行仔细的可行性研究的基础上,草率地签订承包合同,以致形成包袱。

承包商要想使合同条款对自身更有利,必须组织一个强有力的谈判班子,班子组成根据工程规模、性质、复杂程度、谈判双方立场和目标的不同而确定,同时要选择具有合同管理和谈判方面知识、经验和能力的人作为主谈人,进行合同谈判;对国际工程承包,一般应由懂业务和具有外事谈判经验的领导和技术骨干力量组成,并配备能力强的翻译人员。另外,承包单位的各个职能部门特别是合同管理部门、财务部门、技术和工程设备管理部门要有力地配合,支持主持人的谈判,向他提供有关资料(包括招标与投标有关的资料、谈判对手资料、对方谈判成员组成和谈判能力的资料等)、意见和建议,要制定具体的谈判方案,确定具体的谈判目标。

在合同的谈判过程中,首先,承包商应积极地争取自己的正当合法权益。合同法和其他经济法规赋予合同双方以平等的地位和权力,但在实际经济活动中,这个地位和权力还要靠承包商自身来争取。如果合同一方自己放弃这个权力,盲目、草率地签订了合同,致使自身处于不利的地位,则造成的损失往往是难以得到法律保护的。承包商在谈判过程中应积极地争取主动,如有可能,应争取合同文本的拟稿权。对业主提供的合同文本则应认真地进行研究,对重大问题不能让步,争取主动。一般来说,业主不应要求中标单位承担招标文件中所附技术规范中没有规定的工作责任,也不得修改投标内容作为授予合同的条件,也就是说,合同价格是不容谈判的,也不应在谈判中要求中标单位承担额外任务。但是,如果对业主和承包商双方愿意就一些技术性和商务性的问题进一步谈判,则承包商应积极争取这一机会,以进一步澄清合同中一些含糊不清的条款,充分解释自己在投标中的某些建议和保留意见,争取改善合同条件,谋求公正和合理的权益,使承包商的权利和义务得到平衡,同时利用业主的某些修改和调整,进行讨价还价,争取更为有利的合同价格。其次,双方要重视合同的法律性质,因为合同一经签订后,就成为制约双方的法律规范,双方必须严格遵守。在签订合同时,承包单位必须对各种可能发生的情况和细节问题都要考虑到,并做出明确的规定,不能存在侥幸心理;对一切问题都要明确具体地以文字形式落实在合同中,不能以口头同意、原则上同意等形式来代替合同文本,因为依据只能是双方所签订的合同文本。承包商应重视合同的审查和风险分析,对合同每一条款的利弊得失都应清楚了解。另外,在谈判结束后正式合同文本签订前后,合同管理人员还应对合同进行全面分析和审查,直至确定合同条款基本符合承包单位意愿并为业主所接受。通过谈判,在当事人意见取得一致的基础上,合同双方应在合同有效期内签署合同正式文本。合同协议书和合同条款经合同双方合法代表签字,并加盖双方单位公章以及双方鉴证单位公章后方能生效。

(四)建设工程合同中存在的主要问题分析

在工程承包合同中,往往会因种种原因出现各种问题,这些问题的存在使得合同当事人双方蒙受不应有的损失。在工程承包合同中,常见以下几种问题。

① 因缺少必要的法律常识,合同签订后才发现合同中缺少一些必不可少的法律条款,合同虽已签字但不具备法律效力,使得因履行合同造成损失而发生的经济纠纷得不到法律的保护。

例如,某工程项目通过招标投标确定的中标价为 300 万元,招标文件中没有关于优惠让利的规定,但甲乙双方在签订施工合同时,甲方要求乙方按照中标价让利 4% 签订合同,作为合同报价,乙方同意并因此签订了合同。这就违背了建设项目招标投标的基本原则,该项条款实际是无效的,审计人员审计时,应将该问题揭示出来。

② 在合同执行过程中发现原订合同中的有些条款因考虑不周,含糊不清,难以分清双方的责任和权利,合同的条款之间、不同的合同文件之间规定和要求相互矛盾或

不相一致。例如，某工程项目施工合同在其第四条款中约定："该项目按照中标价 400 万元一次包定，但在施工期间如果发生图纸之外的设计变更，则该变更部分在决算中按实调整。"在这一合同条款中，"图纸之外的设计变更"很难理解，容易使合同当事人双方产生异议，因而难以界定双方的责任、权利和义务。如果审计人员在合同签订过程中对该合同进行了审计，则应要求合同当事人双方具体约定"图纸之外的设计变更"的内涵和范围，或者将"图纸之外的设计变更"改为规范说法"设计变更"，以避免理解上的模糊。

③ 合同条款漏洞太多，对许多可能发生的情况未做充分的估计，因而未能相应研究考虑一些补救的条款并在合同中做出具体规定。例如，某工程项目施工场地比较复杂，施工条件不是很好，因而，可能会导致造价的增加。但承包方在签订合同时未能充分地考虑到这个问题，致使合同报价偏低，但又无法弥补。

④ 合同双方对同一合同的有关条款理解不相同，而合同中又未能做出具体解释，使得合同双方在合同的履行过程中因意见不一致而产生矛盾或争议，以致合同无法正常履行。例如，审计人员在对某建筑工程项目进行工程决算审计时，发现有这样的一项合同条款就存在诱发理解争议的问题，该条款规定："该工程项目按照中标价包定，但是，经过甲方签字认可的工程量变更部分，在决算中可以调整。材料价差按实计算。"按照该条款的规定，审计人员和甲方都认为决算时应在中标价基础上调整甲方认可的变更部分的工程量，同时，调整整个工程全部材料的价差。但乙方不同意此观点，它坚持除调整甲方认可的变更部分的工程量之外，还应调整变更部分的价差，而不是全部价差。当然，这个理解是错误的，其关键就在原合同条款中，"材料价差按实计算"之前用了"句号"。如果是"逗号"或"顿号"，则理解上就会与之不同。由此可见，合同内容应清晰，避免出现此类纠纷。

⑤ 合同一方在合同实施中才发现合同的某些条款对自己极为不利，隐藏着极大的风险，或过于苛刻，使工程合同无法履行。例如，某工程项目合同在多项条款中规定了："施工单位让利，施工单位垫资、施工单位承担一切安全事故责任……"。类似规定，最终导致合同无法正常履行或承包方偷工减料，工程质量低劣。

⑥ 工程合同签订的条件不具备。按照我国建设项目的建设与管理要求，工程项目应具备如下条件方可签订施工合同：a. 初步设计已经完成并经过批准；b. 工程项目已列入年度建设计划；c. 有足够满足施工所需要的图纸和有关的技术资料；d. 业主建设资金和主要建筑材料、设备来源已经基本落实；e. 招标投标项目，其中标通知书已经下达。但在实际建设活动中，建设业主和建造承包商忽视合同签订的基本条件要求，在图纸不全、资金尚未落实的情况下匆匆签订合同，致使合同内容不详，合同纠纷增多。例如，由于图纸不全而无法合理地确定合同报价，资金没有到位导致工期延误，合同约定的建设时间形同虚设，建设业主和承包商都因此而蒙受一定的经济损失，在一定程度上影响了合同履行的严肃性。

二、建设项目合同管理审计过程评述

(一) 合同管理审计的现实意义

为了避免工程承包合同签订过程中出现上述种种问题，减少因工程承包合同签订过程中可能带来的损失,审计人员应对工程合同进行必要的审查。通过审查可以达到以下几个目的。

① 将合同文本中的各个组成部分分解开来,逐条研究各项条款的合理性和可行性,对涉及的工程技术尤其是影响到切身利益的条款要逐字逐句理解,并审查合同条款的表达是否清楚,如有含糊不清之处,则要向合同当事人双方指出。

② 审查合同内容的完整性。用标准的合同文本来对照该合同文本,审查是否缺少一些必要的合同条文。

③ 审查合同的合法性。通过审查,可以分析评价每一个合同条文执行后的法律后果将会给承包商带来的风险,为报价策略的制定提供基础资料,为合同谈判和签订合同提供决策依据。

④ 通过审查,可以发现合同条款之间的矛盾性,即不同条款对同一具体问题的规定或要求不相一致;还可以发现对承包商不利或有害的条款,如单方不平等条约等;另外还能发现一些隐含着较大风险和内容含糊不清,或自己所不能理解的条款。

一般情况下,建设工程合同审查项目的确定主要依据招标单位提供的招标文件中所附工程合同的有关条款。在国际工程招标中,工程合同通常都有固定的文本,除具体的合同条款根据具体的工程项目而定外,其格式基本相同。但在确定审查项目过程中,应结合具体的工程项目的性质、特点以及工程项目所在地的自然环境和地理条件以及工程项目的技术要求来实施具体的审查。审查中,要结合招标文件中有关技术规范、施工图纸、工程量清单以及其他有关技术资料的要求,根据以往的经验确定审查重点。审查时,应侧重审查合同双方的权利和义务是否明确,合同条款的完整性和严谨性,合同条款与招标文件以及其他技术资料之间是否叙述一致,有无相互矛盾或故意作假的现象,合同的合法性和有效性等。对合同的审查是整个投标过程中不可逾越的重要的基础工作,一定要做过细的工作,参加审查的人员必须具备一定的工作经验。

(二)合同审计目标

审计建设项目合同,主要围绕如下审计目标开展:① 合同签订过程的合法合规性;② 合同内容的完整性与真实性;③ 合同履行过程的适当性。

(三)审计内容及审计思路

1. 施工合同审计

(1)审计签约资格

思路:对照承发包双方的资质证明资料确定双方是否具有法人资格和履行合同的能力。

① 承包方需具备建筑主管部门核发的企业资质证书,工商管理、税务主管部门核发的营业执照和税务登记证,开户行出具的资信证明等有效资信证照。

② 外地施工队伍除有以上文件外,还应有省、地(市)建筑部门签发的异地施工许可证。

③ 具有以上证明文件外,还应持有法定代表人出具的委托书、委托代理人身份证等。

（2）审计签约依据

思路：

① 查找项目立项批文,确定立项文件是否经过批准。

② 对照基本建设计划确定签约合同工程项目是否属基本建设计划内的项目。

③ 查找编标单位资质证明资料,确定签约合同工程项目中招投标文件、标底是否由有执业资格的单位编制和审核。

④ 签约的项目合同中工程项目初设概算是否经过批准。

（3）审计签约条件

思路：

① 查阅业主单位提供的有关文件资料,主要有工程地点地质条件、供电、供水、运输条件是否符合施工要求;障碍物的处理条件是否具备。

② 查阅工程施工设计有关资料,了解建设规模、标准、内容以及工程的结构、工艺等技术资料。

③ 了解施工队伍的技术装备情况,人员技术水平是否达到施工技术要求。

④ 工程所需的资金和物资是否落实。

⑤ 查阅报价资料,确定有无高估冒算行为、压价行为。

⑥ 有无漏项、漏列、少算,预算超出概算情况,如有则应查明超出概算的原因。

（4）审计签约内容

思路：

① 工程名称和建设地点是否明确,与批准的计划是否相符。

② 工程范围和承包内容是否明确,有无工程项目明细表（包括单位工程名称,结构、建筑面积、建设规模、主变容量、线路长度及计划投资额等）。

③ 施工准备。业主单位和承包商在施工准备中的分工是否明确,准备工作事项是否完备,完成进度日期,当事人职责等是否详尽。

④ 合同工期、工程开竣工日期及中间交工工程开竣工日期是否明确,定额工期计算是否正确,是否有提前竣工或延期竣工的条款,提前交工和工程质量优良有无明确奖励;对违约方应负的经济责任有无明确规定。

⑤ 工程分项造价及总造价是否控制在计划投资之内,以及造价与预算的审批情况。

⑥ 工程承包方式是否明确,采用固定总价合同的其风险范围是否明确,双方约定的其他调整事项是否明确。

⑦ 施工图及施工图预算,施工图交付的份数,时间、技术交底日期是否明确;施工图预算编制的依据、内容具体要求有无明确规定。

⑧ 材料、设备供应与管理。各种材料、设备的供应合同签约双方是否分工明确。材料、设备的价格,运输方式和进场日期等有无协议条款。

⑨ 工程质量和竣工验收。除国家规定外,对工程质量有无具体要求,有无保修期或保修费的明确规定,交工验收的时间、程序等有关技术资料是否明确。

⑩ 临时设施工程。租用或搭建的临时设施有无明确规定。

⑪ 履约与违约的奖罚。奖励或惩罚的费用计算标准是否确定。

⑫ 签约双方协作事项,其他需要在合同中明确的责任、权利和义务及未尽事宜的

解决办法有无协议条款;有无纠纷仲裁条款。

⑬ 合同的份数、生效、失效日期等是否明确。

2. 材料、设备采购合同审计

材料及设备的采购由工程部门提出主要设备及材料清册,经过招标后,物资管理部门负责具体采购、物资合同的签订及物资资金需求计划等工作。

建设单位工程部门督促设计单位提交设备与材料清册,经审核后编制物资采购通知单,物资部门根据采购通知单编制物资采购计划和资金使用计划,合同由工程部门负责。

设备及主要材料清册通过审查后,即可下达物资采购通知,进行物资招标,通过招标取得中标通知书后,签订物资采购合同,编制物资资金计划,物资资金计划得到批准后,办理物资资金使用。

(1) 审计设备、材料采购计划的规范性

思路:

① 对照本单位设备材料采购制度,审计设备材料采购流程。

② 对照批准的概算和施工图预算,审计设备及主要材料的数量与批准概算是否一致,如存在误差,要查明原因。

③ 根据图纸和实际使用量清单,审计设备、材料的消耗是否合理,特别要注意实际耗用量和工程预算耗用量之间的量差,查明造成量差的原因。

④ 盘点审计设备、材料的采购是否符合经济定货量,库存量是否符合安全储存量,减少资金占压,提高投资效益。

(2) 审计设备材料价格的组成

思路:

① 审查材料、设备的购价是否合理。如果购价与计划价格存在较大差异,则要具体审核买价、包装、运输、采购保管四个环节,特别要注意运输工具的选择和设备、材料的验收保管工作中的定额短缺及超定额短缺情况。

② 如果存在委托设备材料公司代为采购的现象,则审查时应注意其收取的采购保管费、运杂费的比例是否符合国家的政策规定,同时还应注意设备材料供货合同条款中的运输方式,如设备、材料采购合同中已明确供货方负责设备的大运,大运费已包括在中标价中,应扣除采购公司承办的设备运杂费中的大运费。

(3) 审计设备、材料采购合同其他条款

思路:

① 中标人接到中标通知后,是否按规定时间到指定地点进行合同谈判,签订合同。

② 中标人对合同负全责,除招标人同意或在合同中明确规定外,中标人是否将合同分包或转包。

③ 招标人和中标人订立的书面合同是否违背招标文件和中标人的投标文件,是否有背离合同实质性内容的其他协议。

④ 物资的运输方式及费用承担是否明确。

⑤ 物资出库、在途及入库过程中的风险责任是否划分明确(共性部分参照施工合同部分)。

3. 审计勘察、设计合同

思路:参见前期确定勘察、设计单位部分,共性部分参照施工合同部分。

4. 监理合同审计

思路:参见前期确定监理单位部分,共性部分参照施工合同部分。

5. 施工合同履行情况审计

合同履行是工程相关合同签订后,建设单位及参建各方对工程进度完成、工程预付款和进度款的拨付、工程质量、工程索赔、合同奖惩等事项按合同条款约定享受权利和履行义务的过程。

(1)审计工程进度

思路:

① 审查施工进度的履行情况,通过检查现场实际施工的情况,审查是否达到合同约定的进度。

② 工程计划进度报表有无虚报、虚列情况。

③ 监理单位是否对施工单位的形象进度签署审核意见。

(2)审计预付工程款

思路:

① 审查工程拨款是否与施工进度相一致,施工单位是否根据施工形象进度同步申请工程进度预付款,有无超前拨款情况。

② 施工单位提出的工程预付款申请是否有监理单位的审核意见。

③ 施工单位预付申请是否通过工程、财务部门的审查。

④ 工程进度款的拨付是否按合同约定如数扣回备料款、甲供材料款和水电费,工程进度款的拨付不得超过合同价款的80%。

⑤ 预付工程备料款的支付是否要求承包方向发包方提交金额等于预付工程备料款的银行保函。

(3)审计投资计划完成情况

思路:

① 施工进度报表中所列的进度是否完成年度投资计划。

② 年度内拨付的工程款是否超过年度计划投资。

③ 施工形象进度投资完成与财务实际投资完成情况是否存在差异,如存在差异,则要分析原因。

(4)审计工程质量

思路:

① 业主方是否申请国家工程质监部门对工程质量进行监督,有无专人随时进行工程质量检查验收,是否执行国家施工验收规范和工程质量检查标准。

② 承包方有无质量保障体系和措施,质量事故报告是否及时提出,有无处理结果。

③ 双方是否办理隐蔽工程、主体工程等工程检查验收签证,所供应的材料、设备、构件是否有质量证书,试验报告。

④ 审查隐蔽工程是否经过验收签证,施工资料是否齐全,记录是否完整,与设计图纸不相吻合的地方是否有原设计单位出具的设计变更通知,施工现场各种经济、技术

原始资料签证是否齐全;现场签证是否有监理工程师及工程主管部门的工程师签字且必须两人以上。

⑤ 竣工验收的工程质量等级是否达到合同中承诺的标准,工程质量等级证书是否由有权部门发放。

（5）审计合同奖惩的履行情况

思路:合同中约定的奖惩条款主要有工期和质量能否满足双方约定的要求。

① 工期提前奖励主要审查开工报告与竣工报告日期的真实性,以及合理工期计算是否有误,定额工期应以单项工程进行计算,工期索赔是否在关键线路上。

② 优质工程根据国家规定应实行优质优价,主要审查质量等级评定证书是否经有权部门颁发,其中间验收过程的实测结果及整改意见是否与最终评定等级相符。

③对工期要求和质量等级未达到合同承诺的项目,按双方约定的惩罚条款执行。

（四）需要的审计资料

需要依据以下资料:合同当事人的法人资质资料;合同管理的内部控制;专项合同书;专项合同各项支撑材料。

（五）主要审计方法

审计方法主要以查阅法、现场调查法为主。

（六）可能的审计结论和建议

① 可能的审计结论。合同签订过程(不)合规;合同报价(不)真实;合同的责、权、利划分(不)明确;合同(未)得到良好履行。

② 建议。加强合同管理,规范合同签订程序,尽量减少由于信息不对称出现的逆向选择问题。

三、审计中需要注意的问题

由于合同本身具有相应的法律效力,因而,审计人员在进行合同审计时,必须注意对审计方法、审计程序和审计深度的把握。既要保证审计工作本身的合法性,又要注意保证审计工作质量。为了能够做到这一点,审计人员应采取跟踪审计的方法,使合同审计工作与合同的签订工作同步进行。当然,这种方法受审计时间和审计力量的限制,并不是所有的项目和所有的合同审计都能如此操作,例如外部审计机构,就不具备对合同进行跟踪审计的条件,因而,跟踪审计应通过内部审计人员来完成。签订合同的过程本身也是一种决策,建设单位与施工单位通过签订合同明确各自的责、权、利,审计人员实施跟踪审计,应注意自身角色的转换,跟踪审计的实质是在合同当事人双方签订合同时,审计人员能够以咨询服务的姿态对其签订过程提出建议,最大限度地提升审计价值,保证合同行为目标的实现。外部审计机构则利用内部审计结果,在合同签订之后,审计其合法合规性,并能在审计报告中予以揭示。审计部门不是仲裁机构,因而,无权宣布合同条款无效,审计人员审计时,只能就合同中发现的问题向有关部门反映,并建议合同当事人双方对此进行调整。这是审计人员在审计时必须把握的一个度,否则,就会触犯法律,而给自己带来无尽的风险。

无论是事后审计还是跟踪审计,审计人员都应重点审计合同文件内容是否完整,语言表达是否清晰,合同条款是否合法,签订程序是否合规等。

第四节　建设项目合同审计案例分析

【例3-4】　某施工单位(乙方)根据领取的某 2 000m² 两层厂房工程项目招标文件和全套施工图纸,采用低报价策略编制了投标文件并中标。签订了该工程项目的固定价格施工合同。合同工期为 8 个月。甲方在乙方进入施工现场后,因资金紧缺,口头要求乙方暂停施工一个月。

乙方也口头答应。工程按合同规定期限验收时,甲方发现工程质量有问题,要求返工。两个月后,返工完毕。结算时甲方认为乙方延迟交付工程,应按合同约定偿付逾期违约金。乙方认为临时停工是甲方要求的,责任不在乙方。问题:① 固定价格施工合同是否合适? ② 合同变更是否有效? ③ 甲乙双方矛盾如何解决?

解:① 因为固定价格合同适用于工程量不大且能够较准确计算、工期较短、技术不太复杂、风险不大的项目。该工程基本符合这些条件,故采用固定价格合同是合适的。② 根据我国合同法律规范规定,建设工程合同及其合同变更均应采取书面形式。在应急情况下可以采取口头形式,但事后一定要以书面形式确认。本案例甲方要求停工,乙方也口头答应,事后未以书面形式确认,因此该工程合同的变更形式不妥。以原书面合同规定为准。③ 施工期间,因甲方资金紧缺,乙方暂停施工一个月。甲方应对停工承担责任,赔偿乙方停工一个月的实际经济损失,工期顺延一个月。工程因质量问题返工,造成逾期交付,责任在乙方,故乙方应当支付工期逾期 2 个月的违约金,返工费由乙方承担。

【例3-5】　某建安工程合同价 660 万元,建筑材料及构件费占施工产值的比重为 60%;工程预付备料款为建安工程造价的 20%,开工后,工程预付备料款从未施工工程尚需的主要材料及构件的价值相当于工程预付备料款数额时起扣,从每次结算工程价款中,按材料和设备的比重抵扣工程预付备料款,竣工前全部扣清;工程进度款逐月结算;工程保修金为工程结算总价的 5%,竣工结算月一次扣留;材料价差调整按规定进行(按有关规定上半年材料价差上调 10%,在 6 月一次调增)。工程各月实际完成产值见表 3-4。

表 3-4　工程各月实际完成产值

月份	2	3	4	5	6
完成产值/万元	55	110	165	220	110

问题:① 工程预付款起扣点? ② 截至 5 月拨付工程款? ③ 截至 5 月累计已付工程款? ④ 审定竣工结算价? ⑤ 审定甲方应付竣工结算款?

解:① 起扣点:$660-132 \div 60\% = 440$(万元)。

② 每月拨付工程款。

2 月：工程款 55 万元，累计工程款 55 万元。

3 月：工程款 110 万元，累计工程款 165 万元。

4 月：工程款 165 万元，累计工程款 330 万元。

5 月：工程款 $110+110×40\%=154$（万元）。

③ 累计工程款 484 万元。

④ 工程结算造价 $=660+660×60\%×10\%=699.6$（万元）。

⑤ 竣工结算款 $=699.6-484-699.6×5\%-132=48.62$（万元）。

【例 3-6】　某房地产开发公司在建一座 48.6m 高 16 层住宅楼，建筑面积 12 800m²，各层层高及平面布局相同。该工程经过招标以概算 2 304 万元总承包（包括基础工程）包死给 A 施工单位施工，工期 20 个月，现已施工第八层。开发公司提出其他条件不变，加建 2 层，设计单位复核同意以原标准层施工并经过有关部门批准。双方一致同意以 $2\,304÷16×2=288$（万元）签订补充合同。

问题：这种做法是否正确？ 内部审计人员如何应对？

解：不正确。正确应该为：$(2\,304-基础造价)÷16×2+超高费$。如果在签订合同前审计发现，纠正。签订合同后审计发现，无权修正合同，向单位领导报告。

【例 3-7】　2001 年，中洲市审计局对本市烟草局办公大楼装修等工程进行审计，发现已结算支付工程价款 1 047 万元不实，审计核减 242 万元，并决定将多付工程款予以全额收缴财政。随后，烟草局在行政复议维持审计决定和要求施工单位退款遭拒的情况下，向绍兴市中级人民法院提起诉讼，要求法院依据审计决定判令施工方返还多付的工程款。结果法院认为烟草局与施工单位是平等的合同关系，且施工单位不是审计机关行政法律关系的一方主体，所以审计决定对其不具法律约束力，判决烟草局败诉。烟草局不服，向浙江省高院提起上诉，省高院维持一审判决。官司败诉后，烟草局以追不回多付的工程款为由迟迟不肯执行审计决定，后经中洲市人民法院强制执行，242 万元多付工程款才如数上缴财政。

问题：为什么审计决定得不到法律支持？

解：有关法院在审理这些诉讼案时，多数对审计结论未予采信，使得少数不法单位和个人利用合同损害国家利益的行为得不到及时遏止，造成大量国有资产流失，同时对审计机关依法开展国家建设项目审计工作带来了一定的影响和冲击。

为什么会产生上述问题？ 其中有认识方面的因素，也有实际操作中的因素，但主要原因是《合同法》和《民事诉讼法》与《审计法》没有很好地衔接起来，表现在审计机关作为监督包括建设项目合同在内的执法主体资格在《合同法》中没有得到明确，以及审计决定作为一种特殊的行政强制行为在民事诉讼法中的法律效力不明确等。实质说明了现行的法律法规尚有不足，还不能完全保护国家利益。

维护国家利益是我国现行立法的一项宗旨，也是审计机关的神圣职责。那么如何以正确、有效的方法来依法维护国家利益，同时也保护其他当事人的合法权益？ 当前看来，应当修改完善《审计法》《合同法》和《民事诉讼法》等相关法律，同时建议制定证据法。在修改和制定以上法律时，建议着重考虑以下四个方面：一是明确将审计机关作为监督合同履行的执法主体；二是进一步明确对与国家建设项目有关的建设、设计、监理、施工、设备材料采购等单位的财务收支和有关经济活动,审计机关有权进行审计监督,做出的审计决定对其具有必然的法律约束力;三是明确审计决定在民事诉讼中所应具有的法律效力和法律地位,也就是说,通过民事审判程序对具体行政行为的裁决,不能改变审计决定作为行政强制行为的法律效力;四是确定审计决定的证据优先原则,即审计机关做出的审计决定在民事审判中应作为当然的有效证据,除非有相反的证据足以推翻审计机关的审计决定。

【例3-8】　某审计小组在事后审计某工程项目的招标投标工作时,发现该招标投标项目在招标文件中制定了这样的一条规定:"该项目评标时,如果中标价高于标底价,则按照标底价签订合同;如果中标价低于标底价,则以中标价为主签订合同。"

问题:这样做是否正确?

解:审计人员首先需要明确,招标投标本身是一种市场竞争行为,是市场买卖的一种手段,在工程建设招标投标过程中,招标人(建设单位)是买方,投标人(建造承包商)是卖方,两者应在同一平台上公平竞争。招标投标应按照公平、公正、客观的原则进行,而招标人在招标文件中所做的上述规定,显然是违背了招标投标的这一规则;其次,按照招标投标程序要求,工程项目招标的标底仅仅是评价投标报价的直接依据之一,它的作用主要体现在评标这个工作环节之中,签订合同是定标,其合同报价依据自然就是中标价或中标价的优惠价(如果招标文件有规定),招标标底在评价完投标报价之后就失去了其原来的意义。

基于上述分析,我们可以得出审计结论:该项规定不适当,违背了招标投标的原则和程序。由于审计是在事后进行的,所以审计人员只能将此问题予以揭示,并向有关管理部门反映。如果审计工作是跟踪进行的,审计人员可以直接向招标人反馈该信息,建议其在招标文件中改正。

【例3-9】　某审计小组在事后审计某工程项目的招标投标工作时,发现该招标投标项目在招标文件中制定了这样的一条规定:"该项目评标时,以最低投标报价为优选条件。"

问题:这样做是否正确?

解:对于这个问题,审计人员应首先确定该项目招标文件中所明确的报价方式。如果招标文件规定按照 FIDIC 合同条件招标,以单价包死的方式确定合同报价,则该招标文件规定的这一评标标准是正确的;如果招标文件规定按照我国预算编制的要求确定报价,则该项评标标准就不恰当。因为与我国的预算编制相配套的招标投标有关文件规定,按照定额模式编制标底和投标报价,其误差率不得高于地方文件规定的标准(一般为±5%),在该标准之外的投标报价一般为废标。因此在这样的前提下规定以最低报价为优选条件的要求不适当。审计人员应予以指出。

【例3-10】　某招标投标项目按照规范的程序进行了招标投标工作,经过评定,某一投标报价为 2 250 万元的施工单位中标。在签订合同之前,招标人向中标单位提出了优惠让利4%的要求,建议中标单位按照 2 250×96% = 2 160(万元)与之签订施工合同。

问题:该项要求是否适当?

解:针对这一问题,审计人员应首先查找招标文件,看在招标文件中是否有关于让利4%的要求,如果有,则签订合同本身是执行招标文件的规定,因此是正确的。如果招标文件中没有有关让利的要求,而在招标投标过程中由招标人单方提出的话,则违背了公平竞争的原则,也不符合招标投标程序要求,因此,这种做法是不适当的。假设合同尚未签订,审计人员发现了这一问题,则应指出,并加以制止;如果合同已按法定程序签订完毕,则审计人员应予以指出,并建议合同当事人双方改正,并按照一定的程序签订补充合同。审计的原则是客观公正,审计人员应维护所有被审计单位的利益。

【例 3-11】   某审计小组在对某项目的招标标底进行审计时,发现其中存在许多问题,如工程量不实、定额套错、费用计算不合理等。

问题:审计人员应如何做?

解:首先要注意审计的介入时间,如果是在开标时介入,则审计人员应将正确的标底报送给评标委员会,并建议其在评标时按照正确标底考虑中标单位;如果是在招标投标过程结束之后进行的审计,则审计人员无权纠正标底,只能揭示这一问题,并向有关部门汇报。

【例 3-12】   某建设单位通过招标投标方式确定了该单位内一拟建综合楼工程项目的施工单位,中标价为890万元,在合同条款第十条中,甲乙双方对工程价款的结算做出了如下约定:"该项目按照中标价一次包定,但设计图纸之外的设计变更、材料价差在决算时按实调整。"

问题:审计人员如何理解这样的合同条款?

解:在这一合同条款中,"设计图纸之外的设计变更"一词难以理解,容易因人们的认识不同而产生争议。有人可能会认为"设计图纸之外"是指原来图纸中没有考虑而在实际建设过程中增加的项目部分,在这样的理解下,决算只调整增加项目,而不调整减少项目;还有人会认为,"设计图纸之外"是指主体工程之外的附属工程部分,即附属工程部分按实调整,原设计范围内的工作量不得随意改变;另外,也许有人会这样理解,"设计图纸之外"是指室内地面以下的工程部位,……。到底怎样理解是对的呢?我同意第二种观点,但这也存在矛盾,因为主体工程之外的附属部位在图纸中没有考虑,那么又从何而来设计变更呢? 变更应是相对于设计而言的一个事实。所以,这份合同关于这一条款的规定是模糊不清的。按照惯例,我们只说"设计变更",而不提"设计图纸之外"。

【例 3-13】   某县环城公路是国家重点建设项目,由县人民政府负责拨款建设(建设单位)。1997 年 6 月,某县第一建筑公司(简称施工单位)与建设单位签订了环城公路工程承包合同。合同约定:承包工程除合同规定的允许调整价款外,其他项目均一次性包干;由施工单位按建设单位提供的设计图纸施工。

1998 年 7 月路基工程完工,双方在工程价款结算时因结算产生争议。建设单位坚持按原设计图纸结算,施工单位要按调整图纸结算。按原设计图纸计算总开挖工程量为 4 万多立方米,调整图纸为 11 万多立方米。1999 年 9 月,县审计局对该国家建设项目实施了竣工决算审计。审计查明:施工单位的包工头与设计人员在施工过程中绘制的调整图纸是一套假图纸,对公路工程量进行测量,实际工程量与原设计图的图算量吻合;施工单位虚增工程量 7 万立方米。据此,县审计局于 2000 年 8 月做出审计决定,核减 53.5 万元。

2000 年 11 月施工单位以县政府违反承包合同,拖欠工程款为由,向县人民法院提起民事诉讼。2001 年 8 月县法院判决认为:县审计局审计结论符合国家规定。审计决定送达原告后,原告没有在法定期限内提起行政复议,审计决定已经发生法律效力。据此,判决驳回原告诉讼请求。

原告不服向二审人民法院提起上诉。二审法院审理认为,建设单位在竣工汇总结算表上签章是确定本案工程价款的直接依据;对县审计局的审计决定不予采信。据此,撤销一审人民法院的民事判决,判决建设单位向施工单位支付拖欠的工程款 53.5 万元。

【例 3-14】　国有控股的甲公司(建设单位)建设年产 6 万吨聚酯切片工程是某省重点建设项目。1993 年 1 月,甲公司与乙公司(施工单位)先后签订工程承包合同,合同总金额 1 736.2 万元。

1994 年 12 月,施工单位向市中级人民法院起诉,请求判决建设单位支付拖欠工程款等事项。市中级人民法院于 1995 年 12 月判决建设单位败诉。建设单位不服,上诉至某省高级人民法院,省高级人民法院于 1996 年 4 月二审判决建设单位败诉。建设单位对二审判决不服,将判决结果报告省政府,认为施工单位承包的项目由包工头个人承包,工程高估冒算,将导致 700 万余元国有资产流失。

经省政府批准,省审计厅对该建设项目工程决算进行了审计,审计结果表明:施工单位多计材料价差 162 万余元;高套、错套定额多计工程费用 22 万余元;多计工程量 21 万余元;审计厅做出审计决定,施工单位送审总工程决算数 2 664 万余元,审计认定结果为 2 429 万余元,核减 235 万余元。

【例 3-15】　某建筑公司(乙方)于某年 4 月 20 日与某厂(甲方)签订了修建建筑面积为 3 000 m² 工业厂房(带地下室)的施工合同。乙方编制的施工方案和进度计划已获监理工程师批准。该工作的基坑开挖土方量为 4 500 m³,假设直接费单价为 4.2 元/m³,综合费率为直接费的 20%,该基坑施工方案规定:土方工程采用租赁一台容量为 1 m³ 的反铲挖掘机施工(租赁费 450 元/台班)。甲、乙双方合同约定 5 月 11 日开工,5 月 20 日完工。在实际施工中发生了如下事件:① 因租赁的挖掘机大修,晚开工 2 天,造成人员窝工 10 个工日;② 施工过程中,因遇软土层,接到监理工程师 5 月 15 日停工的指令,进行地质复查,配合用工 15 个工日;③ 5 月 19 日接到监理工程师于 5 月 20 日复工令,同时提出基抗开挖深度加深 2 m 的设计变更通知单,由此增加土方开挖量 900 m³;④ 5 月 20 日~5 月 22 日,因下 20 年一遇大雨迫使基坑开挖暂停,造成人员窝工 10 个工日;⑤ 5 月 23 日用 30 个工日修复冲坏的永久性道路,5 月 24 日恢复挖掘工作,最终基坑于 5 月 30 日开挖完毕。

问题:

① 上述哪些事件建筑公司可以向厂方要求索赔,哪些事件不可以要求索赔,并说明原因。

② 每项事件工期索赔各是多少天? 总计工期索赔多少天?

③ 假设人工费单价为 23 元/工日,因增加用工所需的管理费为增加人工费的

30%,则合理的费用索赔总额是多少?

④ 建筑公司应向厂方提供的索赔文件有哪些?

解:问题1:

事件一:不能提出索赔要求,因为租赁的挖掘机大修延迟开工,属承包商的责任。

事件二:可提出索赔要求,因为地质条件变化属于业主应承担的责任。

事件三:可提出索赔要求,因为这是由设计变更引起的。

事件四:可提出索赔要求,因为大雨迫使停工,需推迟工期。

事件五:可提出索赔要求,因为雨后修复冲坏的永久道路,是业主的责任。

问题2:

事件一:不能索赔。

事件二:可索赔工期 5 天(15~19 日)。

事件三:可索赔工期 2 天,$900 \div (4\,500 \div 10) = 2$(天)。

事件四:可索赔工期 3 天(20~22 日)。

事件五:可索赔工期 1 天(23 日)。

小计:可索赔工期 11 天$(5+2+3+1=11$(天))。

问题3:

事件二:① 人工费:$15 \times 23 \times (1+30\%) = 448.5$(元)

　　　　② 机械费:$450 \times 5 = 2\,250$(元)

事件三:$(900 \times 4.2) \times (1+20\%) = 4\,536$(元)

事件五:① 人工费:$30 \times 23 \times (1+30\%) = 897$(元)

　　　　② 机械费:$450 \times 1 = 450$(元)

可索赔费用总额为$(448.5+2\,250+4\,536+897+450 = 8\,581.5$(元)$)$。

问题4:

建筑公司向业主提供的索赔文件有索赔信、索赔报告、详细计算式与证据。

【例3-16】 业主在招标文件中规定:工期 T(周)不得超过 80 周,也不应短于 60 周。某施工单位决定参与该工程的投标。在基本确定技术方案后,为提高竞争能力,对其中某技术措施拟定了 3 个方案进行比选。方案一的费用为 $C_1 = 100+4T$;方案二的费用为 $C_2 = 150+3T$;方案三的费用为 $C_3 = 250+2T$。

这种技术措施的 3 个比选方案对施工网络计划的关键线路均没有影响。各关键工作可压缩的时间及相应增加的费用见表 3-5。

假定所有关键工作压缩后不改变关键线路。

表 3-5　各关键工作可压缩的时间及相应增加的费用

关键工作	A	C	E	H	M
可压缩时间/周	1	2	1	3	2
压缩单位时间增加的费用/(万元/周)	3.5	2.5	4.5	6.0	2.0

问题:

① 该施工单位应采用哪种技术措施方案投标? 为什么?

② 若该工程选用的技术措施方案的工期为 80 周,造价为 2 653 万元。为了争取

中标,该施工单位投标应报工期和报价各为多少?

③ 若招标文件规定,施工单位自报工期小于 80 周时,工期每提前 1 周,其总报价降低 2 万元作为经过评审的报价,则施工单位的自报工期应为多少? 相应的经过评审的报价为多少?

④ 如果该工程的施工网络计划如图 3-2 所示,则压缩哪些关键工作可能改变关键线路? 压缩哪些关键工作不会改变关键线路?

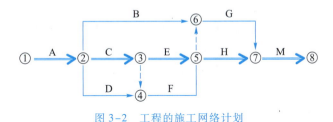

图 3-2 工程的施工网络计划

解:问题 1:

令 $C_1 = C_2$,即 $100 + 4T = 150 + 3T$,解得 $T = 50$ 周;当工期小于 50 周时,应采用方案一;当工期大于 50 周时,应采用方案二。由于招标文件规定工期为 60~80 周,因此,应采用方案二。

再令 $C_2 = C_3$,即 $150 + 3T = 250 + 2T$,解得 $T = 100$ 周。当工期小于 100 周时,应采用方案二;当工期大于 100 周时,应采用方案三。因此,根据招标文件对工期的要求,施工单位应采用方案二的技术措施投标。

或:当 $T = 60$ 周,则 $C_1 = 100 + 4 \times 60 = 340$(万元)

$$C_2 = 150 + 3 \times 60 = 330(万元)$$
$$C_3 = 250 + 2 \times 60 = 370(万元)$$

此时,方案二为最优方案。

当 $T = 80$ 周,则 $C_1 = 100 + 4 \times 80 = 420$(万元)

$$C_2 = 150 + 3 \times 80 = 390(万元)$$
$$C_3 = 250 + 2 \times 80 = 410(万元)$$

此时,方案二为最优方案。

所以施工单位应采用方案二的技术措施投标。

问题 2:

由于方案二的费用函数为 $C_2 = 150 + 3T$,所以对压缩 1 周时间增加的费用小于 3 万元的关键工作均可压缩,即应对关键工作 C 和 M 进行压缩。则自报工期应为 $80 - 2 - 2 = 76$(周),相应的报价为 $2\,653 - (80 - 76) \times 3 + 2.5 \times 2 + 2.0 \times 2 = 2\,650$(万元)。

问题 3:

由于工期每提前 1 周,可降低经评审的报价 2 万元,所以对压缩 1 周时间增加的费用小于 5 万元的关键工作均可压缩,即应对关键工作 A、C、E、M 进行压缩。

则自报工期应为 $80 - 1 - 2 - 1 - 2 = 74$(周)

相应的经评审的报价为 $2\,653 - (80 - 74) \times (3 + 2) + 3.5 + 2.5 \times 2 + 4.5 + 2.0 \times 2 = 2\,640$(万元)。

问题4:

压缩关键工作 C、E、H 可能改变关键线路,压缩关键工作 A、M 不会改变关键线路。(评析:主要考虑报价技巧和关键线路运用。)

【例 3-17】   有一招标工程,经研究考察确定邀请 5 家具备资质等级的施工企业参加投标。各投标企业按技术、经济分别装订报送,经招标领导小组研究确定评标原则如下。

① 技术标。占总分 30%。

② 经济标。占总分 70%(其中报价占 30%、工期 20%、企业信誉 10%、施工经验占 10%)。

③ 各单项评分。满分均为 100 分,计算中小数点后取一位。

④ 报价评分原则。以标底的 ±3% 为有效标,超过认为废标,计分时以 -3% 为 100 分,标价每上升 1% 扣 10 分。

⑤ 工期评分原则。以定额工期为准提前 15% 为 100 分,每延后 5% 扣 10 分,超过规定工期为废标。

⑥ 企业信誉评分原则。以企业近 3 年工程优良率为准,100% 为满分,如有国家级获奖工程,每项加 20 分,如有省市奖优良工程则每项加 10 分;项目班子施工经验评分原则是以近 3 年来承建类似工程与承建总工程百分比计算,100% 为 100 分。

表 3-6 是 5 家投标单位投标报价情况。

⑦ 技术方案标。经专家对各家所报方案,针对总平面布置,施工组织,施工技术方法及工期、质量、安全、文明施工措施,机具设备配置,新技术、新工艺、新材料推广应用等项综合评定打分可知:A 单位 95 分;B 单位 87 分;C 单位 93 分;D 单位 85 分;E 单位 95 分。

表 3-6   经济标汇总表

投标项目单位	报价/万元	工期/月	企业信誉近 3 年优良工程率及获奖工程/%	项目班子施工经验(承建类似工程百分比)/%
A	5 970	36	50(获省优工程一项)	30
B	5 880	37	40	30
C	5 850	34	55(获鲁班奖工程一项)	40
D	6 150	38	40	50
E	6 090	35	50	20
标底	6 000	40		

问题:

① 试对各投标单位按评标原则进行评分,以最高分为中标单位,确定中标单位。

② 工程量清单计价中清单格式由哪些内容组成?

③ 工程量清单计价中项目编码有何规定?

解:问题 1:

① 计算各投标单位相对报价及得分,见表 3-7。

表 3-7　各投标单位相对报价及得分

项目	A	B	C	D	E
标底/万元	6 000	6 000	6 000	6 000	6 000
报价/万元	5 970	5 880	5 850	6 150	6 090
相对报价/%	99.5	98	97.5	102.5	101.5
得分/分	75	90	95	45	55

② 计算各投标单位工期提前率及得分,见表 3-8。

表 3-8　各投标单位工期提前率及得分

项目	A	B	C	D	E
定额工期/月	40	40	40	40	40
投标工期/月	36	37	34	38	35
工期提前率/%	10	7.5	15	5	12.5
得分/分	90	85	100	80	95

③ 计算各投标单位企业信誉得分,见表 3-9。

表 3-9　各投标单位企业信誉得分

项目	A	B	C	D	E
工程保障及获奖/%	50(省优项)	40	55(鲁班奖项)	40	50
得分/分	60	40	75	40	50

④ 计算各投标单位各项得分及总分,见表 3-10。

表 3-10　各投标单位各项得分及总分　　　　　　　　　分

项目	A	B	C	D	E
技术标综合得分	28.5	26.1	27.9	25.5	24
报价综合得分	22.5	27	28.5	13.5	16.5
工期综合评分	18	17	20	16	19
企业信誉综合评分	6	4	7.5	4	5
施工经验综合评分	3	3	4	5	2
综合评分	78	77.1	87.9	64	66.5

因为 C 单位综合评分(87.9 分)最高,故 C 单位中标。

问题 2：

清单格式应由下列内容组成:封面;填表须知;总说明;分部分项工程量清单;措施项目清单;其他项目清单;零星工作项目表。

问题 3：

采用 12 位阿拉伯数字表示。一至九位为统一编码,其中,一、二位为附录顺序码;三、四位为专业工程顺序码;五、六位为分部工程顺序码;七、八、九位为分项工程项目名称顺序码;十至十二位为清单项目名称顺序码。

【例3-18】 某土建工程项目确定采用公开招标的方式招标,造价工程师测算确定该工程标底为 4 000 万元,定额工期为 540 天。

在本工程招标的资格预审办法且规定投标单位应满足以下条件:① 取得营业执照的建筑施工企业法人;② 二级以上施工企业;③ 有两项同类工程的施工经验;④ 本专业系统隶属企业;⑤ 近三年内没有违约被起诉历史;⑥ 技术、管理人员满足工程施工要求;⑦ 技术装备满足工程施工要求;⑧ 具有不少于合同价 20% 的可为业主垫支的资金。

经招标小组研究后确定采用综合评分法评标,评分方法及原则如下。

① 投标报价满分为 100 分,按以下两方面评分。

a. 报价与标底的偏差程度 70 分,评分满分见表 3-11。

b. 报价费用组成的合理性 30 分。

表 3-11 报价与标底的偏差程度得分

报价与标底的偏差程度	-5% ~ -25%	-2.4 ~ 0%	0.1 ~ 2.4%	2.5% ~ 5%
得分/分	50	70	60	40

② 施工组织与管理能力满分为 100 分,其中工期 40 分、施工组织方案 30 分、质量保证体系 20 分、安全管理 10 分。工期按以下方法评定:投标人所报工期比定额工期提前 30 天及 30 天以上的为满分,以比定额工期提前 30 天为准,每增加 1 天,扣减 1分。其他项目评分结果见表 3-12。

③ 业绩与信誉满分为 100 分,企业信誉 40 分,施工经历 40 分,质量回访 20 分。评分结果见表 3-12。

评标方法中还规定,投标报价、施工组织与管理能力和业绩与信誉三方面的得分值均不得低于 60 分,低于 60 分者淘汰。

对以上三方面进行综合评分时,投标报价的权重为 0.5,施工组织与管理能力的权重为 0.3,业绩与信誉的权重为 0.2。

共有 A、B、C、D、E 5 家单位参加投标,其中 C 投标单位在投标截止日前一天,采取突然降价方法;将直接费用 3 290 万元降到了 3 230 万元,并相应调整了部分费率;其他直接费率 4.10%;现场经费率 5.63%;间接费率 4.39%;利润率 3.93%,税率3.51%。C 单位根据以上数据进行了报价(取整到 10 万元),并确定了工期为520 天。

已知其余 4 家投标单位报价和工期如表 3-13 所示。

开标后,评标组对 5 家投标单位进行了评审,部分结果如表 3-12 所示。

表 3-12 5 家投标单位评分结果

项目	具体内容	A	B	C	D	E
投标报价(100 分)	报价与标底的偏差程度(70 分)					
	费用组成合理性(30 分)	20	28	25	20	25

续表

项目	具体内容	A	B	C	D	E
施工组织与管理能力(100分)	工期(40分)					
	施工组织方案(30分)	25	28	26	20	25
	质量保证体系(20分)	18	18	16	15	15
	安全管理(10分)	8	7	7	8	8
业绩与信誉(100分)	企业信誉(40分)	35	35	36	38	34
	施工经历(40分)	35	32	37	35	37
	质量回访(20分)	17	18	19	15	18

表3-13　5家投标单位报价和工期情况

报价单位	A	B	C	D	E
报价/万元	4 120	4 080	3 980	3 900	4 200
工期/天	510	530	520	540	510

问题:

① 资质预审办法中规定的投标单位应满足的条件哪几项是正确的?哪几项不正确?

② C投标单位的投标报价是多少万元?

③ 计算各投标单位报价项的得分值。

④ 计算各投标单位工期项的得分值。

⑤ 计算确定中标单位。

解:问题1:①②③⑤⑥⑦正确,④⑧不正确。

问题2:C单位的报价如下。

直接费:3 230万元

其他直接费:3 230×4.10%=132.43(万元)

现场经费:3 230×5.63%=181.85(万元)

直接工程费:3 230+132.43+181.85=3 544.28(万元)

间接费:3 544.28×4.39%=155.59(万元)

利润:(3 544.28+155.59)×3.93%=145.40(万元)

税金:(3 544.28+155.59+145.40)×3.51%=134.97(万元)

合计报价:3 544.28+155.59+145.40+134.97=3 980.24(万元)。取整为3 980万元。

问题3:

各投标单位的报价偏差得分值:

A单位:(4 120-4 000)÷4 000×100%=3%,得40分。

B单位:(4 080-4 000)÷4 000×100%=2%,得60分。

C单位:(3 980-4 000)÷4 000×100%=-0.5%,得70分。

D 单位:$(3\,900-4\,000)\div4\,000\times100\%=-2.5\%$,得 50 分。

E 单位:$(4\,200-4\,000)\div4\,000\times100\%=5\%$,得 40 分。

问题 4:

各投标单位的工期得分值:

A 单位:$540-30-510=0$(天),得 40 分。

B 单位:$540-30-530=-20$(天),得 20 分。

C 单位:$540-30-520=-10$(天),得 30 分。

D 单位:$540-30-540=-30$(天),得 10 分。

E 单位:$540-30-510=0$(天),得 40 分。

问题 5:确定中标单位。

① 投标报价分值。

A 单位:$40+20=60$(分)

B 单位:$60+28=88$(分)

C 单位:$70+25=95$(分)

D 单位:$50+20=70$(分)

E 单位:$40+25=65$(分)

② 施工组织与管理能力分值。

A 单位:$40+25+18+8=91$(分)

B 单位:$20+28+18+7=73$(分)

C 单位:$30+26+16+7=79$(分)

D 单位:$10+20+15+8=53$(分)

E 单位:$40+25+15+8=88$(分)

③ 业绩与信誉分值。

A 单位:$35+35+17=87$(分)

B 单位:$35+32+18=85$(分)

C 单位:$36+37+19=92$(分)

D 单位:$38+35+15=88$(分)

E 单位:$34+37+18=89$(分)

因 D 单位施工组织与管理能力分值不够 60 分,故应淘汰。

A、B、C、E 4 家单位的综合得分值:

A 单位:$60\times50\%+91\times30\%+87\times20\%=74$(分)

B 单位:$88\times50\%+73\times30\%+85\times20\%=82$(分)

C 单位:$95\times50\%+79\times30\%+92\times20\%=89$(分)

E 单位:$65\times50\%+88\times30\%+89\times20\%=76$(分)

【例 3-19】 某工程项目,业主通过招标与甲建筑公司签订了土建工程施工合同。包括 A、B、C、D、E、F、G、H 8 项工作,合同工期 360 天。业主与乙安装公司签订了设备安装施工合同,包括设备安装与调试工作,合同工期 180 天。通过相互的协调,编制了图 3-3 所示的网络进度计划。

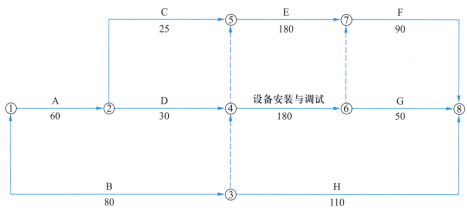

图 3-3　网络进度计划(单位:天)

该工程施工过程中发生了以下事件。

① 基础工程施工时,业主负责供应的钢筋混凝土预制桩供应不及时,使 A 工作延误 7 天。

② B 工作施工后进行检查验收时,发现一预埋件埋置位置有误,经核查,是由于设计图纸中预埋件位置标注错误所致。甲建筑公司进行了返工处理,损失 5 万元,且使 B 工作延误 15 天。

③ 甲建筑公司因人员与机械调配问题造成 C 工作增加工作时间 5 天,窝工损失 2 万元。

④ 乙安装公司安装设备时,因接线错误造成设备损坏,使乙安装公司安装调试工作延误 5 天,损失 12 万元。

发生以上事件后,施工单位均及时向业主提出了索赔要求。

问题:

① 施工单位对以上各事件提出索赔要求,分析业主是否应给予甲建筑公司和乙安装公司工期和费用补偿。

② 如果合同中约定,由于业主原因造成延期开工或工期延期,每延期一天补偿施工单位 6 000 元,由于施工单位原因造成延期开工或工期延误,每延误一天罚款 6 000 元。计算施工单位应得的工期与费用补偿各是多少?

③ 该项目采用预制钢筋混凝土桩基础,共有 800 根桩,桩长 9m。合同规定:桩基分项工程的综合单价为 180 元/m;预制桩由业主购买供应,每根桩按 950 元计。计算甲建筑公司桩基础施工应得的工程款是多少?

注:计算结果保留一位小数。

解:问题 1:

① 业主负责的钢筋混凝土预制桩供应不及时,造成 A 工作延误,因 A 工作是关键工作,业主应给甲公司补偿工期和相应费用。业主应顺延乙公司的开工时间和补偿相关费用。

② 因设计图纸错误导致甲公司返工处理,由于 B 工作是非关键工作,因为已经对 A 工作补偿工期,B 工作延误的 15 天在其总时差范围以内,故不给予甲公司工期补偿,

但应给甲公司补偿相应的费用。因对乙公司不造成影响,故不应给乙公司工期和费用补偿。

③ 由于甲公司原因使 C 工作延长,不给予甲公司工期和费用补偿。

因未对乙公司造成影响,业主不对乙公司补偿。

④ 由于乙公司的错误造成总工期延期与费用损失,业主不给予工期和费用补偿。

由此引起的对甲公司的工期延误和费用损失,业主应给予补偿。

问题2:

① 甲公司应得到工期补偿。

事件1:业主预制桩供应不及时补偿工期 7 天。

事件4:因安装公司原因给甲公司造成工期延误,应补偿 5 天。

合计 12 天。

甲公司应得到费用补偿:

事件1:7×6 000 = 4.2(万元)

事件2:5 万元

事件4:5×6 000 = 3.0(万元)

合计 12.2 万元。

② 因业主负责的预制桩供应不及时,乙公司应得到工期补偿 7 天。

乙公司应得到费用补偿:

事件1 补偿:7×6 000 = 4.2(万元)

事件4 罚款:5×6 000 = 3.0(万元)

合计 4.2 – 3.0 = 1.2(万元)

问题3:

桩购置费为:800×950 = 76(万元)

桩基础工程合同价款:800×9×180 = 129.6(万元)

甲公司桩基础施工应得工程价款为:129.6 – 76 = 53.6(万元)

【例 3–20】 某毛石护坡工程,承发包双方约定:采用实物法编制工程预算,结算时人工单价、机械台班单价不予调整,主要材料采用调值公式法给承包商调价补偿。

承包方提供了以下各项技术测定资料,并经发包方审核确认。

① 每 $10m^3$ 砌体需基本工作时间 72 小时,辅助时间、准备与结束工作时间、不可避免中断时间和休息时间占工作延续时间的比例分别为 5%、3%、2% 和 10%,人工幅度差为 10%,市场人工单价为 30 元/工日。

② 每 $10m^3$ 砌体需 MSO 水泥砂浆 $4.31m^3$,基期价格 98 元/m^3;需毛石 $11.26m^3$,基期价格 57 元/m^3;需水 $0.761m^3$,基期价格为 0.5 元/m^3。

③ 200L 砂浆搅拌机一次循环工作所需时间:装料 60s,搅拌 120s,卸料 40s,不可避免中断 20s。机械利用系数 0.75,机械幅度差 15%,台班单价为 58 元/台班。

工程 5 月开工,7 月竣工。表 3–14 为承包方提供的各月完成工程量。表 3–15 为主要材料价格指数。水泥、黄砂、毛石、固定要素所占的比例分别为 20%、5%、45%、30%。

表 3-14 承包方提供的各月完成工程量

月份	5 月	6 月	7 月
完成工程量（10m³）	200	240	280

表 3-15 主要材料价格指数

指数	水泥	黄砂	毛石
基期指数	1.40	1.20	1.60
5 月指数	1.51	1.23	1.67
6 月指数	1.54	1.51	1.76
7 月指数	1.53	1.76	1.75

问题：

① 根据技术测定资料计算每 $10m^3$ 毛石护坡人工消耗量、机械台班消耗量。（保留三位小数）

② 计算各月结算时每 $10m^3$ 砌体的实际材料费。

③ 计算该工程竣工直接费。

注：除特别注明外，均保留两位小数。

解：问题 1：

① 完成每 $10m^3$ 毛石护坡人工消耗量：

$$[72÷(1-5\%-3\%-2\%-10\%)]÷8=11.25（工/10m^3）$$

$$11.25×(1+10\%)=12.375（工/10m^3）$$

② 完成每 $10m^3$ 毛石护坡机械台班消耗量：

砂浆搅拌机每小时循环次数 $60×60÷(60+120+40+20)=15（次）$

台班产量定额 $15×8×0.2×0.75=18（m^3/台班）$

时间定额 $1÷18=0.056（台班/m^3）$

台班消耗量 $0.056×(1+15\%)=0.0644（台班/m^3）$

$0.0644×4.31=0.278（台班）$

问题 2：

① 每 $10m^3$ 砌体基础材料费：$4.31×98+11.26×57+0.761×0.5=1064.58（元）$

② 每 $10m^3$ 砌体中实际材料费：

5 月：$1064.58×(0.3+0.2×1.51÷1.4+0.05×1.23÷1.2+0.45×1.67÷1.6)$

$=1064.58×1.037=1103.97（元）$

6 月：$1064.58×(0.3+0.2×1.54÷1.4+0.05×1.51÷1.2+0.45×1.76÷1.6)$

$=1064.58×1.078=1147.62（元）$

7 月：$1064.58×(0.3+0.2×1.53÷1.4+0.05×1.76÷1.2+0.45×1.75÷1.6)$

$=1064.58×1.084=1154.00（元）$

问题 3：

① 各月直接费：

5 月：

工程竣工直接费 = 完成工程量 × (人工日数 × 工日单价 + 实际材料费 +
台班消耗量 × 台班单价)

$$= 200 \times (12.375 \times 30 + 1\,103.97 + 0.278 \times 58)$$
$$= 200 \times 1\,491.34 = 298\,268.00 (元)$$

6月：

$$240 \times (12.375 \times 30 + 1\,147.62 + 0.278 \times 58)$$
$$= 240 \times 1\,534.99 = 368\,397.60 (元)$$

7月：

$$280 \times (12.375 \times 30 + 1\,154.00 + 0.278 \times 58)$$
$$= 280 \times 1\,541.37 = 431\,583.60 (元)$$

② 竣工直接费：

$$298\,268.00 + 368\,397.60 + 431\,583.60 = 1\,098\,249.20 (元)$$

思考与计算题

1. 建设项目招标投标中主要问题有哪些？

2. 如何开展建设项目招标投标审计才能更加有助于实现审计的有效性？

3. 如果内部审计人员作为招标投标领导小组成员或招标小组成员参与招标投标审计的话，就违反了审计的客观性。这种说法对吗？

4. 如果在招标投标工作结束之后，审计人员发现合同内容与招标文件要求不一致，审计人员应该怎么做？

第四章

工程造价审计

建设项目内部审计实践发展的路径是工程财务审计—工程造价审计—工程管理审计—投资效益审计。至今，完整的审计格局已经形成，工程造价审计成为建设项目内部审计的核心内容和主要构成要素。伴随着工程造价管理模式的变革，工程造价审计面临着诸多挑战和困惑，例如：审计结果与合同冲突问题，审计方式与造价改革要求之间的矛盾问题等。为了更好地推进造价审计的深入发展，有必要在本章中对造价概念—造价管理—造价审计进行针对性的阐述。

第一节　建设项目造价概述

课前思考

某机场航站楼前的停车场工程属于机场附属工程，设计和施工方法简单，占机场总投资比重较小，不易引起审计机关的注意。建设单位通过邀请招标选择了一家民营施工单位承建该工程，招标工程量为混凝土地面10.8万平方米，无变更。经监理、设计单位确认后，建设单位按照招标数量对停车场工程进行结算，审计时该工程造价已经当地财政评审中心评审。

审计人员了解到，建设、监理单位结算工程量为设计院提供的数据，将招标工程量作为结算工程量，未经过现场实际勘测。审计人员分析，该工程施工和测量方法简单，实际勘测数据很容易获得，为什么要将招标数据作为结算工程量，引起了审计人员深思。

审计人员在现场实际勘察后发现,该停车场实际面积明显不足,仅是招标工程量的一半,为什么建设、监理、财政评审等单位均未发现如此明显的问题? 审计机关将此线索交给检察机关后,共同查处了相关单位在工程结算中弄虚作假,套取、私分建设资金 1 600 万元的案件线索。

任务驱动

当你学完这一节,你将能够:

(1) 了解建设项目造价的内涵;

(2) 掌握项目造价的确定过程;

(3) 掌握造价"四算"之间的关系和造价的构成;

(4) 了解建设项目造价的意义。

思考或讨论

(1) 建设项目造价包含哪些内容?

(2) 如何确定造价?

(3) 各个阶段造价计算思路的关联和区别有哪些?

审计实训

请搜集学校某一建筑全套施工图,两人一组,首先各自编制该单体的预算,接下来交换互相进行审计。

一、建设项目造价的内涵

微课
建设项目造价的
内涵

建设项目造价的主要含义是指工程项目在建设期(预计或实际)支出的建设费用。

从宏观层次来理解,其造价是指建设项目预期或实际开支的全部固定资产投资费用。具体说来就是指建设项目从开始筹建到正式竣工验收全过程中实际发生的所有建设费用。在建设项目的建设过程中,其造价通过投资估算、设计概算和竣工决算等主要文件加以确定。

从微观层次来理解,工程造价是指具体的建筑安装工程的建造价格。即一个单项工程或一个单位工程从其正式开工建设到正式竣工验收全过程所发生的建筑安装工程费用。它以市场经济为前提,以工程这种特殊的商品作为交易对象,通过招标投标、承发包或其他交易形式,在进行多次预估的基础上,最终由市场形成的价格。它主要通过施工图预算、工程结算和决算等文件形式加以确定。

按照我国多年建设项目的建设与管理规律要求,设计概算与投资估算、施工图预算、竣工决算已形成了一个完整的计价体系,并通过动态计价的方式进入建设项目的建设与管理过程,在项目建设过程中,建设单位及有关管理部门通过上述"四算"确定建设投资,测算工程造价。因而,研究建设项目设计概算,必须首先研究建设项目造价的确定过程。并了解建设项目造价确定与项目建设程序之间的关系。

二、建设项目造价的确定过程

1. 投资估算

投资估算是指在建设项目前期决策阶段由建设单位编制的确定一个建设项目或一个工程项目从筹建时起至竣工验收结束时为止所发生的全部建设费用的文件。按照项目建设程序要求,投资估算的确定是一个动态的过程,具体的产生过程经过了如下三个环节。

微课
建设项目造价的确定过程

① 在项目建议书的编制阶段,建设单位编制初步的投资估算文件。国家有关部门规定,在此阶段上完成的估算,允许的误差率可在±30%以内。

在初步可行性研究阶段,由设计单位或投资工程咨询公司会同建设单位进一步修正初步投资估算,使之进一步准确、合理。该阶段估算的允许误差率应控制在±20%以内。

② 在详细可行性研究论证阶段,确定正式的投资估算书。在此阶段,投资估算的误差率应控制在±10%以内。

投资估算产生在设计工作之前,具有较大的不确定性,编制时大多使用估算指标进行测算。因此,投资估算不甚具体,其编制工作仅仅是粗线条的。但从项目建设与管理的角度看,投资估算起着十分重要的作用。首先,它是建设项目主管部门及当地或国家有关有权部门审批建设项目的直接依据;其次,又是建设单位确定投资规模,筹集建设资金的主要依据。

2. 设计概算

设计概算是指在初步设计阶段由设计单位编制的确定一个建设项目或一个工程项目从筹建时起至竣工验收结束时为止所发生的全部建设费用的文件。初步设计阶段编制的概算为初步设计概算,经过技术设计的项目,还需编制修正概算,经过批准后,作为正式的设计概算文件。

与投资估算相比,设计概算所计算的费用内容与之相同,但编制的时间不同,编制时所使用的资料也不完全一致,编制的粗细程度不同。所以,两者之间的额度也会出现不一致,按照国家规定,投资估算控制设计概算,设计概算不应该突破投资估算10%以上。

设计概算进一步明确了投资规模,是国家确定投资计划,进行投资宏观管理的有效手段之一,同时,也是建设单位实行投资包干、筹集建设资金、确定投资计划、选择设计方案的直接依据。建设单位在选择设计单位时,应根据设计概算评价设计方案的经济性程度,以此为标准评价方案的优劣性,并确定进行项目设计的单位。

3. 施工图预算

在施工图设计阶段,由施工单位编制的确定一个工程项目或一个单位工程全部造价的文件。它编制的依据主要有施工图纸、预算定额、施工合同及有关取费文件等。需要说明的是,施工图预算是以单项工程或单位工程为对象编制的,其项目范围比建设项目设计概算和投资估算所对应的范围要小,因而其费用内容也是建设项目设计概算费用的一部分,主要是设计概算中的建筑工程费或安装工程费。

对于招标投标的项目来说,施工图预算是建设单位编制标底、施工单位确定投标报价的主要依据,它是对建设成本的直接反映,是确定建筑产品价格的主要依据,也是对设计方案的适用性、经济性的进一步体现。施工图预算应在设计概算的控制下完成。

4. 竣工决算

在建设项目初步验收之后,正式验收之前,由施工单位编制、建设单位审核认可的确定一个工程项目或一个单位工程实际造价的文件。

竣工决算与施工图预算前后呼应,是建筑安装工程真实建设成本的直接反映,它产生的基础是施工图预算,是建设单位与施工单位进行工程结算的主要依据,也是对投资计划完成情况的具体反映,是检查建设项目概(预)算执行情况的有力依据,是建设项目后评估中测定投资效益与效果的主要指标之一。

需要特别强调的是,我们这里所说的竣工决算既不是工程结算,也不是建设项目总的财务决算。为了区别起见,下面我们介绍一下工程结算与财务决算的基本概念以及它们与工程的竣工决算之间的关系。

工程结算是指建设单位与施工单位的清算。一般情况下,按照建设程序要求,工程结算工作与工程的建设进展同步进行,分为按月结算、按进度结算和竣工后一次结算等几种结算方式。建设项目财务决算是指建设单位编制的,以实物数量和货币指标为计量单位,综合反映建设项目或单项工程从筹建到竣工的全过程的建设情况、财务状况及其建设成果的总结性文件。它是竣工验收报告的重要组成部分。财务决算包括竣工决算报表和竣工情况说明书等主要文件内容。

建设项目的工程决算是工程结算和财务决算的编制基础和依据,没有工程决算所确定的工程造价,就无法合理划分在项目建设中建设单位与施工单位的经济责任,因而也无法进行工程结算。同样,没有工程决算,自然无法编制财务决算报表,无法如期办理竣工验收。从这个意义上说,竣工决算、工程结算及财务决算是相互依赖存在的3份文件,在项目的建设过程中,都是必不可少的。由于财务决算、工程结算的审计内容将在后面的章节中进行详细论述,所以,在本章中,我们主要介绍竣工决算及竣工决算审计的有关内容。

三、"四算"之间的关系

1. 时间上的衔接

从造价文件形成的时间上看,估算在计划制订、项目决策之时编制;概算稍后,在初步设计阶段编制;施工图预算更晚一些,在施工图设计阶段编制。以上"三算"都在项目开工之前制作。竣工决算是在项目建成之后编制的,发生在项目建设的后期。

2. 编制主体的差异

从编制的单位上看,估算由建设单位编制,概算由设计单位编制,施工图预算与竣工决算在大多数情况下由施工单位编制。

3. 编制依据的关联性

从编制的依据上看,估算一般使用估算指标,概算使用初步设计图纸和概算定额,施工图预算和竣工决算分别使用设计图纸、竣工图纸和预算定额等。

微课
"四算"之间的关系

4. 对象之间的衔接性

从工程对象范围上看,估算与概算主要针对的是建设项目或工程项目,而施工图预算和竣工决算主要针对工程项目或单位工程,前者范围大些,故所含费用的内容也较广泛,后者范围小些,其所含费用内容略窄些。

5. 发挥功能方面的区分性

从所起的作用上看,估算是项目决策的依据,概算是国家确定项目总投资的依据,施工图预算是银行贷款及甲乙双方签订工程合同的依据,竣工决算是甲乙双方进行价款结算,进行投资效益分析的主要依据。

四、建设项目造价文件构成

基本建设预算是设计概算与施工图预算的统称,常见以下文件。

1. 单位工程预算文件

单位工程预算是确定某一工程项目中某一单位工程建设费用的文件。它一般包含两大类文件形式,即建筑工程预算书与安装工程预算书。

微课
建设项目造价文件
构成

2. 工程项目综合预算文件

工程项目综合预算是确定某一工程所需建设费用的综合性文件,是根据工程项目内的各单位工程预算费用汇总编制而成的。

3. 建设项目总概算文件

建设项目总概算是确定整个建设项目的建设费用的文件,它由该建设项目内的所有工程项目综合概算及其他工程费用概算汇总编制而成。当一个建设项目只包含一个工程项目时,其建设项目总概算等于工程项目综合概算。

4. 其他工程费用概算文件

其他工程费用是指工程项目建设费用之外,但与工程项目建设有直接关系的费用。根据国家有关规定,需要编制其他工程和费用概算书。

五、确定建设项目造价的作用

1. 投资估算的作用

① 投资估算是建设单位编制计划任务书,进行可行性研究工作的主要依据,是项目主管部门及当地有关有权部门进行投资决策时必须参考的文件之一。

微课
确定建设项目造价
的作用

② 投资估算是建设单位筹集建设资金的主要依据。建设单位根据投资的估算额度,确定筹资规模,并以此确定与选择合适的筹资方法。

2. 设计概算的作用

① 设计概算更进一步地明确了项目的投资规模,因此,它是国家制订投资计划,进行投资宏观管理的有效手段之一。

② 设计概算是实行投资包干和银行办理拨款、贷款的依据。

3. 施工图预算的作用

① 施工图预算是建设单位编制招标标底、施工单位确定投标报价的主要依据。

② 施工图预算是甲乙双方签订施工合同、确定合同价款的依据。

③ 施工图预算是对建设工程成本的反映,是确定建筑产品价格的主要依据。

④ 施工图预算是施工企业进行人力、物力安排,编制施工计划的重要依据。

⑤ 施工图预算是建设单位编制竣工决算并进行工程成本管理与控制的主要标准。

⑥ 施工图预算是落实投资计划的重要基础。

⑦ 施工图预算是对设计方案的适用性、经济性及美观性的具体检验,也是对设计质量的具体反映。

4. 竣工决算的作用

① 竣工决算是甲乙双方进行工程结算的主要依据。

② 竣工决算是对投资计划完成情况的具体反映,是检查投资项目落实情况的有力依据。

③ 竣工决算是建设项目后评估中测定投资效益与效果的主要指标之一。

第二节　建设项目造价的费用构成与确定

课前思考

2000—2011 年,中国建筑业完成的工业总产值逐年上升,由 2000 年的 12 497.60 亿元增加到 2011 年的 117 734.00 亿元,首次越过 10 万亿大关,增幅基本维持在 20% 以上。房地产及"铁公基"建设作为我国经济增长的最主要引擎,短期内仍具有举足轻重的威力,并将贯穿我国城市化进程的每一个阶段。

任务驱动

当你学完这一节,你将能够:

(1) 掌握建设项目总投资的组成;

(2) 建设项目可行性研究阶段的投资估算组成;

(3) 掌握建设项目初步设计阶段的概算投资组成;

(4) 了解建设项目总费用的概念。

思考或讨论

(1) 建设项目总投资由哪些组成?

(2) 可行性研究阶段和初步设计阶段投资有什么区别?

审计实训

请自己列表绘制建设项目总投资的组成结构。

一、建设项目总投资组成

建设项目总投资组成见表4-1。

表4-1　建设项目总投资组成

微课
建设项目总投资组成

可研阶段	费用组成			初设阶段
建设项目估算总投资	建设投资	固定资产费用	建筑工程费	第一部分工程费用
			设备购置费	
			安装工程费	
			建设管理费	第二部分工程建设其他费用
		固定资产其他费用	可行性研究费	
			研究试验费	
			勘察设计费	
			环境影响评价费	
			劳动安全卫生评价费	
			场地准备及临时设施费	
			引进技术和引进设备其他费	
			工程保险费	
			联合试运转费	
			特殊设备安全监督检验费	
			市政公用设施建设及绿化费	
		无形资产费用	建设用地费	
			专利及专有技术使用费	
		其他资产费用（递延资产）	生产准备及开办费	
		预备费	基本预备费	第三部分预备费
			价差预备费	
	建设期利息			第四部分专项费用
	流动资金（项目报批总投资和概算总投资中只列铺底流动资金）			
	固定资产投资方向调节税（暂停征收）			

（初设阶段各部分合称：建设项目概算总投资）

二、建设项目可行性研究阶段的投资估算组成

微课
建设项目可行性研究阶段的投资估算组成

建设项目估算总投资＝建设投资＋建设期利息＋流动资金＋
固定资产投资方向调节税

其中：建设投资＝固定资产费用＋无形资产费用＋其他资产费用（递延资产）＋
预备费

$$=工程费用+工程建设其他费用+预备费$$
$$固定资产费用=建筑工程费+设备购置费+安装工程费+$$
$$固定资产其他费用$$
$$建设项目报批总投资=建设投资+建设期利息+铺底流动资金+$$
$$固定资产投资方向调节税$$
$$=建设项目概算总投资$$

三、建设项目初步设计阶段的概算投资组成

微课
建设项目初步设计阶段的概算投资组成

$$建设项目概算总投资=工程费用+工程建设其他费用+预备费+$$
$$建设期利息+铺底流动资金+固定资产投资方向调节税$$
$$其中：工程费用=建筑工程费+设备购置费+安装工程费$$
$$工程建设其他费用=固定资产其他费用+无形资产费用+$$
$$其他资产费用（递延资产）$$

四、针对建设项目总费用的解释

确定一个建设项目的总费用，往往是编制投资估算与设计概算需要完成的工作内容。何为建设项目总费用？从费用构成的性质上划分，它一般包括五部分费用内容。

（一）建筑工程费用

建筑工程费是指建设项目内所有的建筑工程项目的建设费用。在理解这项费用内容时，我们必须首先关注如下四个问题。

微课
针对建设项目总费用的解释

① 建筑工程的范围。建筑工程与建筑物是两个不同的概念，它是建设项目内的建筑物与构筑物的统称。

建筑物是楼房和平房的统称，是指直接为人们的生活和生产使用需要服务而建设的工程，如厂房、仓库、住宅楼、商店、医院等。

构筑物是与建筑物对应而言的一个概念，是指非楼房与平房工程部分，主要是为了某种特殊的使用要求而建设的工程，如烟囱、水塔、水池、围墙、挡土墙等均属构筑物工程。

② 建筑工程的类型。从建筑工程使用的期限和要求的角度确认，建筑工程包括永久性工程、半永久性工程和临时性工程三种类型。

③ 建筑工程费的内容。建筑工程费的实质是建筑工程造价，包括直接工程费、间接费、计划利润和税金四大基本构成部分。

建筑工程费具体包括以下几项。

a. 各类建筑物工程和与建筑物工程相配套的给水排水、电气照明、暖气通风以及其他相关的工业用管道工程的建造费用。

b. 设备基础、支柱、工作台、烟囱、水塔、水池、围墙、挡土墙等构筑物工程的建造费用。

c. 为施工而进行的场地平整、原有建筑工程的拆除以及临时为施工而用的水、电、气、路和完工后的场地清理，环境绿化、美化等工作发生的费用。

④ 建筑工程费的计算方法。如果是编制投资估算或设计概算,一般使用指标法计算,即建筑工程费=每平方米造价×建筑面积。如果是编制施工图预算或竣工决算,一般使用两种方法计算:a. 定额法。即根据图纸计算工程量—套取定额基价计算直接费—按照有关文件规定计算其他直接费、现场经费、间接费、计划利润和税金等。定额法已在我国推行多年,是计划经济的产物,尽管在目前的使用过程中有许多不恰当之处,但由于其涵盖内容的广泛性和量价表现的清晰性,这种方法在今后相当长一段时期内还有较强的使用价值和适用性。b. 工程量清单报价法。即根据图纸计算分项工程的工程量—根据市场情况及项目具体条件确定分项工程的综合单价,则建筑工程费=∑各分项工程量×综合单价,这种方法更多地考虑了市场因素,其定价过程更加体现承包商的个性和实际需求。随着建筑市场的不断规范与完善,工程量清单报价法的使用日益普遍,其计算过程也正在日臻成熟。当然,我们也不能否认这一事实,即便是使用工程量清单报价法,定额依然是我们在编制预决算时必须参考的主要依据。

(二) 安装工程费用

安装工程费用是指为项目投入使用而必须安装的设备在其安装过程中所发生的费用。在实际工作中,最常见的设备有运输设备、起重设备、试验设备、机械设备、化工设备等。安装工程费用也包括在设备安装过程中为安装而搭设的临时性平台、支架的费用。

需要说明的是:

① 费用内容与计算方法。与建筑工程费的构成与计算思路基本一致。

② 特殊费用界定。为测定安装工程质量,对单个设备进行单机试运转和对系统设备进行系统联动无负荷试运转工作的调试费也属于安装工程费,但对系统设备进行系统联动有负荷试运转工作的调试费不属于设备安装费,它被包含在其他工程费之中。

③ 设备安装工程的范围界定。属于设备安装工程费计算范畴的安装设备仅指有待于建设项目建成之后投入使用的设备,而属于房屋工程构成部分的给水排水设施、电气照明设施、暖气通风设施、消防设施以及与土建工程配套的工业用管道工程等的安装费用属于建筑工程费,不能列入安装工程费用。

(三) 设备购置费

设备购置费是指一切需要安装与不需要安装的设备的购买费用。

由于设备来源不同,设备购置费的计算要求和计算方法不同。下面我们分三种情况对此进行介绍。

① 国产标准设备。购置费=设备原价+运杂费

其中,原价一般指出厂价格,如果有备件的话,还包括备件的价格;运杂费包括从购买点运至建设单位过程中所发生的运输费、装卸费、包装费以及采购保管费等。

② 国产非标准设备。由于非标准设备没有可比价格,因此,我们往往采用实物估价确定其购置费。

a. 材料费估算。材料费=材料净重×(1+加工损耗系数)×每吨材料综合单价

b. 加工费估价。加工费是指设备在加工制作过程中发生的人工费、机械费等。

加工费=设备总重量(吨)×设备每吨加工费

其中,设备每吨加工费可以参照同行业标准测算确定。

c. 辅助材料费估算。辅助材料费是指在设备制造过程中所占比例较小的材料(零星材料)所发生的费用。一般按照系数法确定。

辅助材料费=设备总重量×辅助材料费指标

d. 专用工具费估算。专用工具费=前三项之和×费率

e. 废品损失费=前四项之和×费率

f. 外购配套件费估算。外购配套件费是指需要在外面购买的零件所发生的购置费。

外购配套件费=用量×综合单价

其中,用量根据图纸确定,综合单价按照市场标准确定。

g. 包装费估算。包装费=前六项之和×费率

h. 利润估算。利润=(前五项+第七项)×行业平均利润率

i. 税金估算。这里所说的税金是指增值税。

增值税=当期销项税额-进项税额

当期销项税额=销售额×增值税率

j. 设计费估算。按照国家规定的设计收费标准计算。

这样一来,我们就可以确定,国产非标准设备的购置费等于前十项之和再加上运杂费。

③ 进口设备。在计算进口设备的购置费时,应考虑交货方式的变化。一般情况下,进口设备交货包括内陆交货、目的地交货、装运港交货三种类型。在本节中,我们按照装运港船上交货方式介绍其购置费的形成。总体说来,其购置费包括如下内容。

a. 货价。指装运港船上交货价,也称为离岸价。

b. 国际运费。是指从装运港到达我国抵达港的运费。按照有关部门或进出口公司的规定计算。

c. 国际运输保险费。运输保险费 $=\dfrac{\text{原币货价 FOB}+\text{国际运费}}{1-\text{保险费率}}\times\text{保险费率}$

d. 银行财务费用。一般是指中国银行的手续费等。银行财务费用=货价×银行财务费率(一般取4‰~5‰)

e. 外贸手续费。经过外贸公司办理进出口业务需要按规定上交给外贸部门的管理费、手续费等。外贸手续费=(货价 FOB+国际运费+运输保险费)×外贸手续费率(一般为1.5%),其中货价 FOB+国际运费+运输保险费又称为到岸价格(CIF)。CIF通常又称为关税完税价格。

f. 关税。关税=(货价 FOB+国际运费+运输保险费)×关税税率

g. 消费税。仅对部分进口设备(如轿车、摩托车)征收。

应纳消费税税额 $=\dfrac{\text{到岸价(CIF)}\times\text{人民币外汇汇率}+\text{关税}}{1-\text{消费税税率}}\times\text{消费税税率}$

h. 进口环节增值税。进口环节增值税=(货价 FOB+国际运费+国际运输保险费+关税)×增值税率

i. 车辆购置税。进口车辆需缴纳车辆购置税。

j. 国内运杂费。按规定计算。

综上内容,我们可以确定,进口设备的购置费等于前八项之和。

(四) 工器具及生产家具购置费用

工器具及生产家具置费是指新建项目第一批购买的不够固定资产规格的工具、器具和生产家具的费用。其计算方法与设备购置费的计算方法一致。

(五) 工程建设其他工程费用

其他工程费用是指在前四笔费用中未包括但与项目建设有关系的费用。如征地费、青苗补偿费、安置补助费、建设单位管理费、研究实验费、生产职工培训费、联合试运转费、勘察设计费等。在编制概算时,按有关规定计算该项费用。

1. 固定资产其他费用

固定资产其他费用包括建设管理费、可行性研究费、研究试验费、勘察设计费、环境影响评价费、劳动安全卫生评价费、场地准备及临时设施费、引进技术和引进设备其他费、工程保险费、联合试运转费、特殊设备安全监督检验费、市政公用设施建设及绿化费。

2. 无形资产费用

无形资产费用包括建设用地费、专利及专有技术使用费。

3. 其他资产费用(递延资产)

其他资产费用主要指生产准备及开办费。

4. 其他可能发生的费用

其他可能发生的费用包括一般建设项目很少发生或一些具有较明显行业特征的工程建设其他费用项目,如移民安置费、水资源费、水土保持评价费、地震安全性评价费、地质灾害危险性评价费、河道占用补偿费、超限设备运输特殊措施费、航道维护费、植被恢复费、种质检测费、引种测试费等,各省(市、自治区)、各部门可在实施办法中补充或具体项目发生时依据有关政策规定计取。

5. 工程建设其他费用的构成和计算

(1) 建设单位管理费

① 建设单位管理费的内容。建设单位管理费是指项目建设单位从项目筹建之日起至办理竣工财务决算之日止发生的管理性质的支出,包括工作人员薪酬及相关费用、办公费、办公场地租用费、差旅交通费、劳动保护费、工具用具使用费、固定资产使用费、招募生产工人费、技术图书资料费(含软件)、业务招待费、竣工验收费和其他管理性质开支。

② 建设单位管理费的计算。建设单位管理费按照工程费用之和(包括设备工器具购置费和建筑安装工程费用)乘以建设单位管理费费率计算。

$$建设单位管理费 = 工程费用 \times 建设单位管理费率$$

实行代建制管理的项目,计列代建管理费等同建设单位管理费,不得同时计列建设单位管理费。委托第三方行使部分管理职能的,其技术服务费列入技术服务费项目。

(2) 用地与工程准备费

用地与工程准备费是指取得土地与工程建设施工准备所发生的费用,包括土地使用费和补偿费、场地准备费、临时设施费等。

①土地使用费和补偿费。建设用地的取得,实质是依法获取国有土地的使用权。根据《中华人民共和国土地管理法》《中华人民共和国土地管理法实施条例》《中华人民共和国城市房地产管理法》规定,获取国有土地使用权的基本方法有两种:一是出让方式,二是划拨方式。建设土地取得的基本方式还包括租赁和转让方式。

建设用地如通过行政划拨方式取得,则须承担征地补偿费用或对原用地单位(或个人)的拆迁补偿费用;若通过市场机制取得,则不但承担以上费用,还须向土地所有者支付有偿使用费,即土地出让金。

1)征地补偿费:

a.土地补偿。土地补偿费是对农村集体经济组织因土地被征用而造成的经济损失的一种补偿。征用耕地的补偿费,为该耕地被征用前三年平均年产值的6~10倍。征用其他土地的补偿费标准,由省、自治区、直辖市参照征用耕地的土地补偿费标准制定。土地补偿费归农村集体经济组织所有。

b.青苗补偿费和地上附着物补偿费。青苗补偿费是因征地时对其正在生长的农作物受到损害而做出的一种赔偿。在农村实行承包责任制后,农民自行承包土地的青苗补偿费应付给本人,属于集体种植的青苗补偿费可纳入当年集体收益。凡在协商征地方案后抢种的农作物、树木等,一律不予补偿。地上附着物是指房屋、水井、涵洞、桥梁、公路、水利设施、林木等地面建筑物、构筑物、附着物等。视协商征地方案前地上附着物价值与折旧情况确定,应根据"拆什么、补什么;拆多少,补多少,不低于原来水平"的原则确定。如附着物产权属个人,则该项补助费付给个人。地上附着物的补偿标准,由省、自治区、直辖市规定。

c.安置补助费。安置补助费应支付给被征地单位和安置劳动力的单位,作为劳动力安置与培训的支出,以及作为不能就业人员的生活补助。征收耕地的安置补助费,按照需要安置的农业人口数计算。需要安置的农业人口数,按照被征收的耕地数量除以征地前被征收单位平均每人占有耕地的数量计算。每一个需要安置的农业人口的安置补助费标准,为该耕地被征收前三年平均年产值的4~6倍。但是,每公顷被征收耕地的安置补助费,最高不得超过被征收前三年平均年产值的15倍。土地补偿费和安置补助费,尚不能使需要安置的农民保持原有生活水平的,经省、自治区、直辖市人民政府批准,可以增加安置补助费。但是,土地补偿费和安置补助费的总和不得超过土地被征收前三年平均年产值的30倍。另外,对于失去土地的农民,还需要支付养老保险补偿。

d.新菜地开发建设基金。新菜地开发建设基金指征用城市郊区商品菜地时支付的费用。这项费用交给地方财政,作为开发建设新菜地的投资。菜地是指城市郊区为供应城市居民蔬菜,连续三年以上常年种菜地或者养殖鱼、虾等的商品菜地和精养鱼塘。一年只种一茬或因调整茬口安排种植蔬菜的,均不作为需要收取开发基金的菜地,征用尚未开发的规划菜地,不缴纳新菜地开发建设基金。在蔬菜产销放开口,能够满足供应,不再需要开发新菜地的城市,不收取新菜地开发基金。

e.耕地开垦费和森林植被恢复费。征用耕地的包括耕地开垦费用、涉及森林草原的包括森林植被恢复费用等。

f. 生态补偿与压覆矿产资源补偿费。水土保持等生态补偿费是指建设项目对水土保持等生态造成影响所发生的除工程费之外补救或者补偿费用;压覆矿产资源补偿费是指项目工程对被其压覆的矿产资源利用造成影响所发生的补偿费用。

g. 其他补偿费。其他补偿费是指建设项目涉及的对房屋、市政、铁路、公路、管道、通信、电力、河道、水利、厂区、林区、保护区、矿区等不附属于建设用地但与建设项目相关的建筑物、构筑物或设施的拆除、迁建补偿、搬迁运输补偿等费用。

h. 土地管理费。土地管理费主要作为征地工作中所发生的办公、会议、培训、宣传、差旅、借用人员工资等必要的费用。土地管理费的收取标准,一般是在土地补偿费、青苗补偿费、地上附着物补偿费、安置补助费四项费用之和的基础上提取 2% ~ 4% 。如果是征地包干,还应在四项费用之和后再加上粮食价差、副食补贴、不可预见费等费用,在此基础上提取 2% ~4% 作为土地管理费。

2) 拆迁补偿费用。在城市规划区内国有土地上实施房屋拆迁,拆迁人应当对被拆迁人给予补偿、安置。

a. 拆迁补偿金,补偿方式可以实行货币补偿,也可以实行房屋产权调换。货币补偿的金额,根据被拆迁房屋的区位、用途、建筑面积等因素,以房地产市场评估价格确定。具体办法由省、自治区、直辖市人民政府制定。

实行房屋产权调换的,拆迁人与被拆迁人按照计算得到的被拆迁房屋的补偿金额和所调换房屋的价格,结清产权调换的差价。

b. 迁移补偿费,包括征用土地上的房屋及附属构筑物、城市公共设施等的拆除、迁建补偿费,搬迁运输费,企业单位因搬迁造成的减产、停工损失补贴费,拆迁管理费等。

拆迁人应当对被拆迁人或者房屋承租人支付搬迁补助费,对于在规定的搬迁期限届满前搬迁的,拆迁人可以付给提前搬家奖励费;在过渡期限内,被拆迁人或者房屋承租人自行安排住处的,拆迁人应当支付临时安置补助费;被拆迁人或者房屋承租人使用拆迁人提供的周转房的,拆迁人不支付临时安置补助费。

迁移补偿费的标准,由省、自治区、直辖市人民政府规定。

3) 出让金、土地转让金。土地使用权出让金为用地单位向国家支付的土地所有权收益,出让金标准一般参考城市基准地价并结合其他因素制定。基准地价由市土地管理局会同市物价局、市国有资产管理局、市房地产管理局等部门综合平衡后报市级人民政府审定通过,它以城市土地综合定级为基础,用某一地价或地价幅度表示某一类别用地在某一土地级别范围的地价,以此作为土地使用权出让价格的基础。

在有偿出让和转让土地时,政府对地价不做统一规定,但应坚持以下原则:地价对目前的投资环境不产生大的影响;地价与当地的社会经济承受能力相适应;地价要考虑已投入的土地开发费用、土地市场供求关系、土地用途、所在区类、容积率和使用年限等;有偿出让和转让使用权,要向土地受让者征收契税;转让土地如有增值,要向转让者征收土地增值税;土地使用者每年应按规定的标准缴纳土地使用费。土地使用权出让或转让,应先由地价评估机构进行价格评估后,再签订土地使用权出让和转让合同。

土地使用权出让合同约定的使用年限届满,土地使用者需要继续使用土地的,应当至迟于届满前一年申请续期,除根据社会公共利益需要收回该幅土地的,应当予以批准。经批准准予续期的,应当重新签订土地使用权出让合同,依照规定支付土地使用权出让金。

② 场地准备及临时设施费。

1)场地准备及临时设施费:

a. 建设项目场地准备费是指为使工程项目的建设场地达到开工条件,由建设单位组织进行的场地平整等准备工作而发生的费用。

b. 建设单位临时设施费是指建设单位为满足施工建设需要而提供的未列入工程费用的临时水、电、路、信、气、热等工程和临时仓库等建(构)筑物的建设、维修、拆除、摊销费用或租赁费用,以及货场、码头租赁等费用。

2)场地准备及临时设施费的计算:

a. 场地准备及临时设施应尽量与永久性工程统一考虑。建设场地的大型土石方工程应进入工程费用中的总图运输费用中。

b. 新建项目的场地准备和临时设施费应根据实际工程量估算,或按工程费用的比例计算。改扩建项目一般只计拆除清理费。

$$场地准备和临时设施费=工程费用×费率+拆除清理费$$

c. 发生拆除清理费时可按新建同类工程造价或主材费、设备费的比例计算。凡可回收材料的拆除工程采用以料抵工方式冲抵拆除清理费。

d. 此项费用不包括已列入建筑安装工程费用中的施工单位临时设施费用。

③ 市政公用配套设施费。市政公用配套设施费是指使用市政公用设施的工程项目,按照项目所在地政府有关规定建设或缴纳的市政公用设施建设配套费用。

市政公用配套设施可以是界区外配套的水、电、路、信等,包括绿化、人防等配套设施。

④ 技术服务费。技术服务费是指在项目建设全部过程中委托第三方提供项目策划、技术咨询、勘察设计、项目管理和跟踪验收评估等技术服务发生的费用。技术服务费包括可行性研究费、专项评价费、勘察设计费、监理费、研究试验费、特殊设备安全监督检验费、监造费、招标费、设计评审费、技术经济标准使用费、工程造价咨询费及其他咨询费。按照国家发展改革委关于《进一步放开建设项目专业服务价格的通知》(发改价格〔2015〕299 号)的规定,技术服务费应实行市场调节价。

1)可行性研究费。可行性研究费是指在工程项目投资决策阶段,对有关建设方案、技术方案或生产经营方案进行的技术经济论证,以及编制、评审可行性研究报告等所需的费用,包括项目建议书、预可行性研究、可行性研究费等。

2)专项评价费。专项评价费是指建设单位按照国家规定委托相关单位开展专项评价及有关验收工作发生的费用。专项评价费包括环境影响评价费、安全预评价费、职业病危害预评价费、地震安全性评价费、地质灾害危险性评价费、水土保持评价费、压覆矿产资源评价费、节能评估费、危险与可操作性分析及安全完整性评价费以及其他专项评价费。

a. 环境影响评价费。环境影响评价费是指在工程项目投资决策过程中,对其进行环境污染或影响评价所需的费用。包括编制环境影响报告书(含大纲)、环境影响报告表和评估等所需的费用,以及建设项目竣工验收阶段环境保护验收调查和环境监测、编制环境保护验收报告的费用。

b. 安全预评价费。安全预评价费是指为预测和分析建设项目存在的危害因素种类和危险危害程度,提出先进、科学、合理可行的安全技术和管理对策,而编制评价大纲、编写安全评价报告书和评估等所需的费用。

c. 职业病危害预评价费。职业病危害预评价费是指建设项目因可能产生职业病危害,而编制职业病危害预评价书、职业病危害控制效果评价书和评估所需的费用。

d. 地震安全性评价费。地震安全性评价费是指通过对建设场地和场地周围的地震活动与地震、地质环境的分析,而进行的地震活动环境评价、地震地质构造评价、地震地质灾害评价,编制地震安全评价报告书和评估所需的费用。

e. 地质灾害危险性评价费。地质灾害危险性评价费是指在灾害易发区对建设项目可能诱发的地质灾害和建设项目本身可能遭受的地质灾害危险程度的预测评价,编制评价报告书和评估所需的费用。

f. 水土保持评价费。水土保持评价费是指对建设项目在生产建设过程中可能造成水土流失进行预测,编制水土保持方案和评估所需的费用。

g. 压覆矿产资源评价费。压覆矿产资源评价费是指对需要压覆重要矿产资源的建设项目,编制压覆重要矿床评价和评估所需的费用。

h. 节能评估费。节能评估费是指对建设项目的能源利用是否科学合理进行分析评估,并编制节能评估报告以及评估所发生的费用。

i. 危险与可操作性分析及安全完整性评价费。危险与可操作性分析及安全完整性评价费是指对应用于生产具有流程性工艺特征的新建、改建、扩建项目进行工艺危害分析和对安全仪表系统的设置水平及可靠性进行定量评估所发生的费用。

j. 其他专项评价及验收费。根据国家法律法规,建设项目所在省、自治区、直辖市人民政府有关规定,以及行业规定需进行的其他专项评价、评估、咨询所需的费用。如重大投资项目社会稳定风险评估、防洪评价、交通影响评价费等。

3）勘察设计费:

a. 勘察费。勘察费是指勘察人根据发包人的委托,收集已有资料、现场踏勘、制订勘察纲要,进行勘察作业,以及编制工程勘察文件和岩土工程设计文件等收取的费用。

b. 设计费。设计费是指设计人根据发包人的委托,提供编制建设项目初步设计文件、施工图设计文件、非标准设备设计文件、竣工图文件等服务所收取的费用。

4）监理费。监理费是指受建设单位委托,工程监理单位为工程建设提供监理服务所发生的费用。

5）研究试验费。研究试验费是指为建设项目提供或验证设计参数、数据、资料等进行必要的研究试验,以及设计规定在建设过程中必须进行试验、验证所需的费用,包括自行或委托其他部门的专题研究、试验所需人工费、材料费、试验设备及仪器使用费等。这项费用按照设计单位根据本工程项目的需要提出的研究试验内容和要求计算。在计算时要注意不应包括以下项目:

a. 应由科技三项费用(即新产品试制费、中间试验费和重要科学研究补助费)开支的项目。

b. 应在建筑安装费用中列支的施工企业对建筑材料、构件和建筑物进行一般鉴定、检查所发生的费用及技术革新的研究试验费。

c. 应由勘察设计费或工程费用中开支的项目。

6）特殊设备安全监督检验费。特殊设备安全监督检验费是指对在施工现场安装的列入国家特种设备范围内的设备（设施）检验检测和监督检查所发生的应列入项目开支的费用。

7）监造费。监造费是指对项目所需设备材料制造过程、质量进行驻厂监督所发生的费用。设备材料监造是指承担设备监造工作的单位受项目法人或建设单位的委托，按照设备、材料供货合同的要求，坚持客观公正、诚信科学的原则，对工程项目所需设备、材料在制造和生产过程中的工艺流程、制造质量等进行监督，并对委托人（项目法人或建设单位）负责的服务。

8）招标费。招标费是指建设单位委托招标代理机构进行招标服务所发生的费用。

9）设计评审费。设计评审费是指建设单位委托有资质的机构对设计文件进行评审的费用。设计文件包括初步设计文件和施工图设计文件等。

10）技术经济标准使用费。技术经济标准使用费是指建设项目投资确定与计价、费用控制过程中使用相关技术经济标准所发生的费用。

11）工程造价咨询费。工程造价咨询费是指建设单位委托造价咨询机构进行各阶段相关造价业务工作所发生的费用。

⑤ 建设期计列的生产经营费。建设期计列的生产经营费是指为达到生产经营条件在建设期发生或将要发生的费用，包括专利及专有技术使用费、联合试运转费、生产准备费等。

1）专利及专有技术使用费。专利及专有技术使用费是指在建设期内为取得专利、专有技术、商标权、商誉、特许经营权等发生的费用。

2）联合试运转费。联合试运转费是指新建或新增加生产能力的工程项目，在交付生产前按照设计文件规定的工程质量标准和技术要求，对整个生产线或装置进行负荷联合试运转所发生的费用净支出（试运转支出大于收入的差额部分费用）。试运转支出包括试运转所需原材料、燃料及动力消耗、低值易耗品、其他物料消耗、工具用具使用费、机械使用费、联合试运转人员工资、施工单位参加试运转人员工资、专家指导费，以及必要的工业炉烘炉费等。试运转收入包括试运转期间的产品销售收入和其他收入。联合试运转费不包括应由设备安装工程费用开支的调试及试车费，以及在试运转中暴露出来的因施工原因或设备缺陷等发生的处理费用。

3）生产准备费：

a. 在建设期内，建设单位为保证项目正常生产所做的提前准备工作发生的费用，包括人员培训、提前进厂费，以及投产使用必备的办公、生活家具用具及工器具等的购置费用。包括：

人员培训及提前进厂费，包括自行组织培训或委托其他单位培训的人员工资、工资性补贴、职工福利费、差旅交通费、劳动保护费、学习资料费等。

为保证初期正常生产（或营业、使用）所必需的生产办公、生活家具用具购置费。

b. 生产准备费的计算。新建项目按设计定员为基数计算，改扩建项目按新增设定员为基数计算：

$$生产准备费=设计定员×生产准备费指标(元/人)$$

可采用综合的生产准备费指标进行计算，也可以按费用内容的分类指标计算。

⑥ 工程保险费。工程保险费是指为转移工程项目建设的意外风险，在建设期内对建筑工程、安装工程、机械设备和人身安全进行投保而发生的费用，包括建筑安装工程一切险、引进设备财产保险和人身意外伤害险等。不同的建设项目可根据工程特点选择投保险种。

根据不同的工程类别，分别以其建筑、安装工程费乘以建筑、安装工程保险费率计算。民用建筑(住宅楼、综合性大楼、商场、旅馆、医院、学校)占建筑工程费的 2‰ ~ 4‰，其他建筑(工业厂房、仓库、道路、码头、水坝、隧道、桥梁、管道等)占建筑工程费的 3‰ ~ 6‰；安装工程(农业、工业、机械、电子、电器、纺织、矿山、石油、化学及钢铁工业、钢结构桥梁)占建筑工程费的 3‰ ~ 6‰。

⑦ 税费。按财政部《基本建设项目建设成本管理规定》(财建〔2016〕504 号)工程其他费中的有关规定，税费统一归纳计列，是指耕地占用税、城镇土地使用税、印花税、车船使用税等和行政性收费，不包括增值税。

(六) 预备费

预备费又称为不可预见费，是指考虑建设期可能发生的风险因素而导致的建设费用增加的这部分内容。按照风险因素的性质划分，预备费又包括基本预备费和价差预备费两大种类型。

(1) 基本预备费

基本预备费是指由于如下原因导致费用增加而预留的费用：① 设计变更导致的费用增加；② 不可抗力导致的费用增加；③ 隐蔽工程验收时发生的挖掘及验收结束时进行恢复所导致的费用增加。

基本预备费一般按照前五项费用(即建筑工程费、设备安装工程费、设备购置费、工器具购置费及其他工程费)之和乘以一个固定的费率计算。其中，费率往往由各行业或地区根据其项目建设的实际情况加以制定。

(2) 价差预备费

价差预备费是指建设项目在建设期间内由于价格等变化引起工程造价变化的预测预留费用。费用内容包括人工、材料、施工机械的价差费，建筑安装工程费及工程建设其他费用调整，利率、汇率调整等增加的费用。

价差预备费的计算方法，一般是根据国家规定的投资综合价格指数，按估算年份价格水平的投资额为基数，采用复利方法计算。计算公式为

$$PF = \sum_{t=1}^{n} I_t \left[(1+f)^m (1+f)^{0.5} (1+f)^{t-1} - 1 \right]$$

式中：PF——价差预备费；

　　　n——建设期年份数；

　　　I_t——建设期中第 t 年的投资额，包括工程费用、工程建设其他费用及基本预备费；

f——年投资价格上涨率；

m——建设前年限。

【例 4-1】 假设某建设项目静态投资为 3 000 万元，基本预备费率为 3%，预计建设期为三年，按照投资计划要求，第一年投入 900 万元，第二年投入 1 300 万元，第三年投入 800 万元(理论假设)。有关部门预测在建设期内综合物价年上涨指数为 5%，试计算价差预备费和基本预备费。

解：① 价差预备费：

第一年价差预备费为 $PF_1 = 900 \times [(1+5\%)^{0.5} - 1] = 22.226$(万元)。

第二年价差预备费为 $PF_2 = 1\ 300 \times [(1+5\%)^{0.5}(1+5\%) - 1] = 98.709$(万元)。

第三年价差预备费为 $PF_3 = 800 \times [(1+5\%)^{0.5}(1+5\%)^2 - 1] = 103.781$(万元)。

$PF = 22.226 + 98.709 + 103.781 = 224.715$(万元)。

② 基本预备费 $BF = 3\ 000 \times 3\% = 90$(万元)。

基本预备费 90 万元，价差预备费 224.715 万元。

(七) 建设期贷款利息

首先需要明确，建设期贷款利息是指建设单位向国内外金融机构或其他组织贷款而在建设期间应偿付的利息。

由于在编制概算时，该项费用尚未发生，所以，概算编制要求按照复利法计算。假设总贷款为逐年分期发放，而且，当年贷款按照年中贷款考虑。则建设期内某一年的贷款利息计算为

$$Q_j = \left(P_{j-1} + \frac{1}{2}A_j\right)i$$

式中：Q_j——建设期第 j 年应计利息；

P_{j-1}——建设期第 $j-1$ 年末累计贷款本息和；

A_j——建设期第 j 年的贷款金额；

i——年贷款利率。

假设建设期为 n 年，则建设期累计贷款总额为

$$Q = \sum_{j=1}^{n}\left(P_{j-1} + \frac{1}{2}A_j\right)i$$

【例 4-2】 假设某建设项目需银行贷款 3 000 万元，预计建设期为 3 年，按照投资计划要求，第一年需贷款 900 万元，第二年需贷款 1 300 万元，第三年需贷款 800 万元。银行贷款利率为 5%，求建设期内建设单位应偿付的贷款利息。

解：第一年年末的贷款利息 $F_1 = 1/2 \times 900 \times 5\% = 22.5$(万元)。

第二年年末的贷款利息 $F_2 = (900 + 22.5 + 1/2 \times 1\ 300) \times 5\% = 78.625$(万元)。

第三年年末的贷款利息 $F_3 = (900 + 22.5 + 1\ 300 + 78.625 + 1/2 \times 800) \times 5\% = 135.056$(万元)。

建设期总的贷款利息 $= F_1 + F_2 + F_3 = 22.5 + 78.625 + 135.056 = 236.181$(万元)。

【例 4-3】 已知某新建工厂，拟建 3 个生产车间，造价和为 1 000 万元，一栋办公楼造价为 150 万元，一栋宿舍楼造价为 120 万元，一座食堂造价为 180 万元，另外厂区

两条道路造价和为 70 万元,中心花园一座,造价为 40 万元,围墙一座,造价为 10 万元,大门传达室一栋,造价为 15 万元。为了车间生产,需购置一些生产设备,购置费为 3 000 万元,其中有一部分需要安装,安装费为 1 000 万元。另外,办公楼内也需要购置办公椅及书柜等物品,共计 160 元。该项目占用农田 50 亩,发生征地费、联合运转费、建设单位管理费等其他工程费用数额,共计 800 万元。假设基本预备费率为 10%,请计算该工厂建设全部费用构成(不考虑价差预备费和贷款利息)?

解: 该建设项目的建设总费用如下。

① 建筑工程费。建筑工程费包括三个车间、一栋办公楼、一栋宿舍楼、一座食堂、两条道路、中心花园、围墙及门口传达室等主要工程的建设费用。

建筑工程费 = 1 000+150+120+180+70+40+10+15 = 1 585(万元)

② 安装工程费。安装工程费包括需要安装的设备的费用 1 000 万元。

③ 设备购置费。全部生产用设备的购置费为 3 000 万元。

④ 工器具及生产用家具购置费。指为办公而购置的办公桌椅、书柜等物品所发生的费用,共计 160 万元。

⑤ 其他工程费。含征地费在内的其他工程费之和为 800 万元。

⑥ 预备费。按上述费用之和的 10% 计算:

预备费 = (1 585+1 000+3 000+160+800)×10%

　　　　= 6 545×10% = 654.5(万元)

所以,该建设项目建设总费用为上述六项费用之和:

建设项目总费用 = 1 585+1 000+3 000+160+800+654.6 = 7 199.5(万元)

第三节　建筑安装工程造价的构成与确定

课前思考

工程造价是工程管理的重点内容,如何有效地对造价进行管理,在工程保质保量前提下,尽可能实现经济的最大化,这对整个建筑工程来说具有极为重要的作用。本节从实际情况出发,对工程造价的构成与确定进行分析。

任务驱动

当你学完这一节,你将能够:

(1)掌握建筑安装费用项目的构成要素分类;

(2)明确建筑安装工程费用组价顺序;

(3)掌握建筑安装费用项目各个构成要素的计算。

思考或讨论

(1)建筑安装工程费由哪些组成?

(2)建筑安装工程费具体明细的计算。

审计实训

　　3人一组,按照建筑安装费用项目构成要素计算本校区某小型单体建筑的建筑安装工程费用。

微课
建筑安装工程费用
构成(1)

一、按照费用要素构成的建筑安装工程费用项目

　　根据建标〔2013〕44号关于印发《建筑安装工程费用项目组成》的通知规定。

　　建筑安装工程费按照费用构成要素划分为人工费、材料(包含工程设备)费、施工机具使用费、企业管理费、利润、规费和税金。其中人工费、材料费、施工机具使用费、企业管理费和利润包含在分部分项工程费、措施项目费、其他项目费中。

(一) 人工费

　　人工费是指按工资总额构成规定,支付给从事建筑安装工程施工的生产工人和附属生产单位工人的各项费用。

微课
建筑安装工程费用
构成(2)

　　① 计时工资或计件工资。是指按计时工资标准和工作时间或对已做工作按计件单价支付给个人的劳动报酬。

　　② 奖金。是指对超额劳动和增收节支支付给个人的劳动报酬,如节约奖、劳动竞赛奖等。

　　③ 津贴补贴。是指为了补偿职工特殊或额外的劳动消耗和因其他特殊原因支付给个人的津贴,以及为了保证职工工资水平不受物价影响支付给个人的物价补贴,如流动施工津贴、特殊地区施工津贴、高温(寒)作业临时津贴、高空津贴等。

　　④ 加班加点工资。是指按规定支付的在法定节假日工作的加班工资和在法定日工作时间外延时工作的加点工资。

微课
建筑安装工程费用
构成(3)

　　⑤ 特殊情况下支付的工资。是指根据国家法律、法规和政策规定,因病、工伤、产假、计划生育假、婚丧假、事假、探亲假、定期休假、停工学习、执行国家或社会义务等原因按计时工资标准或计时工资标准的一定比例支付的工资。

(二) 材料费

　　材料费是指施工过程中耗费的原材料、辅助材料、构配件、零件、半成品或成品、工程设备的费用。

　　① 材料原价。是指材料、工程设备的出厂价格或商家供应价格。

　　② 运杂费。是指材料、工程设备自来源地运至工地仓库或指定堆放地点所发生的全部费用。

　　③ 运输损耗费。是指材料在运输装卸过程中不可避免的损耗。

　　④ 采购及保管费。是指为组织采购、供应和保管材料、工程设备的过程中所需要的各项费用,包括采购费、仓储费、工地保管费、仓储损耗。

　　工程设备是指构成或计划构成永久工程一部分的机电设备、金属结构设备、仪器装置及其他类似的设备和装置。

（三）施工机具使用费

施工机具使用费是指施工作业所发生的施工机械、仪器仪表使用费或其租赁费。

1. 施工机械使用费

施工机械使用费以施工机械台班耗用量乘以施工机械台班单价表示,施工机械台班单价应由下列 7 项费用组成。

① 折旧费。是指施工机械在规定的使用年限内,陆续收回其原值的费用。

② 大修理费。是指施工机械按规定的大修理间隔台班进行必要的大修理,以恢复其正常功能所需的费用。

③经常修理费。是指施工机械除大修理以外的各级保养和临时故障排除所需的费用,包括为保障机械正常运转所需替换设备与随机配备工具附具的摊销和维护费用,机械运转中日常保养所需润滑与擦拭的材料费用及机械停滞期间的维护和保养费用等。

④ 安拆费及场外运费。安拆费是指施工机械(大型机械除外)在现场进行安装与拆卸所需的人工、材料、机械和试运转费用以及机械辅助设施的折旧、搭设、拆除等费用;场外运费是指施工机械整体或分体自停放地点运至施工现场或由一施工地点运至另一施工地点的运输、装卸、辅助材料及架线等费用。

⑤ 人工费。是指机上司机(司炉)和其他操作人员的人工费。

⑥ 燃料动力费。是指施工机械在运转作业中所消耗的各种燃料及水、电等。

⑦ 税费。是指施工机械按照国家规定应缴纳的车船使用税、保险费及年检费等。

2. 仪器仪表使用费

仪器仪表使用费是指工程施工所需使用的仪器仪表的摊销及维修费用。

（四）企业管理费

企业管理费是指建筑安装企业组织施工生产和经营管理所需的费用。

① 管理人员工资。是指按规定支付给管理人员的计时工资、奖金、津贴补贴、加班加点工资及特殊情况下支付的工资等。

② 办公费。是指企业管理办公用的文具、纸张、账表、印刷、邮电、书报、办公软件、现场监控、会议、水电、烧水和集体取暖降温(包括现场临时宿舍取暖降温)等费用。

③ 差旅交通费。是指职工因公出差、调动工作的差旅费、住勤补助费,市内交通费和误餐补助费,职工探亲路费,劳动力招募费,职工退休、退职一次性路费,工伤人员就医路费,工地转移费以及管理部门使用的交通工具的油料、燃料等费用。

④ 固定资产使用费。是指管理和试验部门及附属生产单位使用的属于固定资产的房屋、设备、仪器等的折旧、大修、维修或租赁费。

⑤ 工具用具使用费。是指企业施工生产和管理使用的不属于固定资产的工具、器具、家具、交通工具和检验、试验、测绘、消防用具等的购置、维修和摊销费。

⑥ 劳动保险和职工福利费。是指由企业支付的职工退职金、按规定支付给离休干部的经费、集体福利费、夏季防暑降温、冬季取暖补贴、上下班交通补贴等。

⑦ 劳动保护费。是企业按规定发放的劳动保护用品的支出,如工作服、手套、防暑降温饮料以及在有碍身体健康的环境中施工的保健费用等。

⑧ 检验试验费。是指施工企业按照有关标准规定,对建筑以及材料、构件和建筑安装物进行一般鉴定、检查所发生的费用,包括自设试验室进行试验所耗用的材料等费用。不包括新结构、新材料的试验费,对构件做破坏性试验及其他特殊要求检验试验的费用和建设单位委托检测机构进行检测的费用,对此类检测发生的费用,由建设单位在工程建设其他费用中列支。但对施工企业提供的具有合格证明的材料进行检测不合格的,该检测费用由施工企业支付。

⑨ 工会经费。是指企业按《工会法》规定的全部职工工资总额比例计提的工会经费。

⑩ 职工教育经费。是指按职工工资总额的规定比例计提,企业为职工进行专业技术和职业技能培训,专业技术人员继续教育、职工职业技能鉴定、职业资格认定以及根据需要对职工进行各类文化教育所发生的费用。

⑪ 财产保险费。是指施工管理用财产、车辆等的保险费用。

⑫ 财务费。是指企业为施工生产筹集资金或提供预付款担保、履约担保、职工工资支付担保等所发生的各种费用。

⑬ 税金。是指企业按规定缴纳的房产税、车船使用税、土地使用税、印花税等。

⑭ 其他。包括技术转让费、技术开发费、投标费、业务招待费、绿化费、广告费、公证费、法律顾问费、审计费、咨询费、保险费等。

(五) 利润

利润是指施工企业完成所承包工程获得的盈利。

(六) 规费

规费是指按国家法律、法规规定,由省级政府和省级有关权力部门规定必须缴纳或计取的费用。

1. 社会保险费

① 养老保险费。是指企业按规定标准为职工缴纳的基本养老保险费。

② 失业保险费。是指企业按规定标准为职工缴纳的失业保险费。

③ 医疗保险费。是指企业按规定标准为职工缴纳的基本医疗保险费。

④ 生育保险费。是指企业按规定标准为职工缴纳的生育保险费。

⑤ 工伤保险费。是指企业按规定标准为职工缴纳的工伤保险费。

2. 住房公积金

住房公积金是指企业按规定标准为职工缴纳的住房公积金。

3. 工程排污费

工程排污费是指按规定缴纳的施工现场工程排污费。

其他应列而未列入的规费,按实际发生计取。

(七) 税金

税金是指国家税法规定的应计入建筑安装工程造价内的营业税、城市维护建设税、教育费附加以及地方教育附加。

二、按照工程造价形成要素构成的建筑安装工程费用项目

建筑安装工程费按照工程造价形成要素划分为分部分项工程费、措施项目费、其他项目费、规费、税金,分部分项工程费、措施项目费、其他项目费包含人工费、材料费、施工机具使用费、企业管理费和利润。

1. 分部分项工程费

分部分项工程费是指各专业工程的分部分项工程应予列支的各项费用。

① 专业工程。是指按现行国家计量规范划分的房屋建筑与装饰工程、仿古建筑工程、通用安装工程、市政工程、园林绿化工程、矿山工程、构筑物工程、城市轨道交通工程、爆破工程等各类工程。

② 分部分项工程。是指按现行国家计量规范对各专业工程划分的项目。如房屋建筑与装饰工程划分的土石方工程、地基处理与桩基工程、砌筑工程、钢筋及钢筋混凝土工程等。

各类专业工程的分部分项工程划分见现行国家或行业计量规范。

2. 措施项目费

措施项目费是指为完成建设工程施工,发生于该工程施工前和施工过程中的技术、生活、安全、环境保护等方面的费用。

① 安全文明施工费。

a. 环境保护费。是指施工现场为达到环保部门要求所需要的各项费用。

b. 文明施工费。是指施工现场文明施工所需要的各项费用。

c. 安全施工费。是指施工现场安全施工所需要的各项费用。

d. 临时设施费。是指施工企业为进行建设工程施工所必须搭设的生活和生产用的临时建筑物、构筑物和其他临时设施费用,包括临时设施的搭设、维修、拆除、清理费或摊销费等。

② 夜间施工增加费。是指因夜间施工所发生的夜班补助费、夜间施工降效、夜间施工照明设备摊销及照明用电等费用。

③ 二次搬运费。是指因施工场地条件限制而发生的材料、构配件、半成品等一次运输不能到达堆放地点,必须进行二次或多次搬运所发生的费用。

④ 冬雨季施工增加费。是指在冬季或雨季施工需增加的临时设施、防滑、排除雨雪,人工及施工机械效率降低等费用。

⑤ 已完工程及设备保护费。是指竣工验收前,对已完工程及设备采取的必要保护措施所发生的费用。

⑥ 工程定位复测费。是指工程施工过程中进行全部施工测量放线和复测工作的费用。

⑦ 特殊地区施工增加费。是指工程在沙漠或其边缘地区、高海拔、高寒、原始森林等特殊地区施工增加的费用。

⑧ 大型机械设备进出场及安拆费。是指机械整体或分体自停放场地运至施工现场或由一个施工地点运至另一个施工地点,所发生的机械进出场运输及转移费用及机械在施工现场进行安装、拆卸所需的人工费、材料费、机械费、试运转费和安装所需的

辅助设施的费用。

⑨ 脚手架工程费。是指施工需要的各种脚手架搭、拆、运输费用以及脚手架购置费的摊销(或租赁)费用。

措施项目及其包含的内容详见各类专业工程的现行国家或行业计量规范。

3. 其他项目费

① 暂列金额。是指建设单位在工程量清单中暂定并包括在工程合同价款中的一笔款项。用于施工合同签订时尚未确定或者不可预见的所需材料、工程设备、服务的采购,施工中可能发生的工程变更、合同约定调整因素出现时的工程价款调整以及发生的索赔、现场签证确认等的费用。

② 计日工。是指在施工过程中,施工企业完成建设单位提出的施工图纸以外的零星项目或工作所需的费用。

③ 总承包服务费。是指总承包人为配合、协调建设单位进行的专业工程发包,对建设单位自行采购的材料、工程设备等进行保管以及施工现场管理、竣工资料汇总整理等服务所需的费用。

4. 规费

定义同前。

5. 税金

定义同前。

三、建筑安装工程费用计算

微课
建筑安装工程费用
计算

(一) 按照费用要素构成计算

1. 人工费

公式 1:

$$人工费 = \sum(工日消耗量 \times 日工资单价)$$

注:公式 1 主要适用于施工企业投标报价时自主确定人工费,也是工程造价管理机构编制计价定额确定定额人工单价或发布人工成本信息的参考依据。

公式 2:

$$人工费 = \sum(工程工日消耗量 \times 日工资单价)$$

日工资单价是指施工企业平均技术熟练程度的生产工人在每工作日(国家法定工作时间内)按规定从事施工作业应得的日工资总额。

工程造价管理机构确定日工资单价应通过市场调查、根据工程项目的技术要求,参考实物工程量人工单价综合分析确定,最低日工资单价不得低于工程所在地人力资源和社会保障部门所发布的最低工资标准的(普工)1.3 倍、(一般技工)2 倍、(高级技工)3 倍。

工程计价定额不可只列一个综合工日单价,应根据工程项目技术要求和工种差别适当划分多种日人工单价,确保各分部工程人工费的合理构成。

注意:公式 2 适用于工程造价管理机构编制计价定额时确定定额人工费,是施工企业投标报价的参考依据。

2. 材料费

（1）材料费

$$材料费=\sum（材料消耗量×材料单价）$$

$$材料单价=（材料原价+运杂费）×[1+运输损耗率（\%）]×[1+采购保管费率（\%）]$$

（2）工程设备费

$$工程设备费=\sum（工程设备量×工程设备单价）$$

$$工程设备单价=（设备原价+运杂费）×[1+采购保管费率（\%）]$$

3. 施工机具使用费

（1）施工机械使用费

$$施工机械使用费=\sum（施工机械台班消耗量×机械台班单价）$$

$$机械台班单价=台班折旧费+台班大修费+台班经常修理费+$$

$$台班安拆费及场外运费+台班人工费+台班燃料动力费+台班车船税费$$

注意：工程造价管理机构在确定计价定额中的施工机械使用费时，应根据《建筑施工机械台班费用计算规则》结合市场调查编制施工机械台班单价。施工企业可以参考工程造价管理机构发布的台班单价，自主确定施工机械使用费的报价，如租赁施工机械，公式为

$$施工机械使用费=\sum（施工机械台班消耗量×机械台班租赁单价）$$

（2）仪器仪表使用费

$$仪器仪表使用费=工程使用的仪器仪表摊销费+维修费$$

4. 企业管理费率

① 以分部分项工程费为计算基础：

$$企业管理费费率（\%）=\frac{生产工人年平均管理费}{年有效施工天数×人工单价}×人工费占分部分项工程费比例（\%）$$

② 以人工费和机械费合计为计算基础：

$$企业管理费费率（\%）=\frac{生产工人年平均管理费}{年有效施工天数×（人工单价+每一工日机械使用费）}×100\%$$

③ 以人工费为计算基础：

$$企业管理费费率（\%）=\frac{生产工人年平均管理费}{年有效施工天数×人工单价}×100\%$$

注意：上述公式适用于施工企业投标报价时自主确定管理费，是工程造价管理机构编制计价定额确定企业管理费的参考依据。

工程造价管理机构在确定计价定额中企业管理费时，应以定额人工费或（定额人工费+定额机械费）作为计算基数，其费率根据历年工程造价积累的资料，辅以调查数据确定，列入分部分项工程和措施项目中。

5. 利润

① 施工企业根据企业自身需求并结合建筑市场实际自主确定，列入报价中。

② 工程造价管理机构在确定计价定额中利润时，应以定额人工费或（定额人工费+定额机械费）作为计算基数，其费率根据历年工程造价积累的资料，并结合建筑市场实际确定，以单位（单项）工程测算，利润在税前建筑安装工程费的比重可按不低于5%且不高于7%的费率计算。利润应列入分部分项工程和措施项目中。

6. 规费

（1）社会保险费和住房公积金

社会保险费和住房公积金应以定额人工费为计算基础，根据工程所在地省、自治区、直辖市或行业建设主管部门规定费率计算。

$$社会保险费和住房公积金 = \sum（工程定额人工费 \times 社会保险费和住房公积金费率）$$

式中：社会保险费和住房公积金费率可由每万元发承包价的生产工人人工费和管理人员工资含量与工程所在地规定的缴纳标准综合分析取定。

（2）工程排污费

工程排污费等其他应列而未列入的规费应按工程所在地环境保护等部门规定的标准缴纳，按实计取列入。

7. 税金

税金计算公式：

$$税金 = 税前造价 \times 综合税率（\%）$$

综合税率：

① 纳税地点在市区的企业：

$$综合税率（\%） = \frac{1}{1-3\%-(3\%\times7\%)-(3\%\times3\%)-(3\%\times2\%)} - 1$$

② 纳税地点在县城、镇的企业：

$$综合税率（\%） = \frac{1}{1-3\%-(3\%\times5\%)-(3\%\times3\%)-(3\%\times2\%)}$$

③ 纳税地点不在市区、县城、镇的企业：

$$综合税率（\%） = \frac{1}{1-3\%-(3\%\times1\%)-(3\%\times3\%)-(3\%\times2\%)} - 1$$

④ 实行营业税改增值税的，按纳税地点现行税率计算。

（二）按照工程造价形成要素构成计算

1. 分部分项工程费

$$分部分项工程费 = \sum（分部分项工程量 \times 综合单价）$$

式中：综合单价包括人工费、材料费、施工机具使用费、企业管理费和利润以及一定范围的风险费用。

2. 措施项目费

（1）国家计量规范规定应予计量的措施项目

$$措施项目费 = \sum（措施项目工程量 \times 综合单价）$$

（2）国家计量规范规定不宜计量的措施项目

① 安全文明施工费

$$安全文明施工费 = 计算基数 \times 安全文明施工费率（\%）$$

计算基数应为定额基价（定额分部分项工程费+定额中可以计量的措施项目费）、定额人工费或定额人工费+定额机械费，其费率由工程造价管理机构根据各专业工程的特点综合确定。

② 夜间施工增加费

$$夜间施工增加费 = 计算基数 \times 夜间施工增加费率(\%)$$

③ 二次搬运费

$$二次搬运费 = 计算基数 \times 二次搬运费率(\%)$$

④ 冬雨季施工增加费

$$冬雨季施工增加费 = 计算基数 \times 冬雨季施工增加费率(\%)$$

⑤ 已完工程及设备保护费

$$已完工程及设备保护费 = 计算基数 \times 已完工程及设备保护费率(\%)$$

上述②～⑤项措施项目的计费基数应为定额人工费或定额人工费+定额机械费，其费率由工程造价管理机构根据各专业工程特点和调查资料综合分析后确定。

3. 其他项目费

① 暂列金额由建设单位根据工程特点，按有关计价规定估算，施工过程中由建设单位掌握使用、扣除合同价款调整后如有余额，归建设单位。

② 计日工由建设单位和施工企业按施工过程中的签证计价。

③ 总承包服务费由建设单位在招标控制价中根据总包服务范围和有关计价规定编制，施工企业投标时自主报价，施工过程中按签约合同价执行。

4. 规费和税金

建设单位和施工企业均应按照省、自治区、直辖市或行业建设主管部门发布标准计算规费和税金，不得作为竞争性费用。

（三）相关问题的说明

① 各专业工程计价定额的编制及其计价程序，均按本通知实施。

② 各专业工程计价定额的使用周期原则上为 5 年。

③ 工程造价管理机构在定额使用周期内，应及时发布人工、材料、机械台班价格信息，实行工程造价动态管理，当遇国家法律、法规、规章或相关政策变化以及建筑市场物价波动较大时，应适时调整定额人工费、定额机械费以及定额基价或规费费率，使建筑安装工程费能反映建筑市场实际。

④ 建设单位在编制招标控制价时，应按照各专业工程的计量规范和计价定额以及工程造价信息编制。

⑤ 施工企业在使用计价定额时除不可竞争费用外，其余仅作参考，由施工企业投标时自主报价。

四、建筑安装工程计价程序

微课
建筑安装工程计价程序

建筑安装工程费的主要编制方法有单价法和实物法，其中单价法又分为工料单价法和综合单价法，其计价程序分为工料单价法计价程序和综合单价法计价程序。

（一）工料单价法计价程序

工料单价法是以分部分项工程量乘以单价后的合计为直接工程费，直接工程费以人工、材料、机械的消耗量及其相应价格确定。直接工程费汇总后另加间接费、利润、税金生成工程发承包价,其计算程序分为以下三种,详见表4-2~表4-4。

1. 以直接费为计算基础

表4-2　以直接费为计算基础

序号	费用项目	计算方法	备注
1	直接工程费	按预算表	
2	措施费	按规定标准计算	
3	小计	(1)+(2)	
4	间接费	(3)×相应费率	
5	利润	[(3)+(4)]×相应利润率	
6	合计	(3)+(4)+(5)	
7	含税造价	(6)×(1+相应税率)	

2. 以人工费和机械费为计算基础

表4-3　以人工费和机械费为计算基础

序号	费用项目	计算方法	备注
1	直接工程费	按预算表	
2	其中人工费和机械费	按预算表	
3	措施费	按规定标准计算	
4	其中人工费和机械费	按规定标准计算	
5	小计	(1)+(3)	
6	人工费和机械费小计	(2)+(4)	
7	间接费	(6)×相应费率	
8	利润	(6)×相应利润率	
9	合计	(5)+(7)+(8)	
10	含税造价	(9)×(1+相应税率)	

3. 以人工费为计算基础

表4-4　以人工费为计算基础

序号	费用项目	计算方法	备注
1	直接工程费	按预算表	
2	直接工程费中人工费	按预算表	
3	措施费	按规定标准计算	
4	措施费中人工费	按规定标准计算	
5	小计	(1)+(3)	
6	人工费小计	(2)+(4)	
7	间接费	(6)×相应费率	
8	利润	(6)×相应利润率	
9	合计	(5)+(7)+(8)	
10	含税造价	(9)×(1+相应税率)	

（二）综合单价法计价程序

综合单价法是分部分项工程单价为全费用单价,全费用单价经综合计算后生成,其内容包括直接工程费、间接费、利润和税金(措施费也可按此方法生成全费用价格)。

各分项工程量乘以综合单价的合价汇总后,生成工程发承包价。

由于各分部分项工程中的人工、材料、机械含量的比例不同,各分项工程可根据其材料费占人工费、材料费、机械费合计的比例(以字母"C"代表该项比值)在以下三种计算程序中选择一种计算其综合单价。

① 当 $C>C_0$ (C_0 为本地区原费用定额测算所选典型工程材料费占人工费、材料费和机械费合计的比例)时,可采用以人工费、材料费、机械费合计为基数计算该分项的间接费和利润,见表 4-5。

表 4-5　以直接费为计算基础

序号	费用项目	计算方法	备注
1	分项直接工程费	人工费+材料费+机械费	
2	间接费	(1)×相应费率	
3	利润	[(1)+(2)]×相应利润率	
4	合计	(1)+(2)+(3)	
5	含税造价	(4)×(1+相应税率)	

② 当 $C<C_0$ 值的下限时,可采用以人工费和机械费合计为基数计算该分项的间接费和利润,见表 4-6。

表 4-6　以人工费和机械为计算基础

序号	费用项目	计算方法	备注
1	分项直接工程费	人工费+材料费+机械费	
2	其中人工费和机械费	人工费+机械费	
3	间接费	(2)×相应费率	
4	利润	(2)×相应利润率	
5	合计	(1)+(3)+(4)	
6	含税造价	(5)×(1+相应税率)	

③ 如该分项的直接费仅为人工费,无材料费和机械费时,可采用以人工费为基数计算该分项的间接费和利润,见表 4-7。

表 4-7　以人工费为计算基础

序号	费用项目	计算方法	备注
1	分项直接工程费	人工费+材料费+机械费	
2	直接工程费中人工费	人工费	
3	间接费	(2)×相应费率	

续表

序号	费用项目	计算方法	备注
4	利润	(2)×相应利润率	
5	合计	(1)+(3)+(4)	
6	含税造价	(5)×(1+相应税率)	

第四节　建设项目造价审计内容、程序与方法

课前思考

工程造价对于整个建筑工程有着至关重要的作用,尤其是针对造价信息的管理,对整个造价最后的结果有着决定性的作用,怎么才能够有效地对造价信息进行管理,也是造价工程师们主要研究的问题,本节从实际情况出发,首先对现行建筑工程造价的构成进行分析,再结合自己的一些思考,对建筑工程造价的信息管理进行讨论。

任务驱动

当你学完这一节,你将能够:

(1) 了解各个阶段造价审计的内容;

(2) 明确各个阶段造价审计的程序;

(3) 明确各个阶段造价审计的方法和思路。

思考或讨论

(1) 概算执行与竣工决算审计有什么区别?

(2) 如何检查合同执行情况?

(3) 应该如何开展单位工程预决算审计。

审计实训

搜集网络资料,形成案例,分析单位工程预决算审计的实施过程。

工程造价审计是指对建设项目全部成本的真实性、合法性进行审查和评价。其目标是:检查工程价格计算与实际完成的投资额的真实性、合法性;检查是否存在虚列工程、套取资金、弄虚作假、高估冒算行为。

一、设计概算审计

(一) 概算审计介入时间

根据《中华人民共和国审计法》规定,审计机关应对政府投资项目进行概算执行情况审计,针对设计概算编制的审计未做明确要求。因此,在审计实践中概算审计以事后审计为主,即在设计概算编制完成之后,在项目的建设阶段或竣工验收阶段

微课
设计概算审计

审计设计概算的执行情况。由于当前普遍存在设计概算编制比较粗糙的情况,使得以原先概算为标准来审计其执行情况在很大程度上没有多大意义,因此审计人员往往又要事后对概算编制情况进行延伸审计,揭示反映出概算编制存在的问题,并做出调整概算的审计建议,但这又使得概算执行情况审计缺乏刚性标准,流于形式,审计的效果大打折扣。

因此,从理论上来说,审计人员应在初步设计阶段实施设计概算审计,采取跟踪审计的方式使设计概算审计与设计工作同步进行。这样避免了事后审计的被动性,把设计概算的误差控制在合理范围之内,使设计概算额度在批准的投资估算控制范围内,同时也使得后续的概算执行情况审计能落到实处。但从我国审计实践上看,只有内部审计机构有条件实施"同步审计",国家审计目前由于受到审计观念、审计体制、审计资源等诸多因素的限制,普遍开展概算编制的跟踪审计还有待时日。

(二) 概算审计主要内容

1. 审计概算编制依据

首先,审计编制依据的合法性。设计概算必须依据经过国家有权部门批准的可行性研究报告及投资估算进行编制,审查其是否存在"搭车"多列项目现象,对概算投资超过批准估算投资规定幅度以上的,应分析原因,要求被审计单位重新上报审批。其次,审计编制依据的时效性。编制设计概算的大部分依据都应为国家或有关部门颁发的现行规定,注意编制概算的时间与其使用的文件资料的适用时间是否吻合,不能使用过时的依据资料。最后,审计设计概算编制依据的适用性。各种编制依据都有规定的适用范围,如各主管部门规定的各种专业定额及取费标准,只适用于该部门的专业工程;各地区规定的定额及取费标准只适合于本地区的工程等。在编制设计概算时,不得使用规定范围之外的依据资料。

2. 审计概算编制深度

一般大中型项目的设计概算,应有完整的编制说明和"三级概算"(即建设项目总概算书、单项工程概算书、单位工程概算书),审计过程中应注意审查其是否符合规定的"三级概算",各级概算的编制是否按规定的编制深度进行编制。

3. 审计概算内容的完整性及合理性

首先,审计建设项目总概算书。重点审计总概算中所列的项目是否符合建设项目前期决策批准的项目内容,项目的建设规模、生产能力、设计标准、建设用地、建筑面积、主要设备、配套工程、设计定员等是否符合批准的可行性研究报告,各项费用是否有可能发生,费用之间是否重复,总投资额是否控制在批准的投资估算以内,总概算的内容是否完整地包括了建设项目从筹建到竣工投产为止的全部费用。

其次,审计单项工程综合概算和单位工程概算。重点审计在上述概算书中所体现的各项费用的计算方法是否得当,概算指标或概算定额的标准是否适当,工程量计算是否正确。如建筑工程采用工程所在地区的概算定额、价格指数和有关人工、材料、机械台班的单价是否符合现行规定,安装工程采用的部门或地区定额是否符合工程所在地区的市场价格水平,概算指标调整系数、主材价格、人工、机械台班和辅材调整系数是否按当时最新规定执行,引进设备安装费率或计取标准、部分行业安装费率是否按有关部门规定计算等。在单项工程综合概算和单位工程概算审计中,审计人员应特别注意工程费用部分,尤其是生产性建设项目,由于工业建设项目设备投资比重大,对设备费的审计也就显得十分重要。

最后,审计工程建设其他费用概算。重点审计其他费用的内容是否真实,在具体的建设项目中是否有可能发生,费用计算的依据是否适当,费用之间是否重复等有关内容。其他工程费的审计要点和难点主要表现在建设单位管理费审计、土地使用费审计和联合试运转费审计等方面,审计人员在审计时,应引起注意。

另外在对设计概算进行的审计过程中,审计人员还应重点检查总概算中各项综合指标和单项指标与同类工程技术经济指标对比是否合理。

【例 4-4】　某建设单位决定拆除本单位内的一座三层单身职工宿舍,而后在该场地上建设一栋 18 层高的综合办公大楼,并在原场地之外的另一建设地点新建一座与原规模相同的单身职工宿舍,预计其造价为 50 万元。这一方案已经得到了有关部门的批准,建设单位在编制综合办公大楼的设计概算时,计算了职工宿舍的拆除费 12 万元,职工安置补助费 50 万元(按照建设宿舍的费用计算),问:该项目的计算是否正确?

解:拆除费应计入综合办公大楼的设计概算,如果 12 万元数额正确,那么,该项费用的计算就是正确的;单身职工的安置补助费也应计入综合办公大楼的设计概算,但不能按照新建职工宿舍的费用标准计算,应考虑需要安置的时间和部门规定的补助费标准计算。在该项目的计算中,安置补助费按照 50 万元计算,其实是典型的"夹带"项目行为(用一个综合办公大楼的投资,建设两个工程项目)。

【例 4-5】　某大学新校区建设项目概算编制说明如下。

① 该项目总投资 26 808 万元,其中 21 550 万元,其他费用 4 258 万元,预备费 1 000 万元。

② 本概算根据××设计院设计的初步设计图纸、初步设计说明,土建工程采用 2006 年版《××省建筑工程概算定额》。

③ 概算取费标准按《××省建筑安装工程费用定额》及××市建委文件规定。

④ 主要设备、材料按目前市场价计列。

⑤ 建设项目总概算书、单项工程概算书、单位工程概算书(略)。

审计发现问题:

① 工程概况内容不完整。工程概况应包括建设规模、工程范围并明确工程总概算中所包括和不包括的内容。审计查明:本概算中未包括由该大学的共建单位负责提供的 450 亩土地(总征地 500 亩),概算编制单位应当对此加以说明。

② 编制依据不完整。概算中的附属建筑、设备工器具购置费及其他费用,没有说明相应的编制依据和编制方法。审计调查发现附属建筑物是根据经验估算的,设备工器具购置费与其他费用是按照可行性研究报告中的投资估算直接列入的,未进行详细的分析和测算。

③ 该概算未编制资金筹措及资金年度使用计划。

④ 工程概算投资的内容不完整、不合理。

a. 设备购置费缺乏依据。审计发现初步设计中没有设备清单,概算中所列设备费

1 500 万元纯属"拍脑袋"决定。

b. 征地拆迁费不完整。本项目需征地 500 亩,而概算中未将共建单位提供的 450 亩费用列入。

c. 未考虑有关贷款的利息费用。由于该概算未编制资金筹措计划,所以无法计算利息费用,但贷款是肯定要发生,因此这样的概算也就很难作为控制实际投资的标准。

d. 装饰装修材料的价格缺乏依据。设计单位在初步设计中,仅仅注明使用材料的品种,对装饰材料的档次标准不做规定,这使得装饰材料的价格难以合理确定。

审计建议:要求设计单位和建设单位针对审计发现问题加以整改和完善。

二、合同价执行情况审计

微课
合同价执行情况审计

(一)内部控制制度审计

建设项目内部控制制度是指建设单位为加强各业务环节和各管理部门之间的相互联系、相互制约而建立的一系列程序、制度、方法和措施的总称。在工程合同价执行情况审计过程中,应首先注意检查在业主的项目管理中是否建立了有效的投资控制和合理管理制度。例如招投标制度、合同管理制度、成本控制制度、资金管理制度、物资采购制度等。

虽然项目关于合同价格管理的内控制度建立了,但是如果制度内容有重大缺陷,仍无法起到规范和制约作用。例如,有的制度过于笼统难以执行,有的制度只有要求但无操作细则,有的制度内容与国家政策相悖等。因此,对有关合同价格方面的内部控制制度,审计人员应注意对其条款的合理性、健全性进行分析研究,并做出审计评价和建议。当然如果不能得到有效的执行,再健全的内部控制制度也没有意义。因此还必须对内部控制制度的符合性进行审计。

例如:跟踪审计中发现某项变更项目的价格不合理,审计人员据此对承包商提出的工程变更是否遵循了内部控制制度的以下程序进行了验证:承包人提出→业主认可→设计更改设计→承包人提出预算和施工方案→监理部门确认→审计确认→实际执行。

审计发现:该项设计变更基本没有执行上述规定的内控程序,业主认可、监理部门确认的控制环节均为(未)遵循,也就是说,第一,承包人绕开业主管理方直接向设计方提出变更要求;第二,对承包人提出的变更,预算监理方不发表实质性意见,推给审计方审核把关。

对此,审计不仅应揭露该设计变更的合法性问题,而且要对承包方和监理方违反内控制度的行为予以揭示和评价,以促进建设项目内控制度得到严格执行。

(二)工程量审计

对工程量的审计是合同价执行审计的一个重要环节,也是工程结算的基础工作。工程量审核的准确与否,直接影响到合同价的控制和工程结算工作。应重点审计以下两个方面。

1. 审计原合同范围内的工程量

审计人员应要求监理单位对承包人是否按施工图纸完成合同义务进行审查,对工程计量过程中出现承包人实际完成工程量比相应的合同工程量增加或减少的情况,审计人员应结合招标文件及合同内容分别处理。对因承包人未按图纸要求施工,而导致实际完成工程量大于相应合同工程量的,应以原合同工程量为准,审计人员对超出部分的工程量不予认可;对应承包人未按图纸要求施工,导致实际完成工程量小于相应合同工程量(说明施工质量可能存在问题)的,审计人员一定要督促业主、监理单位仔细查找原因,妥善处理。

2. 审计原合同范围外的工程量

原合同范围外的工程量主要包括设计变更、额外增加工程以及合同规定允许进行清单错漏项调整。如当结构的某些主要部位在设计图纸中已经明确,其辅助性结构在设计图纸中注明由承包人设计时;或某些在图纸中明确由承包人设计再由设计单位认可的情况。审计人员应防止施工单位做过于保守的设计,从中获取利润。

对原合同范围外工程量进行审计时,审计人员应要求承包人按程序进行申报,在提交施工方案的同时申报预算报价,经监理单位、业主审核,然后报审计单位审定,实行"先算账、后签证、再施工"。在原合同范围外工程量签证过程中,审计人员应注意业主、监理单位的相关签证人员是否在授权范围内实事求是地签证,并检查是否与合同规定有冲突,相关人员是否在签证单上签字并加盖公章。

(三)工程变更与现场签证审计

由于当前工程报价竞争激烈,承包人报价中的先天利润不足,因此在施工过程中,承包人一般充分利用工程变更来增加其利润,故此工程变更审计成为合同价执行情况审计中一个关注焦点。审计中,要针对工程变更的不同情况区别处理。如承包人申请设计变更,企图取消施工难度大或报价低的项目,相应增加报价高的工程量。或申请要求设计单位将规范或定额中已包含在工程项目中的附加工作内容写入结构的设计变更中作为强制性要求等。

当前在工程造价审计中,针对工程变更的审计大多停留在真实性、合法性的审查上,对工程变更的必要性、合理性、经济性、优化性考虑得不够。因此,在合同价执行审计过程中,审计人员不能仅仅把工程变更文件作为审计依据来看,同时还应把它作为审计对象加以监督,切实地做到有效地控制合同价。

【例4-6】 某单层厂房工程,因土质条件较差,设计图纸采用水泥搅拌桩和条形基础,工程量清单按此设计编制。在实际施工过程中,施工单位以节约工期为由提出变更基础设计,由原设计改为大整板基础。对此业主征求了审计的意见。

审计分析:本设计变更由施工单位提出,虽然采用大整板基础可以节约少量工期,但是造价却要大幅度提高。为此,审计建议业主应对该设计变更进行技术经济论证。

审计结果:通过两种方案的技术经济论证,审计人员认为原设计满足技术要求,相对经济合理,对工期也没有实质性影响,因此做出了业主采用原设计方案的审计评价建议。

另外,工程施工中的现场签证也是造价审计人员又一个审计重点。目前工程实践中存在的现场签证内容不清楚、程序不规范、责权不清等情况,是造成合同价格得不到有效执行和控制的重要原因。工程审计人员应要求建设单位建立健全现场签证管理制度,明确签证权限,实行限额签证。同时要求签证单上必须有发包人代表、监理工程师、承包人(项目部)三方的签字和盖章,方可作为竣工结算的依据;必须明确签证的原因、位置、尺寸、数量、材料、人工、机械台班、价格和签证时间。在现场签证审计过程中,还应要求相关各方要做到现场签证的及时性,减少事后补签的情况。

【例4-7】　某大楼工程是在一栋2层砖混结构办公楼的旧址上新建的,旧办公楼的建筑面积1 000 m^2。施工单位在基础开挖过程中,凿除了原办公楼的混凝土垫层和砖基础,但施工单位未及时办理有关现场签证手续,而是等建筑垃圾外运完了以后再办理签证。此时,监理人员因缺乏核对依据,就对施工单位所报的拆除153 m^{3}混凝土垫层及352 m^{3}砖基础的签证全部予以认可。

审计分析:对于凿除原办公楼混凝土垫层及砖基础,建设单位在招标文件未予以明确,属于额外增加工程,其费用可以按合同规定得到补偿。但是根据审计经验,审计人员初步判断针对底面积只有500 m^{2}的砖混结构房屋,施工单位申报签证的垫层和砖基础的工程量过大。为了精确地计算出混凝土垫层数量和砖基础数量,审计人员到城建档案馆查找了旧办公楼的竣工图,并将基础图复印回来进行详细的计算,得出结果:旧办公楼的混凝土垫层的工程量为51 m^3,砖基础86 m^3。

审计结果:审计人员对施工单位、监理单位在现场签证中存在的不规范行为进行揭示,建议合同管理中应注意现场签证的及时性。

三、概算执行情况与竣工决算审计

(一) 概算执行情况审计

概算实施阶段审计主要是对概算在工程实施过程中的执行情况进行审计,主要包括以下内容。

微课
概算执行情况与竣工决算审计

1."三超"情况审计

目前在概算实施阶段,"三超"即超规模、超标准、超概算的现象较为严重,因此审计人员在概算执行情况审计过程中,应重点审计工程合同中确定的建设规模、建设标准、建设内容、合同价格是否控制在批准的初步设计及概算文件范围内。对确已超出规定范围的,应当审计其是否按规定程序报原项目审批部门审查同意。对未经审批部门批准,擅自扩大建设规模、提高建设标准的,应当告知有关部门严肃处理。

2. 概算调整审计

由于建设项目建设周期较长,期间的不确定性因素较多,因此在项目实施过程中进行适当的概算调整是难以避免的,但是必须要加强对调整概算的审计,防止建设单位利用"调概"机会"搭车"多列项目,提高建设标准,扩大建设规模。同时,审计中应注意审查调整概算的准确性,注意调整事项是否与有关规定和市场行情相符。

3. 工程物资设备采购、核算、管理等审计

① 采购计划审计。主要是指检查建设单位采购计划所订购的各种设备、材料是否符合已报经批准的设计文件和基本建设计划;检查所拟定的采购地点是否合理;检查采购程序是否规范;检查采购的批准权与采购权等不相容职务分离及相关内部控制是否健全、有效等。

② 采购合同审计。主要是指检查采购是否按照公平竞争、择优择廉的原则来确定供应方;检查设备和材料的规格、品种、质量、数量、单价、包装方式、结算方式、运输方式、交货地点、期限、总价和违约责任等条款规定是否齐全;检查对新型设备、新材料的采购是否进行实地考察、资质审查、价格合理性分析及专利权真实性审查;检查采购合同与财务结算、计划、设计、施工、工程造价等各个环节衔接部位的管理情况,是否存在因脱节而造成的资产流失问题等。

③ 物资核算审计。主要是指检查货款的支付是否按照合同的有关条款执行;检查代理采购中代理费用的计算和提取方法是否合理;检查有无任意提高采购费用和开支标准的问题;检查会计核算资料是否真实可靠;检查采购成本计算是否准确、合理等。

④ 物资管理审计。主要是指检查购进设备和材料是否按合同签订的质量进行验收,是否有健全的验收、入库和保管制度,检查验收记录的真实性、完整性和有效性;检查验收合格的设备和材料是否全部入库,有无少收、漏收、错收以及涂改凭证等问题;检查设备和材料的存放、保管、领用的内部控制制度是否健全;检查建设项目剩余或不适用的设备和材料以及废料的销售情况;检查库存物资的盘点制度及其执行情况、对盘点结果的处理措施等。

(二) 竣工决算审计

竣工决算审计是指审计机构依法对建设项目竣工决算的真实、合法、效益进行的审计监督。其目的是保障建设资金合理、合法使用,正确评价投资效益,促进总结建设经验,提高建设项目管理水平。

竣工决算审计的主要内容包括:检查所编制的竣工决算是否符合建设项目实施程序,有无将未经审批立项、可行性研究、初步设计等环节而自行建设的项目编制竣工工程决算的问题;检查竣工决算编制方法的可靠性,有无造成交付使用的固定资产价值不实的问题;检查有无将不具备竣工决算编制条件的建设项目提前或强行编制竣工决算的情况;检查竣工工程概况表中的各项投资支出,并分别与设计概算数相比较,分析节约或超支情况;检查交付使用资产明细表,将各项资产的实际支出与设计概算数进行比较,以确定各项资产的节约或超支数额,分析投资支出偏离设计概算的主要原因;检查建设项目现金结余的真实性;检查应收、应付款项的真实性,关注是否按合同规定预留了承包商在工程质量保证期间的保证金。

单位建设工程决算审计是建立在施工图预算审计的基础上的,审计思路如下:

1. 审计工程施工合同

工程施工合同是明确甲乙双方责任、权利与义务的法令性文件之一。合同的签订方式直接影响工程决算的编制与审计工作,在进行工程竣工决算审计时,首先必须了解合同中有关工程造价确定的具体内容和要求,以此确定决算审计的重点。

建筑工程合同常见以下确定方式。

① 包工包料方式。施工单位既包人消耗,也包材料消耗,但三大主材一般由建设单位供给。

② 包工不包料施工方式。施工单位包人工消耗,不包材料消耗。这种方式不便于管理,在实际工作中较少使用。

③ 按施工图预算加系数包干方式。按施工图预算加上一定的包干系数作为承包基数,实行一次包死,但对于设计变更的政策性费用调整部分,决算时予以增减。

④ 按双方评定的标价包干方式。招标投标工程的合同签订方式,大多属于此种类型。以中标报价为基础,确定合同报价内容与额度,这种承包方式从一定意义上体现了市场竞争机制,具有一定的积极作用,也是当前在建筑领域中积极推广的一种承包方式。

就前两种承包方式而言,竣工决算审计重点应落实在竣工决算全部内容上,即从工程量审计入手,直至进行设计变更、材差等有关项目审计。审计过程同施工图预算审计。

就后两种承包方式而言,建筑工程的竣工决算审计,不难实施全过程审计。其中通过施工图预算和招标投标确定下来的合同报价部分,只审计其中是否有违反经济合同法及施工实际的不合理费用项目,而不必再进行从工程量到定额套用的具体项目审计,以维护合同与招标投标过程的严肃性。这样,后两种合同形式的工程竣工决算审计重点则落在设计变更审计与材差审计上。

符合要求的设计变更必须具备如下条件。

① 有变更通知单,并具备建设单位、施工单位的签字盖章。对于影响较大的结构变更,例如改变柱梁个数、体积、配筋量等,还必须具有设计部门的签字才行。

② 经过实地勘察或了解施工验收记录,发现工程实际部位符合设计变更要求,属真实变更,则决算时予以认可。

2. 审计施工图预算

主要检查施工图预算的量、价、费计算是否正确,计算依据是否合理。

① 对直接费进行审计,包括工程量计算单价套用的正确性。

② 其他直接费用审计,包括检查预算定额、取费基数、费率是否正确。

③ 间接费用审计包括检查各项取费基数、取费标准的计取套用正确性。

④ 计划利润和税金计取合理性的审计。

3. 审计设计变更

① 审计设计变更手续是否合理、合规。

② 审计设计变更的真实性。

所谓真实性,是指工程实体与设计变更通知要求相吻合。这项内容的审计应通过工程实际测量或通过了解、审核工程施工验收方可确定,隐蔽工程部分尤应注意。对于非真实的设计变更,应不予以承认。

③ 审计设计变更数量的真实性。

审计重点在于:a. 审计设计变更部位的工程量增减是否正确;b. 审计变更部位的定额套用是否合理;c. 审计设计变更部位的增减变化是否得到了如实反映;d. 审计设计变更计算过程是否规范。

4. 审计施工进度

施工进度直接影响工程决算造价,故对建筑工程施工实际进度的审计也十分重要。

① 审计工程进度计划的落实情况,检查有无停工、怠工、返工现象,并分析原因,对由此产生的人工费增加应酌情考虑。

② 审计工程施工进度是否与工程量数量相对应,不同施工阶段上的工程量数量比例是费用计算的主要依据。

③ 审计施工过程中有关材料价格与取费文件变化情况,选择合适的计算标准,使工程决算与工程施工过程相吻合。

5. 审计工程管理行为

建筑安装工程施工的管理行为审计主要有如下几个方面。

① 技术管理审计。技术管理审计包括合同审计、施工图预决算的编制审计、施工过程审计等有关内容。审计重点是对施工过程的技术管理行为审计,如施工验收签证是否健全、是否真实,建筑材料的选择是否符合设计要求等,这些因素间接影响工程决算造价。

② 财务管理审计。财务管理审计是对建设单位财务会计进行审计,预决算的全部内容要通过财务会计反映出来,两者休戚相关,密不可分。

③ 建筑施工行政管理审计。审计前期准备工作是否合规,合同签订是否规范,招标投标过程是否合法,工程施工的质量控制是否严格,整个过程中是否有行贿受贿行为发生。

④ 审计施工企业的级别。

⑤ 审计工程决算造价的额度。在上述审计过程完结后,汇总审计后的决算造价,达成由建设单位、施工单位和审计单位三方认可的审定数额,并以此为标准,拟写审计报告,进行审计处理。审计部门审定后的决算数额,也是建设单位支付施工单位工程款的最终标准。

【例 4-8 】 案例背景:××省××自来水厂是 M 市新建的一项基础设施工程,建设期 3 年,项目总投资 11 493.56 万元,其中市政府筹集 4 500 万元,市政公用局和市自来水公司集资解决 6 993.56 万元。项目建成后,审计人员现对该项目实行竣工决算审计,发现如下问题:

① 概算漏项,少列投资 874.69 万元,计算错误少计 333.4 万元,实际材料设备涨价扣除涨价预备费后增加投资 2 349.82 万元,合计 3 557.91 万元。

② 财务核算不合规,建设单位将生产工人培训费用共 12 000 元,计入待摊投资。

③ 建设单位工程管理部为了工程管理方便,购买了一辆 25 万元的小轿车为管理人员使用,假设小轿车的使用寿命为 10 年,该费用一次全部计入建设单位管理费。

④ 通过现场调查发现计入设备投资完成额的需安装的部分设备安装图纸短缺和遗漏,该部分设备的成本为 500 万元。

案例分析:

针对上述问题,审计人员在审计过程中做出下述审计评价与建议。

① 对于概算投资缺口 3 557.91 万元,应如实向各主管部门汇报,反映超概算的原因以及各要素的详细计算过程,请示调整项目概算。

② 对财务核算不合规的地方,应按国家规定的会计制度进行调整。

a. 第一,生产工人的培训费应记入"其他投资——递延资产"科目,因此调减待摊投资 12 000 元,调增"其他投资——递延资产"12 000 元。

b. 第二,建设单位工程管理部购买的作为工程管理的小轿车 25 万元,不应一次性全部计入该工程项目,应按小轿车在建设期的折旧费记入"待摊费用——建设单位管理费"科目。

c. 第三,由于设备安装的图纸没有完成,没有同时满足"正式开始安装"3 个条件,不能计算设备投资完成额,应办理假退库,调减设备投资 500 万元,调增库存设备 500 万元。

微课
概算审计

四、概算审计导航

1. 审计目标

造价审计的实质就是项目后评估审计中的经济性审计,其主要目标是审计工程造价的真实性、计算过程的规范性和执行过程的正确性。

2. 需要收集的资料

① 可行性研究报告。

② 初步设计方案。

③ 概算定额与概算指标。

④ 国家、地区或行业的有关文件规定。

⑤ 投资估算文件。

⑥ 设计概算书。

3. 审计内容和思路

① 投资项目概预算是否同项目计划审批相符,设计深度是否符合要求。

思路:与估算比较,确定设计概算是否在估算的控制范围内(不超过估算 10%,如果超过 10% 的话,看是否有省邮政局或国家邮政局的批文)。

② 有无擅自变更设计内容,提高建设标准,扩大建设规模,增加投资问题。

思路:将实际建设完成的工程情况与设计图纸相比较,以确定上述问题是否存在。

③ 审计总概算书,确定其所列项目是否与批准的投资计划内容一致,并将总概算书与批准的投资计划比较,确定费用内容是否一致。因为是项目后评估审计,所以,也可以将财务决算与设计概算一并进行比较审计。

思路:将投资计划中的费用内容、项目内容与概算书中的费用内容、项目内容进行比较,见表 4-8、表 4-9。

表 4-8　项目比较表

项目名称	估算(批准的投资计划)		概算		财务决算		比较结果
	有	无	有	无	有	无	(原因分析)
项目 1							
项目 2							
项目 3							

续表

项目名称	估算(批准的投资计划)		概算		财务决算		比较结果
	有	无	有	无	有	无	(原因分析)
项目4							
项目5							
………							

表4-9　费用比较表

项目名称	估算(批准的投资计划)	概算	财务决算	比较结果(原因分析)
建筑工程费				
设备安装工程费				
设备及工具器具购置费				
其他工程费				
贷款利息				
预备费				

通过对总概算书的审计,确定有疑问的项目内容和费用内容,以便于后面审计中进一步延伸。

④ 审计单项工程综合概算和单位工程概算。

思路:根据图纸确定建设项目中单项工程和单位工程的数量,而后,逐一审计其概算。重点审计其计算过程是否正确,如工程量计算、定额的套用及指标的选用等。

五、单位工程预决算审计导航

(一)需要收集的资料

微课
单位工程预决算
审计

① 设计图纸。

② 预算定额或工程量清单计价规范。

③ 材料的价格信息。

④ 有关的取费文件。间接费取费文件、各项独立费的计算标准规定等有关资料是进行费用计算的重要基础。

⑤ 施工组织设计文件。施工组织设计文件是由施工单位在开工前编制的,反映施工现场安排、施工技术方案选用及施工作业程序等诸多方面的内容,它直接影响工程量的计算和定额的套用。

⑥ 施工图预算书及工程量计算底稿。与设计概算书的作用一样,施工图预算书既是施工图预算审计的依据,又是审计的对象;工程量计算底稿便于审计人员及时发现原预算中的问题,提高审计效率。

⑦ 施工单位的资质证明资料。如施工单位的营业执照复印件、取费资格证明等。

竣工决算审计与施工图预算审计的时间不同,主要作用也各有侧重,但两者审计的内容和审计方法基本接近,所以可以这样说:施工图预算审计的依据就是建设项目竣工决算审计的依据,但除此之外,审计竣工决算时,还必须收集反映工程施工过程的有关资料,例如设计变更通知、施工签证、实际施工进度表、甲方供应材料的清单、竣工决算书、施工合同等。

⑧ 材料预算价格。一般情况下,各地都有不同的材料预算价格,地方性材料各市造价管理部门会定期出版材料预算价格信息,电力行业专用材料一般实行招标,其招标价为材料的原价,再按行业规定的费率计算其运杂费,两者之和便是其预算价。

⑨ 建筑安装材料、五金手册及相关手册。这些是进行工程结算审计的辅助工具。

⑩ 工程预结算审计相关软件。应用由建筑主管部门审查通过的计算机辅助审计系统可提高工程结算审计的准确性和效率。

(二)审计内容和思路

1. 审计施工合同情况

思路:重点审计合同的签订方式,并根据签订方式确定可审计的范围和重点。例如,对于固定总价合同,重点抽查大的费用项目;对于固定单价合同,重点审计工程量;对于可调值合同,重点审计设计变更等。

2. 计算单位造价指标

思路:根据送审的总造价和建筑面积,计算单位造价,并与本地市场平均造价指标相比较,确定审计方法。例如,指标比较差别大的项目,应该详细审计;反之,抽查审计。

3. 审计工程量计算是否正确

思路:对于大型项目,宜采用抽查审计的方法,重点审计量大价高的工程部位,从审计工作的实际要求看,房屋建筑工程重点抽查钢筋混凝土结构部位、隐蔽工程部位、墙体工程部分及高级装饰部位等;道路工程重点审计面层和垫层及土方工程;装饰工程重点审计墙面、地面、顶面及特殊装饰部位;修缮工程重点审计改造比例较大的部位,如墙面铲除工程量、油漆涂料部分工程量等。对于中小型项目,应实施详细审计的方法核实工程量。无论审计什么样的项目,工程量审计都应包含两大项主要内容,即审计立项是否正确、工程量的计算过程是否符合计算规则要求、数量是否正确等。

① 审计施工图预算的立项情况。立项是指确定计算工程量的项目顺序和项目内容,立项的直接依据是工程图纸和定额。

单位建筑工程的项目划分基本如此,审计人员在审计时,应按照定额规定的顺序和项目范围确定原施工图预算和竣工决算中项目所列示的项目类型是否正确,分项工程之间是否重复等主要内容。

② 审计工程量的计算情况。这是工程量审计的核心,其实质是根据图纸和工程量计算规则要求审计各分部分项工程的工程量计算是否正确。

工程量的审查是最为烦琐、最容易出错,也是最影响工程费用的主要部分,因此无论审查什么样的工程结算,也无论选用什么样的方法都必须把其作为重点工作之一。

a. 对中小型项目应实施详细审计的方法核查工程量,对大型的邮政项目宜采用抽查审计的方法。

b. 重点审查量大价高和容易高估冒算的子项,房屋应重点抽查基础、板梁柱、墙体及高级装饰部分;构筑物应重点抽查土方、基础混凝土(注意定额套用估价表)和道路部分;设备安装部分应抽查主要设备、所有电缆及铁件制作部分;线路工程应重点抽查工地运输、基础、杆塔和架线部分。

4. 审计直接费的计算是否正确

思路：① 定额选用是否正确，安装工程项目一般套用全国统一安装定额地方单位估价表，土建项目则套用地方综合定额和单位估价表，一般构筑物部分套用单位估价表，按市政要求设计的室外电缆沟和道路等套用市政定额。

② 定额套用是否有误，是否存在高套定额的现象，套用定额的工作内容是否与设计要求的项目内容完全一致，是否存在重复套取定额的现象，特别在综合定额与单位估价表混合使用时，要仔细分析综合定额所含的内容。

③ 定额基价换算是否正确，换算条件是否具备，换算的方法是否正确。

5. 审计间接费、利润、税金等费用

思路：上述费用一般以直接费为基数计算，其应该审计在完成了工程量和定额套用审计后进行。

① 费用的计算标准和涵盖范围是否正确合理。

② 进行取费审计时，首先要查阅承包商的取费证书，施工单位的施工资质与套用定额是否相符，特别应注意的是增加利润和劳动保险费。其次要熟悉工程造价管理部门公布的政策性调整文件。

6. 审计材料价差

思路：材料价差是指材料实际价格与定额预算价之间的差额，计算公式为材料价差＝材料定额用量×（材料实际价−材料定额预算价），从公式可以看出，工程量不变时，材料的定额用量也是不变的，材料定额预算价是固定的，审计材料价差的重点在于材料的实际价的确定。

① 材料的实际结算价应进行市场调查，按照市场实际价格结算且不能高于造价管理部门公布的信息指导价。

② 邮政工程所用的材料是否以招标价加规定的运杂费为结算价；运杂费的计算是否正确。

③ 部分承包商包工包料范围内的特材价格，如工程造价管理部门没有公布信息价的材料，则需要进行充分的市场调研，承包商提供的发票仅供参考。

7. 审计独立费用

定额外独立费是指施工过程中实际发生的，又不在定额内的费用，这部分费用往往无固定的标准，形成的价格为协议性价格和签证。

思路：① 定额外独立费的审计应注意其工作内容在定额中是否已包括，计取了包干费的工程是否在包干范围内，是否有相应的协议和签证并符合国家相关法规。

② 费用标准有参考价的，其参考价是否已包括税金，无参考价的其价格是否经业主和承包商双方确认，其标准是否偏高。

8. 审计设计变更费用

思路：① 审计设计变更手续是否齐全，设计变更内容是否真实。设计变更需要有变更通知单，而且需要有建设单位项目负责人、施工单位现场管理人员、监理人员及设计人员的签字才有效。

② 审计设计变更费用计算是否正确，合同中如有约定设计变更达一定限额方可计

取,要审查单项设计变更引起的费用增加是否达到约定限额,同时要注意设计变更引起的费用减少部分是否计算。

③ 审计设计变更是否发生。为保证设计变更的真实性,必要时审计人员需进行现场测量与核对。

9. 审计施工索赔费用

思路:① 索赔签证审计时首先要审查其发生的根源,其索赔产生的责任是否由业主单位引起,对非业主单位原因引起的签证不予承认。

② 判断索赔存在的合理性和真实性,并对索赔程序是否合规、是否经业主和监理单位认可进行审查。

③ 对以下几个方面的费用应不予认可:

a. 承包商主动提出的改进施工措施而发生的费用;

b. 承包商对索赔事项的发生原因负有责任的有关费用;

c. 承包商对索赔事项未采取减轻损失的有效措施,因而扩大损失的费用;承包商进行索赔准备的费用;

d. 索赔款在索赔处理期间的利息以及工程有关的保险费用。

10. 审计甲供材料的结算

思路:甲供材料审计主要有退价审计、甲供材料采购价格及税金审计三个方面。

① 甲供材料的退价公式为应退价款=领料数量×结算书中所计材料价格,结算书中所计材料价格一般为信息价或投标书中所报材料单价。甲供材料的现场保管费按合同中双方约定的标准收取(一般为材料原价的 0.8% ~ 1% ,以各市造价管理部门公布的文件为准)。

② 甲供材料一般也应进行招标采购,其招标价为原价或原价加部分运杂费(运输费和包装费等),甲供材料的运杂费一般按实际发生的费用进行分摊,其审计的重点在于业主单位有无加价行为,一般情况下,甲供材料的最终结算价不应高于预算指导价。

③ 甲供材料也是建安工程费的组成部分,应参加正常的取费与计税,甲供材料税金处理方式:a. 业主单位在税前退回甲供材料,即税金同甲供材一并退回,由业主单位主动到税务部门缴纳。b. 甲供材料做往来处理,施工单位按含甲供材料的工程造价全额开票,甲供材料税金一并计算给施工单位,由施工单位负责缴纳。

11. 审计施工用水费和电费的结算

思路:水电费的扣回一般是指承包商未单独挂表计量的情况,一般按定额含量中水电费扣回,但一般无法扣回承包商在施工过程中生活用水用电而发生的费用,审计部门应在合同审计时要求承包商单独挂表计量,线路工程一般由承包商自发电。

(三) 审计方法

审计方法主要有现场核实法、计算法、分析比较法。

(四) 可能的结论与建议

1. 可能的结论围绕下列问题展开

① 送审造价额度是否真实正确?

② 实际造价是否超过了批准的概算？

③ 项目的经济性程度如何？

④ 对投资效益的影响如何？

2. 建议

① 根据合同约定按照审定数办理结算。

② 分析实际造价与概算不一致的原因，建议在今后项目建设中加强对资金使用过程的管理。

3. 相关表格

相关表格可参照表 4-10 ~ 表 4-17。

表 4-10　基本建设工程审计了解情况表

审计项目名称		项目性质		承建方式		
建设单位		建设规模	开工日期	年 月 日	施工合同类型	
		送审造价	竣工日期	年 月 日		电话
施工单位		施工单位资质	施工单位性质	施工单位联系人		电话
监理单位		监理单位资质	监理单位性质	监理单位联系人		
工程价款结算情况		已预付工程款数	未付工程款数	未完工程比例	约 %	
可供审计使用的资料情况		可提供资料：		缺少资料：		
工程使用材料情况		建设单位提供（占送审造价）约 %		施工单位自行采购（占送审造价）约 %		
是否经其他部门审计，审计意见，处理情况						
工程项目现场施工条件						
建设期定额、预算单位、取费标准变化情况						

审计人员：

注：此表可根据预算、结算、决算审核填列相应栏目，本页填列不下可续页填写。

表 4-11　土建工程审计明细表

项目名称：　　　　金额：　　元　　　　　　共　　页　第　　页

序号	分项工程名称	原预(结)决算数					审定情况					核减额减(+)增(-)	备注
		定额编号	单位	数量	单价	合价	定额编号	单位	数量	单价	合价		

编制人：　　　　　复核人：　　　　　被审计单位：　　　　　年　月　日

表 4-12　安装工程审计明细表

项目名称：　　　　金额：　　元　　　　　　共　　页　第　　页

序号	分项工程名称	原预(结)决算数							审定情况							核减额减(+)增(-)	备注
		定额编号	单位	数量	单价	合价	人工单价	人工合价	定额编号	单位	数量	单价	合价	人工单价	人工合价		

编制人：　　　　　复核人：　　　　　被审计单位：　　　　　年　月　日

表 4-13　装饰工程审计明细表

项目名称：　　　　金额：　　元　　　　　　　　　共　　　页　第　　　页

分项工程名称	原预(结)决算数								审定情况								核减额减(+)增(-)	备注
	定额编号	单位	数量	单价	合价	人工单价	人工合价	机械	机械合价	定额编号	单位	数量	单价	合价	人工单价	人工合价	机械	机械合价		

编制人：　　　　复核人：　　　　被审计单位：　　　　年　月　日

表 4-14　土建、安装、装饰工程取费审计表

项目名称：　　　　金额：　　元　　　　　　　　　共　　　页　第　　　页

序号	工程费用名称	原预(结)决算数			审定情况			核减额减(+)增(-)	备注
		基数	取费系数	金额	基数	取费系数	金额		

编制人：　　　　复核人：　　　　被审计单位：　　　　年　月　日

表 4-15　建筑安装工程材料差价审计明细表

项目名称：　　　　金额：　　元　　　　　　　共　　页　第　　页

序号	材料名称	原预(结)决算数						审定情况						核减额减(+)增(−)	备注
		单位	数量	市场价	定额价	单价差	价差合计	单位	数量	市场价	定额价	单价差	价差合计		

编制人：　　　　复核人：　　　　被审计单位：　　　　年　月　日

表 4-16　建筑安装工程审计汇总表

项目名称：　　　　金额：　　元　　　　　　　共　　页　第　　页

序号	单位工程名称	审前数	审定数	核减额 减(+)增(−)	备注

编制人：　　　　复核人：　　　　被审计单位：　　　　年　月　日

表 4-17 基本建设工程预(结)算审核计定案表   金额单位:元

工程项目及名称	建筑面积/m²	送审金额	审增金额	审减金额	审定金额
合计					

	建设单位: (公章) 负责人签章: 年　月　日	施工单位: (公章) 负责人签章: 年　月　日	审计单位: (公章) 负责人签章: 年　月　日

备　注:送审金额+审增金额−审减金额=审定金额

编制人:　　　　　　　　　　　复核人:　　　　　　　　　　年　月　日

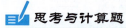 思考与计算题

1. 建设项目总造价与建筑安装工程造价的费用如何构成?

2. 审计设计概算需要收集哪些相关资料?

3. 如果在审计过程中发现设计概算超过投资估算 10% 以上,审计人员应该怎么做?

第五章

建设项目财务收支审计

建设项目财务审计始终是建设项目审计的核心内容，它以合规性审计为主，围绕着建设资金运行线路，从资金的筹集过程到资金的投入、使用、分配和回收而展开。站在内部审计的立场看待建设项目财务审计，我们必须要关注审计重点、审计方法与审计要求等相关问题，本章以建设单位财务审计为重点，着重于回答上述问题。

第一节　建设项目资金筹措的审计

课前思考

建设项目资金筹措也称资金筹集或资金来源的可行性研究。对拟建项目所需投资进行的自有资金和借贷资金的筹集。项目的自有资金包括项目主持者自有资金、国内外协作者自有资金、对国内外发行的股票等；项目借贷资金来源有国际金融机构贷款、国与国之间的政府贷款、出口信贷、商业信贷、国内的各种贷款，以及对国内外发行的债券等。

当项目自有资金不能满足项目投资所需的时候，需要筹措借贷资金。但对于独立经营的企业说来，筹措借贷资金一般都需要有一定的自有资金作基础，以减少借贷资金的风险性。

任务驱动

当你学完这一节，你将能够：

（1）了解基建拨款的分类；

（2）了解基建投资借款来源及分类；

（3）了解财务审计的方法和思路。

思考或讨论

（1）建设项目资金筹措由哪些组成？

（2）建设资金财务审计的思路？

审计实训

3 人一组，整理项目财务竣工决算报表，并指出各报表之间的钩稽关系。

微课
基建拨款的审计

一、基建拨款的审计

基建拨款是由国家财政、主管部门和企事业单位拨入建设单位无偿使用的基本建设资金。按其来源渠道不同，分为预算内基建拨款、自筹基建资金拨款和其他基建资金拨款。

基建拨款科目是核算建设单位各项基本建设拨款，包括中央和地方财政的预算拨款、地方主管部门和企业自筹资金拨款、进口设备转账拨款、器材转账拨款等。其他单位、团体或个人无偿捐赠用于基本建设的资金和物资也在本科目核算。

例如：某建设单位收到中央财政预算拨入的拨款通知存入银行结算户，拨入 1 000 000 元。作如下会计分录：

借：银行存款　　　　　　　　　　　　1 000 000

　　贷：基建拨款——本年基建基金拨款　　　　1 000 000

（一）预算内基建拨款的审计

预算内基建拨款包括中央基建基金拨款、地方财政预算拨款、进口设备转账拨款、器材转账拨款等。

1. 审计建设单位是否符合预算拨款的范围

按照国家规定，只有行政事业单位、没有还款能力的企业和经过特殊批准的建设单位，才能取得预算拨款。中央基建基金拨款属于非经营性资金，按照国家规定非经营性资金主要用于中央各部门直接举办的无经济收入的文化、教育、卫生、科研等建设和大江大河的治理。

审计人员必须审查建设项目是否符合预算拨款的范围。审计人员可以通过审查基建拨款通知书和会计账簿记录的一致性，查证基建拨款使用范围。在审查中，如果发现建设单位不属于国家规定的范围，应追究拨款单位的责任并要求国家发展改革委等部门收回拨款；如果发现建设单位有采取不正当手段骗取预算拨款的行为，审计人员应及时建议银行停止拨付或收回预算拨款，并对建设单位追究经济责任和法律责任。

2. 审计建设项目是否已经纳入批准的年度基本建设计划

审计人员应注意有无计划外项目挤入计划内的情况；有无年度基本建设计划未经报批或审批手续不完整的情况；建设单位用预算拨款擅自扩大建设规模，增加建设内容和提高建设标准，甚至搞计划外工程等。审计人员应坚持原则，予以制止，并建议银行不予拨款。

3. 审计建设单位取得预算拨款的依据是否完备合法

国家规定,建设单位必须向银行报送经有关部门批准的文件,作为取得预算拨款的依据。这些文件包括可行性研究报告、初步设计文件和设计概算、年度基本建设计划和年度基本建设工程项目表、施工图预算、年度基本建设财务计划和施工合同等。内部审计机构和人员重点审查上述文件的完备性和审批程序的合法和合规性。

4. 审计进口设备转账拨款

进口设备转账拨款是指上级主管部门转账拨入的进口的成套设备的价款和有关费用。进口设备转账拨款的审计主要应从以下几方面进行:审查建设单位通过主管部门引进的成套设备是否符合国家的规定;审查建设单位的引进成套设备项目(包括国内配套工程)是否已纳入国家的基本建设计划;审查建设单位引进成套设备项目的国内配套工作是否已安排妥当。

5. 审计器材转账拨款

主要应审查建设单位所取得的设备、材料,是否按规定用于计划内工作,审查其有无利用转账拨入设备、材料擅自扩大建设规模,有无将转账拨入设备、材料挪用于计划外工程等情况。在审查中,如果发现建设单位不按规定用途使用,或任意进行计划外工程等情况,审计人员应坚决制止,并督促建设单位限期改正。

(二) 自筹基建资金拨款的审计

1. 审计自筹基建资金拨款计划

按照国家现行规定,凡是自筹基本建设项目必须纳入国家基本建设计划。内部审计机构和人员应审查项目计划的批准文件,并将批准的建设内容和实际建设内容做比较,注意发现未纳入国家基本建设计划项目的建设。

2. 审计建设单位的自筹基建资金来源

根据国家现行规定,银行贷款各种行政事业经费、各种租赁资金、企业应上缴税金和利润、流动资金、更新改造基金和大修理基金等不能用于自筹投资建设项目;不得通过向企业摊派的方式自筹资金;不得挤占成本;不得采取提价或变相提价的方式筹集资金。在审计时,审计人员应审查建设单位是否违反财政金融制度,有无挤占生产成本、乱摊派、乱集资的情况,有无截留应上缴利润和拖欠税款等情况。对于违反国家规定的,应严肃处理。

3. 审计建设单位自筹基建资金的落实情况

审计人员应详细审查建设单位自筹资金来源的各明细账户,采取账、表、证相互核对的方法,落实期末结余资金与申报是否一致。审查建设单位的各项专项资金的取得是否按规定交纳了税金。在保证了正常开支和设备更新、技术改造的需要之后,还有多少资金按规定可以用于自筹基本建设投资,能否保证投资计划的实现。还要审查建设单位的"基建拨款——待转自筹资金拨款"和"银行存款——待转自筹资金户"科目记录是否真实、可靠。

(三) 其他拨款的审计

其他拨款主要包括其他单位、团体或个人无偿捐赠用于基本建设的资金或物资,其他单位无偿移交的未完工程,由于与其他单位共同兴建工程而其他单位拨入的基本建设资金等。对其他拨款进行审计,主要应审查建设单位所取得的其他拨款来源渠道是否正当,有无向企业、事业单位和机关、团体等乱摊派、乱集资的情况;审查建设单位其他拨款的使用是否符合规定,有无乱上计划外项目、冲击计划项目的情况,是否节约使用等。在审查中,如果发现建设单位的其他拨款来路不正,审计人员应进一步查清问题,分别处理。对于通过乱摊派、乱集资等途径取得的资金,审计人员应督促建设单位及时退还;对于通过其他途径非法所得的资金,应予以没收,并责成建设单位的领导做出检查。如果发现建设单位利用其他拨款擅自进行计划外违章工程或任意挪作他用,审计人员应督促建设单位及时纠正,并依法予以处理。

微课
基建投资借款的审计

二、基建投资借款的审计

基建投资借款是指建设单位按规定条件向有关方面借入的有偿使用的基本建设资金。基建投资借款的种类主要包括国家开发银行投资借款、国家专业投资公司委托借款、商业银行投资借款、国外借款和其他投资借款。为了反映、监督基建投资借款的借入、使用和归还情况,建设单位应设置"基建投资借款""拨付所属投资借款""上级拨入投资借款""待冲基建支出""应收生产单位投资借款"科目进行核算。

注意:建设单位按规定从银行借入的国内储备借款和周转借款,不在本科目核算,而在"其他借款"科目核算。

例如:某建设单位接到国家开发银行通知,将基建投资借款 900 000 元,转入银行存款户。作如下会计分录:

借:银行存款　　　　　　　　　　　　　　900 000
　　贷:基建投资借款——国家开发银行借款　　900 000

基建投资借款的审计,主要应从以下几方面进行。

1. 审计借款对象、范围和条件

首先,应审查建设单位在行政上是否具有独立的组织形式,在经济上是否实行独立核算,自负盈亏,是否确实具有还款能力,其可靠程度如何。其次,应按照建设单位所借款项的种类,根据国家对该种借款范围的规定,审查建设单位是否符合规定的借款范围。

2. 审计借款的依据是否真实、齐全

审查建设单位向建设银行提送的经过有关部门批准的项目建议书、可行性研究报告、初步设计和概(预)算文件、投资包干合同以及年度基本建设计划等申请借款的依据是否齐全;审查其是否经过财政部门批准,审批手续是否完备;审查建设项目是否确实列入年度基本建设计划,计划文件是否经有权机关批准,有无计划不实,将计划外项目挤入计划内的情况。在审查中,如果发现审批手续不完备的,审计人员应督促建设单位及时补办手续,对于未报批的项目,应督促建设单位按规定报批,对于计划外的项目,要坚决制止,维护国家计划的严肃性。

3. 审计借款合同的签订

借款合同是建设单位与银行或其他金融机构就确立货币借贷权利和义务关系所签订的书面协议。审查借款合同,就是要审查借款合同所规定的项目名称、借款金额、

借款利率、借款期限等是否按照批准的基本建设计划、设计概算签订;审查借款的签订是否符合《经济合同法》《借款合同条例》以及国家规定借款利率等法规文件的要求;审查建设单位所确定的分年用款计划是否与工程进度相衔接,有无资金不足或超过工程实际需要的情况,审查建设单位所确定的分年还款计划是否切合实际,有无为争取贷款,而故意夸大投资效益,缩短还款期限等不良行为。如果发现问题,审计人员应及时采取措施,督促贷款方与建设单位及时修订或重签借款合同。

4. 审计基建投资借款的使用情况

审查建设单位是否在基建投资借款指标额度内按照设计概算和借款合同规定的用途合理使用基建投资借款。审查时,应分别将基建投资借款指标备查登记簿的核定数、分年用款计划、一定时期的支用数以及建设银行或其他计算利息清单等与"基建投资借款"科目的记录相核对。审查"基建投资借款"科目的经济内容,是否符合国家规定,是否符合借款合同限定的用途,有无将基建投资借款挪作他用或进行计划外工程等情况。

建设单位的基建投资借款支出内容,是通过有关的原始凭证、记账凭证和设置"基建投资借款"科目来反映的。因此,对基本建设投资借款进行审查,就必须审查有关基建投资借款的会计资料,看其所反映的经济内容的真实性和可靠程度如何。要审查原始凭证的填制是否符合要求,各项内容的记载是否完整、正确,所反映的经济业务是否合法。审查记账凭证时,应着重审查"基建投资借款"科目的运用及其对应关系是否正确,审查"基建投资借款"核算科目的经济内容是否与原始凭证相符,填列的金额是否相等,审查"基建投资借款"科目的登记是否正确,有无多记、少记、重记、漏记等错误,并将基建投资借款支出的原始凭证、记账凭证和"基建投资借款"科目相互核对,检查其是否相符。

在审查中,如果发现建设单位有挪用借款或擅自改变建设内容、盲目采购材料设备、违反财经纪律,基建投资借款账务处理有误等问题时,审计人员应督促建设单位限期改正。逾期不改,情节严重的,审计人员应建议银行停止发放或收回贷款,并报其有关主管部门审查处理。

5. 审计基建投资借款的偿还情况

首先,应审查建设单位是否按期还本付息。基本建设投资借款是建设单位取得的有偿性资金来源,建设单位必须严格履行借款合同,按期还本付息。应审查建设单位是否完成年度还款计划。审查时,审计人员应认真核对银行的对账单、利息清单和建设单位的"基建投资借款"科目,检查其还本付息的情况。在审查中,如果发现建设单位未按期还本付息,审计人员应进一步追查原因,并及时建议银行对逾期部分按规定利率加收罚息。

其次,应审查其偿还借款本息的资金来源是否正当。基建投资借款的还款资金一般包括建设项目建成投产后新增纳税前的利润,新增固定资产的基本折旧基金,建设期间按规定应上缴财政的基本建设收入,投资包干节余及其他自有资金等。因此,应审查建设单位是否按规定的资金来源偿还借款,是否先用自有资金来偿还,有无挪用生产流动资金、其他专项资金和挤占生产成本;审查超过计划规定建设期和还款期的借款,建设单位是否按规定用自有资金偿还,有无随意占用应交税款和应交利润的情况。在审查中,如果发现建设单位还款资金来源不符合规定,审计人员应追查原因,督促建设单位及时改正。对于非法占用税款和应交利润的,审计人员应督促建设单位及时、足额地补交,维护国家的根本利益。

微课
其他借款的审计

三、其他借款的审计

其他借款是反映建设单位向银行借入的除基建投资借款以外的其他各种借款。包括国内储备借款、周转借款等。

其他借款科目是核算建设单位按规定向银行借入的除基建投资借款以外的其他各种借款,如国内储备借款、周转借款等。

例如:某建设单位按照合同用款计划为购入下年度储备的需要安装设备,向银行借入国内储备借款 300 000 元,转入存款户。作如下会计分录:

借:银行存款   300 000

　　贷:其他借款   300 000

审查时,应根据借款合同和有关制度规定,结合"其他借款"明细账进行检查。有无将"其他借款"未按规定用途使用,有无不按期归还长期占用的"其他借款"。如有上述情况,应予以纠正。此外,按规定对挤占挪用借款部分和不按期归还借款部分要加付利息,并用建设单位自有资金支付。

1. 审计国内储备借款

国内储备借款是指建设单位为下年度工程储备设备或材料,而向银行借入的一种专项借款。国内储备借款的审计,一般应从以下几个方面进行。

审查建设单位是否具备借款条件。根据国家规定,建设单位向银行申请国内储备借款,必须具备以下条件:建设项目已列入批准的年度基本建设计划;设备必须是列入批准的设计文件所附设备清单内的需要安装设备;签订设备订货合同,而且是当年到货付款,下年度才能安装的设备。因此,审查国内储备借款,首先必须审查建设单位是否具备上述借款条件,建设单位所订购的设备是否确实控制在设计和概算范围之内。有无订购不符合设计要求的设备,以及有无计划外工程订购设备等情况。在审查中,如果发现建设单位不具备借款条件,审计人员应建议银行拒绝发放贷款;如果发现建设单位弄虚作假,采取欺骗手段取得借款等违纪情况,审计人员应查清责任,严肃处理,并及时建议银行停止或追回贷款。

审查建设单位是否按规定用途使用贷款。建设单位向银行借入的国内储备借款,只能用于当年到货,并列入设备清单的需要安装设备储备。审计人员应将"其他借款——国内储备借款"科目所反映的经济内容与有关支出的原始凭证等进行认真核对,看其是否相符,有无错记、漏记等情况。检查建设单位实际支用的国内储备借款是否合规、合理。在审查中,如果发现建设单位不按规定用途使用借款,审计人员应督促建设单位及时改正,加强管理工作。对于情节严重的,审计人员应建议建设银行停止发放或收回贷款,按规定加收罚息,并及时上报有关部门进行处理。

审查建设单位是否按期归还借款本息。国内储备借款是一种临时性的。建设单位必须在下年度的基建投资借款指标核定下达后,用基建投资借款及时归还,审计人员应认真审查建设单位"其他借款——国内储备借款"科目的借方记录,检查其归还借款本息的情况。在审查中,如果发现建设单位已归还借款本息,但尚未入账或记账有差错,审计人员应予指出,督促建设单位及时入账或更正错账。如果发现建设单位无故拖欠、非法占用等情况,审计人员应查清责任,督促建设单位及时采取措施,抓紧归还。

2. 审计周转借款

周转借款是指实行投资包干责任制的建设单位。为解决投资包干项目的资金短缺,按规定向建设银行借入的临时性周转借款。周转借款的审计一般应从以下几方面进行。

审查建设单位是否具备借款条件。建设单位向建设银行申请周转借款,必须具备以下条件:建设项目已纳入批准的年度基本建设计划;建设项目实行投资包干办法,且建设单位与其主管部门已无法调剂解决。对周转借款进行审查,首先要审查建设单位是否具备上述借款条件。在审查中,如果发现建设单位不具备借款条件,审计人员应建议建设银行拒绝发放贷款。

审查建设单位是否按规定用途使用借款。周转借款只能用于解决投资包干项目的资金短缺,不能用于其他项目或其他开支。审计人员必须逐笔审查"其他借款——周转借款"科目的借贷记录,并与有关支出的原始凭证和记账凭证进行核对,看其所反映的支出内容是否一致,金额是否相符,有无错记、漏记等情况。在此基础上,检查各项支出是否合法、合规。在审查中,如果发现建设单位利用周转借款擅自扩大基本建设规模,用于计划外工程或挪作他用,以及损失浪费严重等情况,审计人员应坚决制止,及时建议银行停止发放或追回贷款,并按规定加收罚息。

审查建设单位是否按期归还借款本息。在下年度的基建投资借款指标核定下达后,建设单位必须用下年度的基建投资借款及时归还周转本息。审计人员要认真审查"其他借款——周转借款"科目的借方记录,看其是否真实、正确,检查建设单位归还周转借款的情况。在审查中,如果发现建设单位归还周转借款的账务处理有差错,审计人员应督促其及时纠正,如果发现建设单位未按期归还周转借款本息,审计人员应进一步追查原因,督促建设单位及时归还。

四、企业债券资金的审计

微课
企业债券资金的审计

债券是一种债权债务关系的证券化凭证。借条是一种债权债务关系的凭证,但它没有证券化,因此,它也不是债券。随着我国资本市场的建立和发展,通过证券市场发行股票和债券进行融资的建设项目越来越多,也是经济的新的增长方式。目前,我国实行积极的财政政策,加大投资,鼓励出口和消费,拉动经济的增长和效益的回升。国家每年计划发行 1 500 亿元的建设国债,加大投资,在地区上向西部倾斜。

例如:农村电网建设与改造是政府为减轻农民负担,开拓农村市场,有效扩大内需,促进农村经济发展而采取的重大举措,是造福于广大百姓的"德政工程""民心工程",是在农村落实"三个代表"重要思想的具体体现。这也是第一次由国家投入巨额资金特别是国债专项资金对农村电网进行全面的建设与改造,社会影响很大。

鉴于农村电网建设与改造项目的特点,审计机关将此项目列入今年审计工作重点之一。统一组织 26 个省、自治区、直辖市审计机关和新疆建设兵团审计局,对辖区内农村电网建设与改造项目进行审计和审计调查。重点检查建设资金的管理情况,促进项目法人合法、有效地使用建设资金,提高投资效益;揭露建设与改造项目在概算管理、收费管理和财务核算中存在的弄虚作假、严重违纪违规以及贪污腐败等问题,督促建设单位和参建单位堵塞漏洞,加强项目核算和管理;围绕电网建设与改造项目实施效果及存在问题和农村供电管理改革的进展情况开展审计调查,针对存在问题,深入分析原因,有针对性地提出建设性意见。目前,这项审计工作正在各地紧张进行。例如:中国石化总公司担保为广东茂名石化和辽阳石化发行的中国石化债券,铁道部发行的中国铁路建设债券等。

企业债券资金是建设单位的一种投资来源,是指将生产企业通过发行企业债券筹集的资金拨付给建设单位用于项目建设的投资。建设单位往往只是债券资金的使用者而不是发行者(建设项目法人除外)。

建设单位收到生产企业拨入的用于基本建设的企业债券资金以及应付的债券利息时,通过"企业债券资金"来源类一级科目核算。建设单位收到生产企业拨入的企业债券资金,借记"银行存款"科目,贷记本科目。

例如:某建设单位收到生产企业拨入的建设债券资金 1 500 000 元,转入银行存款户。作如下会计分录:

借:银行存款　　1 500 000

　　贷:企业债券资金——债券本金　　1 500 000

支用企业债券资金时,借记"建筑安装工程投资""设备投资""其他投资""待摊投资"等科目,贷记"银行存款"科目。建设单位使用的企业债券资金属于计付利息的,其建设期利息应在工程竣工时分摊计入工程成本,具体分摊办法可由主管部门根据本部门的建设特点和债券还本付息要求自行规定。按规定应计入工程成本的利息,借记"待摊投资——企业债券利息"科目,贷记本科目。

建设单位将企业债券资金存入银行所取得的存款利息收入,按规定应冲减工程成本,借记"银行存款"科目,贷记"待摊投资——企业债券利息"科目。建设单位使用企业债券资金进行的工程竣工后,应根据"建筑安装工程投资""设备投资""其他投资"和"待摊投资"等科目的明细记录,计算交付使用资产的实际成本,编制交付使用资产明细表等竣工决算资料,经交接双方签证后,一份由生产使用单位(即拨出债券资金的生产企业)作为资产入账的依据,一份作为建设单位交付使用资产的记账依据,借记"交付使用资产"科目,贷记"建筑安装工程投资""设备投资""其他投资""待摊投资"科目。

下年年初建立新账时,应将上年度用企业债券资金完成的交付使用资产冲减企业债券资金,借记本科目,贷记"交付使用资产"科目,并通知生产单位转账。工程全部竣工后,建设单位应对企业债券资金形成的结余物资及时进行清理,收回的资金交回拨出债券资金的生产企业,借记本科目,贷记"银行存款"科目。本科目应分别设置"债券本金"和"债券利息"两个明细科目。

企业债券资金的审计主要应从以下几方面进行。

固定资产投资项目投入资金数额大,由于项目建设过程具有连续性的特点,工程一旦开工就要求投资不能中断。因此,进行基本建设和技术改造要有及时足够的资金供应做保证,同时花钱要注意精打细算。审计时要着重审查以下几个方面。

① 建设项目所使用的企业债券资金来源是否合法,是否落实。为了加强企业债券的管理,国家颁布了《证券法》和《企业债券管理暂行条例》等法律和法规,规定了企业是否有权发行债券,发行债券筹集的资金首先保证国家建设项目的投资,严禁搞计划外的固定资产投资。

按国家规定,企业发行企业债券必须经中国人民银行的批准。企业可以自己发售债券,也可以委托银行或其他金融机构代理发售债券。代理发售债券的机构,可按代理发售债券的总面额收取一定比例的手续费。

② 债券资金是否按投资计划及时到位,有无因资金不能及时到位造成延误工期或增加资金成本的现象。

③ 建设资金使用是否合规,有无转移、侵占、挪用建设资金的问题。现行财务制度规定,利用企业债券资金安排的建设项目,应单独核算和管理。建设期利息可视同基建投资借款利息计入工程成本,计入交付使用资产价值。建设单位将债券发行单位拨来的债券资金存入银行所取得的利息收入,应冲减企业债券利息支出。各项债券发行手续费和印刷费,应计入交付使用资产价值。

④ 企业债券资金的发行和取得是否合法合规,有无非法集资、摊派和收费等问题;扩建项目和技术改造项目建设资金是否与生产资金严格区别进行核算;债券建设资金在使用过程中有无损失浪费。

五、项目资本的审计

根据财政部《关于印发〈基本建设财务管理若干规定〉的通知》(财基字〔1998〕4 号),即国有建设单位会计制度补充规定,现对国有建设单位有关会计处理补充如下。

微课
项目资本的审计

项目资本是建设资金来源类的一级科目是将原来的"联营拨款"科目改为"项目资本"科目,核算经营性项目收到投资者投入的项目资本。

建设单位收到投资者投入的项目资本时,借记"银行存款"科目,贷记"项目资本"科目。

例如:某建设单位收到投资单位参股方式投入的基建参股资金 200 000 元,存入银行。作如下会计分录:

借:银行存款　200 000

贷:项目资本　200 000

支用款项时,借记"建筑安装工程投资"等科目,贷记"银行存款"科目。工程完工交付使用时,借记"交付使用资产"科目,贷记"建筑安装工程投资"等科目。工程完工交付使用后,应于下年年初建立新账时,借记"项目资本"科目,贷记"交付使用资产"科目。工程竣工,将结余资金移交生产企业时,借记"项目资本"等科目,贷记"银行存款"等科目。

"项目资本"科目应设置"国家资本""法人资本""个人资本"等明细科目,进行明细核算。

重点审计:首先,审查项目资本的会计处理是否正确,是否符合《国有建设单位会计制度的规定》规定;其次,审查项目资本有哪些来源途径,是否按国家规定的比例认缴法人资本。按照国务院《关于固定资产投资项目试行资本金制度的通知》1996 年 3 月 23 日国发〔1996〕35 号,从 1996 年开始,对各种经营性投资项目,包括国有单位的基本建设、技术改造、房地产开发项目和集体投资项目,试行资本金制度,投资项目必须首先落实资本金才能进行建设,个体和私营企业的经营性投资项目参照本通知的规定执行。

在投资项目的总投资中,除项目法人(依托现有企业的扩建及技术改造项目,现有企业法人即为项目法人)从银行或资金市场筹措的债务性资金外,还必须拥有一定比例的资本金,投资项目资本金是指在投资项目总投资中,由投资者认缴的出资额,对投资项目来说是非债务性资金,项目法人不承担这部分资金的任何利息和债务;投资者可按其出资的比例依法享有所有者权益,也可转让其出资,但不得以任何方式抽回。

投资项自资本金可以用货币出资,也可以用实物、工业产权、非专利技术、土地使用权作价出资,对作为资本金的实物、工业产权、非专利技术、土地使用权,必须经过有资格的资产评估机构依照法律、法规评估作价,不得高估或低估,以工业产权、非专利技术作价出资的比例不得超过投资项目资本总额的 2%,国家对采用高新技术成果有特别规定的除外,投资者以货币方式认缴的资本金,其资金来源有以下几个方面。

① 各级人民政府的财政预算内资金、国家批准的各种专项建设基金、"拨改贷"和经营性基本建设基金回收的本息、土地批租收入,国有企业产权转让收入,地方人民政府按国家有关规定收取的各种规费及其他预算外资金。

② 国家授权的投资机构及企业法人的所有者权益(包括资本金、资本公积金、盈余公积金和未分配利润、股票上市收益资金等)、企业折旧资金以及投资者按照国家规定从资金市场上筹措的资金。

③ 社会个人合法所有的资金。

④ 国家规定的其他可以用作投资项目资本金的资金。

投资项目资本金占总投资的比例,根据不同行业和项目的经济效益等因素确定,具体规定如下。

① 交通运输、煤炭项目,资本金比例为 35% 及以上。

② 钢铁、邮电、化肥项目,资本金比例为 25% 及以上。

③ 电力、机电、建材、化工、石油加工、有色、轻工、纺织、商贸及其他行业的项目,资本金比例为 20% 及以上。

投资项目资本金的具体比例,由项目审批单位根据投资项目的经济效益以及银行贷款意愿和评估意见等情况,在审批可行性研究报告时核定,经国务院批准,对个别情况特殊的国家重点建设项目,可以适当降低资本金比例。

最后,审查建设项目的资本金是否经过具有相应资质的社会审计组织的验资报告,资金是否安全完整。

六、项目资本公积的审计

微课
项目资本公积的审计

增设"项目资本公积"科目,核算经营性项目取得的项目资本公积。包括投资者实际缴付的出资额超过其注册资本的差额、接受捐赠的财产等。

投资者投入的资金,按实际收到的款项,借记"银行存款"等科目,按合同规定的出资额,贷记"项目资本"科目,按实际缴付的出资额超过其注册资本的差额,贷记"项目资本公积"科目。

收到投资者捐赠的现金,借记"现金""银行存款"科目,贷记"项目资本公积"科目;收到投资者捐赠的材料物资,应按捐赠者提供的有关凭据或同类材料物资的市场价格,借记"库存材料""库存设备""设备投资"等科目,贷记"项目资本公积"科目。

项目完工交付使用后,应于下年年初建立新账时,借记"项目资本公积"等科目,贷记"交付使用资产"科目。"项目资本公积"科目应按形成类别设置明细账进行明细核算。重点审查项目资本公积资金来源的会计处理是否正确;资金是否真实、安全和完整。

七、审计导航

微课
审计导航

资金筹集贯穿项目建设全过程,由建设单位财务部门负责牵头,根据工程管理部门、计划部门等相关部门提供的投资计划、施工进度计划等相关资料,确定工程建设资金总额度及建设全过程各阶段所需资金额度,编制资金筹集计划,确定筹资方式,以作为资金筹集的重要依据。

(一) 审计目标

对资金筹集情况进行审计,基本目标是审计筹资过程的合法合规性和筹资成本、筹资费用的经济性。对于建设项目后评估审计来说,重点目标是审计筹资成本、筹资费用的经济性。

(二) 需要收集的资料

① 已经获得批准的建设单位投资计划。
② 建设单位财务部门编制的筹资计划和年度建设预算。
③ 使用国家财政资金的项目的上级有关部门关于划拨资金的批文。
④ 使用银行贷款的项目的贷款协议或合同。
⑤ 使用自有资金的项目的银行存款证明资料。
⑥ 合同等其他相关资料。
⑦ 筹资成本与费用测算资料。

(三) 审计内容和思路

① 建设项目的资金来源是否合规,资本金、当年资金是否落实。
思路:根据立项审批资料,确定项目资金来源渠道,对于国家预算资金投入建设的项目,要注意实际投入资金是否与批准的投资额度一致,如果超过了批准额度,关注超过部分的来源渠道是否合法、合规,是否有国家邮政总局或省邮政局允许调整概算的批文。
② 自筹资金是否经财务部门批准,并存入银行。
思路:查看银行存款证明,并关注是否有财务部门领导的审批意见。
③ 使用银行贷款须提供银行贷款承诺书或合同。
思路:查看银行贷款承诺书或合同,并计算贷款利息,同时分析对投资效益的影响。
④ 利用外资须提供主管部门批准的可行性报告,合同章程、协议书、预算内资金须

落实。

思路:主管部门批准的可行性报告,合同章程、协议书,并分析筹资成本。

⑤ 审计筹资成本和费用是否合理、经济。

思路:针对不同筹资方式计算不同的费用内容。a. 贷款的资金成本。贷款是项目投资资金的一个重要来源。借款需要支付利息,所以,利息即为贷款的资金成本。b. 债券的资金成本计算式为 $K=(r+F/B \cdot n)(1-t)$。式中,K 为一次还本单利计算债券的资金成本;r 为债券年利率(票面利率);F 为债券发行费用总额;B 为债券筹资总额;n 为债券偿还期限;t 为所得税税率。c. 自有资金的成本估算。自有资金成本应该表现为机会成本。d. 最低期望收益率的估算。单位的资金成本有多种来源,所以,不能简单地用其中某一个来代表单位资金总成本,一般来说,使用各种不同来源的资金成本的加权平均值,并以其作为投资项目的最低期望收益率。计算式为 $K=\sum K_i F_i$。式中,K 为加权平均资金成本;K_i 为第 i 种来源的资金成本;F_i 为第 i 种来源资金占项目总投资的比重。

(四)主要的审计方法

主要的审计方法包括查阅法、比较法、计算和分析法。

(五)可能的结论与建议

主要针对资金筹集是否到位、筹集方式是否恰当等相关问题得出审计结论,并提出规范管理,提高效益的建议。

第二节   建设项目资金使用情况审计

课前思考

安徽某事务所接受蚌埠市供销合作社联合社委托,审计某市 22 家中小企业 2014 年度"新网工程"专项资金申报资料。审计人员学习项目申报文件,设定专项资金审核流程,讨论审核标准,审核申报资料,深入现场逐个查看建设项目,实施了必要的审计程序,顺利完成了项目审核工作。本次"新网工程"审核工作,剔除 4 家重复申报项目、否决 6 家申报与实际建设不符项目,对 3 家符合申报条件,但申报资料不完善项目提出补充资料要求,同时指出专项资金项目申报指南存在的不足之处,有效地提高了专项资金的使用效率,为全市"新网工程"工作提供了宝贵经验。

任务驱动

当你学完这一节,你将能够:

(1)了解建设项目资金的分类;

(2)了解各个资金使用审计流程和思路;

(3)掌握资金使用情况审计的常规方法。

思考感讨论

（1）建筑安装工程投资由哪些组成？

（2）设备和材料如何开展资金使用审计？

审计实训

搜集本校园的单体建筑资料，填写财务决算报表，分析其结构组成。

建设资金使用情况就是指建设资金由来源形态转化为占用形态：货币资金—储备资金、结算资金—在建资金—建成资金—交付使用资产。因此，建设项目资金使用情况审计的内容包括：设备和材料审计；建筑安装工程投资审计；待摊投资审计；其他投资审计；待核销基建支出审计；基建收入审计；交付使用资产和资金冲转的审计。下面分别进行论述。

一、设备和材料审计

（一）设备投资的审计

微课
设备和材料审计

建设单位的设备是指根据批准的初步设计和基本建设投资计划的规定，为建设项目购置的各种设备。包括列入基本建设计划的属于固定资产性质的各种机器设备，以及新建或扩建项目建成投产后所需的不够固定资产标准的第一套工具和器具等低值易耗品。要把建设单位自用的设备、施工企业的设备与建设单位的设备区别开来。① 设备按照基本建设需要完成的内容不同，分为需要安装的设备和不需要安装的设备两类。需要安装的设备有机床、电动机、发电机、锅炉等；不需要安装的设备有汽车、电焊机、空压机（水泵）等。② 设备按照是否已经定型生产分为标准设备、非标准设备。③ 设备按照产地又可分为国产设备和进口设备。

设备投资是指建设单位在基本建设过程中发生的、构成投资完成额的各种设备及工具、器具的实际支出，包括出库交付安装的需要安装设备、验收入库的不需要安装设备和为项目准备的第一套工具及器具。

1. 审查设备采购计划和执行情况

审查建设单位编制的设备采购计划内容是否合规、完整；审查建设单位是否与生产厂家签订供货合同；审查建设单位对设备供应计划和设备订货合同的执行情况。

2. 对采购成本的审查

建设单位为了反映设备采购的总体情况和明细情况，正确计算设备的采购成本，必须根据会计制度的规定，设置"器材采购"总账和"设备采购""进口设备采购"明细账等账户。因此，审计人员必须对这些会计资料的真实性和可靠程度进行审查。审计人员应审查建设单位是否按照会计制度的规定设置总账和明细账，总账和明细账登记的数额是否相等；进口成套设备是否单独核算，与国内设备是否分别开设明细账户；有无将国内设备与进口设备合并记账的情况。其次，要将"器材采购"总账与"设备采购""进口设备采购"明细账和各种原始凭证、记账凭证互相核对，检查其数字是否一致，所反映的内容是否真实，有无尚未入账、错记、重记、漏记的情况，有无伪造原始凭证和记账凭证，从中贪污等情况。

3. 设备投资完成额构成情况的审查

（1）审查计算投资完成额的条件是否具备

建设单位的设备在计算投资完成额时，必须符合国家的有关规定，也就是具备了一定的条件，才能开始计算投资额。审查设备投资完成的情况，首先必须审查建设单位是否具备了计算投资完成额的条件。

① 需要安装设备。按照规定，需要安装设备领用出库交付安装时，只有具备了"正式开始安装"的三个条件，才能计算投资完成额。因此，审查时，审计人员必须深入施工现场，实地审查设备的基础工程或支架工程是否已经完工，有无尚未建设或尚未完工的情况；安装设备所必需的图纸及其他资料是否齐备，其供应工作是否准备就绪，有无图纸短缺或遗漏的现象；审查"库存设备"科目，看其设备是否已出库交付安装现场，是否已开箱清洗完毕、吊装就位，并继续进行安装；有无设备虽出库抵达现场，但尚未开箱清洗或尚未吊装就位的情况；对于已出库但不符合"正式开始安装"条件的设备，是否按照会计制度的规定办理假退库手续，用红字冲减"设备投资"科目的借方和"库存设备"科目的贷方。在审查中，如果发现出库设备不具备"正式开始安装"的三个条件，或设备尚未办理验收入库手续而直接交付安装，审计人员应提醒建设单位按规定办理，不要计算投资完成额，列入当年投资完成，也不要向国家报投资完成计划，确保投资完成额的真实性和可靠性。

② 不需要安装设备和工器具。按照规定，不需要安装设备和工器具，只要运到指定地点，经验收入库后，即可开始计算投资完成额。因此，审查中，审计人员可以直接根据有关设备入库凭证及"器材采购"总账和"设备采购"明细账的借方记录进行核对，看其是否完成采购过程，有无在途中的设备；同时，审核"设备投资"总账和"不需要安装设备""工具及器具"明细账的借方记录，看其已到货设备或工器具是否已办理验收入库手续，有无货已到，但尚未验收入库的情况。如果相符，说明可以开始计算投资完成额。对于所购不需要安装设备和工器具，如质量不合格或不符合设计的要求，要督促建设单位拒付款或退货，不能作为投资完成额计列。

（2）审查设备投资完成额的计算是否准确、真实

建设单位对已具备上述条件的设备和工器具，必须及时登记入账，正确计算投资完成额。因此。审计人员必须对建设单位计算的投资完成额的真实性、准确性进行认真审查。

（二）材料采购和使用情况的审计

建设单位的材料是指为项目建设而储备的各种材料。它在施工生产过程中参加一个生产过程就全部消耗掉，或构成工程实体，或有助于工程实体的形成。因此，它是建筑安装工程施工过程中所使用的劳动对象，是从事工程施工活动必不可少的物质要素，其资金占用在储备资金形态。

材料采购的审计主要是审查材料的采购计划和采购成本，检查采购保管费的开支情况，核对账物是否相符等。在审计时，可以参阅材料采购有关的文件和账户，如材料采购的原始凭证、记账凭证和合同等。在具体审计时，可以从以下几方面进行。

1. 审查材料采购供应计划的编制和执行情况

材料采购供应计划是建设单位购进各种建筑材料的依据,它决定着建设单位购进材料的品种、规格、质量、数量和时间,以及材料的正确储备量。建设单位必须根据批准的初步设计和基本建设计划所列清单规定的品种、规格、数量和建设进度,正确合理地编制采购供应计划。

2. 审查建设单位材料供应合同的签订和执行情况

建设单位为了保证材料的合理储备和施工的正常进行,在正确编制材料采购供应计划的同时,应与有关供应单位签订材料供应合同。材料供应合同是建设单位与材料供应单位为了明确供应材料的权利和义务关系而签订的一种书面协议,是保证及时供应材料,满足施工正常需要的重要条件。在材料供应合同中,必须具体规定供应材料的品种、规格、质量、订购数量、材料单位、总金额、结算方式、交货期限、交货地点、运输方式、违约罚款标准及额度,以及其他有关经济责任等条款。合同一经签订,即具有法律效力,双方必须严格执行,否则,将按照合同规定承担违约责任。

建设单位所需建筑材料,不论是当地还是外埠采购,都必须依据签订的材料供应合同所列内容进行采购。审查时,审计人员首先必须审查建设单位和供应单位是否订有合同,所订合同内容是否完整有效,对合同的贯彻执行是否合规合法,有无违反国家物资管理法规的行为。

3. 审查建设单位采购材料的价格是否合理

审查时,审计人员可从建设单位的有关发票账单上,查出各种材料的买价多少,并与国家及各省、市、自治区的市场平均价相比较,看其是否相符。如果提高了价格,应看是不是提高材料原价,或者是增加了包装费、外埠运杂费和供销部门手续费。对于向两个以上单位采购同一种材料的,要注意其价格是否一致,如不一致,应会同有关部门和单位及时查清。

4. 审查建设单位采购材料的各项费用情况

首先,审查材料货款的支付是否正常。建设单位在接到供应单位转来的账单、发票并经核对后,必须及时支付货款,保证钱货两清。因此,审计人员必须审计建设单位材料货款的支付情况是否正常。如应认真查核各种进货凭证、材料验收入库单、付款凭证等;检查购进材料的价款计算是否正确,有无计算错误;材料价款和运杂费是否已全部付清,有无多付或少付价款和费用。

其次,审查各项费用的支付是否正常。建设单位在组织材料采购过程中,除了按国家物价标准支付材料价款,还要发生各种采购费用,如保管费、运杂费、包装费、手续费、差旅费等。采购费用开支的多少,直接影响材料采购成本的高低。审查时,审计人员必须对建设单位的各种采购费用开支情况认真进行审查。例如:审查在采购业务中是否遵守结算纪律,有无不合法、不合理的预付定金和超标准费用开支现象;有无超过非现金结算起点而使用现金结算现象等。审计的重点应放在对"采购保管费"的审查。"采购保管费"是材料供应部门及仓库(包括露天堆放场)为采购、验收、保管和收发各种材料所发生的费用,它是构成材料价格的基本因素之一,约占材料供应价款和本市运费的2%。审计人员应认真核实其原始凭证、记账凭证、总账及明细账,看其所反映的内容是否一致,金额是否相等。各项支出的原始凭证、手续是否合法,内容是否真实等。

5. 审查建设单位材料的验收、入库和保管情况

建设单位对于采购到货的材料,应及时组织有关人员办理验收入库手续,填制"验收入库单",并做好收料记录和材料的存放、保管及安全保卫工作。这是减少购进材料的损失浪费,加强会计核算,保证工程顺利进行的重要前提和必要措施,也是检验建设单位内部控制制度是否严密的一个重要标志。

(三)设备和材料采购的招标投标审计

工程项目招标投标是项目在建设过程中建设单位作为买方,择优确定项目的勘察、设计、施工、监理以及设备、材料的供应单位的卖方竞价方式。因为在所有市场中价格是最为敏感的因素,而买方心理是质优价廉,卖方的心理是同质价优,为了很好解决这一矛盾和提高资源的配置效率,人们便采用了招标投标制的竞价方式。因此,哪里有市场,哪里就有可能存在给买方更多机会和择优选择卖方的招标投标竞价方式,可见招标投标的应用范围极为广泛,如建筑市场、政府采购、医药市场、证券市场、会计审计服务市场等。

我国"境内进行下列工程建设项目包括项目的勘察、设计、施工、监理以及与工程建设有关的重要设备、材料等的采购,必须进行招标"。工程项目招标投标的最大特点是公开、公平、公正和择优。目前在我国固定资产投资体制中实行招标投标制,一方面,达到节资增效,缩短工期,保证了工程的质量,提高了经济效益;另一方面,实行公开、公平、公正的市场竞争机制,增加透明度,减少贪污腐败。

但是,就目前在工程项目招标投标过程中存在的一些问题,也更为突出和严重,不可忽视。据报道,近几年来,我国各地都声称本地工程招投标率已达100%,但据国家发展改革委对78个国家投资项目的稽查发现,真正公开公平进行招投标的只有4%,96%的项目招投标"失灵"。工程项目在招标投标过程中究竟存在哪些舞弊问题呢?

1. 工程项目在设备和材料采购招标投标过程中存在的舞弊问题分析

我国在建设市场推行招标投标制以来,尤其是《中华人民共和国招标投标法》颁布实施后,对于整顿建筑市场、规范招投标工作起到了积极的作用,招投标工作也由此开始走上了有法可依的轨道。但在招投标工作的实践中,依然存在许多不规范的竞争和不规则的运作,招标投标中依然怪象丛生,有人总结出招标投标舞弊的"十八怪"现象,充分说明了工程项目招标投标过程中存在很多问题。

① 招标单位、评委、政府有关职能部门负责人和业务人员收受投标方的种种贿赂的经济犯罪现象最为突出。

据对河南省许昌市检察机关自1997年以来立案查处的50起发生在建筑工程领域的重大受贿案件和调查发现,85%的案件发生在工程的招投标承揽阶段。工程招投标日益成为职务犯罪的高发部位。招标投标单位无视法律,本来招标投标是"阳光工程"却成了"暗箱操作",善良的人们被欺骗了,大量的金钱流入了个人腰包,腐败也就由此产生了。通过招标投标本可以节约资源,却变成了浪费资源;本可以提高工程质量,却变成了"豆腐渣"工程。

② 招标方搞假招标"明招暗定"和任意肢解工程项目规避招标。假招标就是招标人通过种种弄虚作假的方式"明招暗定",招标人从中谋取种种好处,其背后往往隐藏

着利用职务的经济犯罪或腐败现象。例如:某水厂工程投标中,业主经过资格预审,确定了6家投标单位,组织了庞大的考察团对拟参加投标单位进行了考察。投标单位兴师动众,热情接待。而实际上,在考察前业主就已经确定了一家意向单位,并根据意向单位的企业特点、获奖情况、报价及施工技术方案等要素,为其设置评标程序及评标办法,让其中标。

③ 有的招标人任意肢解工程项目是为规避招标,也有的招标人肢解工程项目是为了关照某些特别的投标单位。例如:某市社会福利服务中心工程招标,投标企业接到标书后,个个摇头,因为投标书载明,这一部分子项不在本投标范围,那一部分材料不在本招标圈内,一个完整的建安工程项目被分割肢解成十几块,而且被肢解的都是利润高的部分,真是"中标企业啃骨头,内定企业吃肥肉"。

④ 投标方相互串通搞"陪标"或者与招标人串通投标方之间"陪标"。有些投标单位为了使自己"合法中标",便私下找几个投标单位给其"陪标"。而陪标单位根本就无意问鼎,在招标中"自然"不能中标。

⑤ 投标方有意压低标价或者故意串通哄抬标价投标。我国建筑市场上,施工队伍众多,僧多粥少,为了承揽工程,不惜血本压价,搞恶性竞争、无序竞争,最终失去了招标投标本来的客观公正,保证工程质量,提高经济效益的目标。压低报价,只会导致两个结果:一方面,在既定的施工技术水平和管理条件下,压低报价又要有利可图,施工单位往往在施工时偷工减料,导致工程质量下降,出现了"豆腐渣"工程,甚至是造桥桥塌、建房房倒、修路路陷、筑堤堤决等严重建筑质量事故频频发生。近年来发生的昆禄公路、青洋河大桥、重庆綦江彩虹桥等建设工程质量事件,让人触目惊心;另一方面,由于中标价压低,施工单位就会在施工过程中以各种理由要求建设单位追加资金,最后决算价严重超标,失去了招标投标本身所具有的约束作用,招标投标过程中所发生的各项费用也没有发挥效益。

⑥ 有的地区招标投标管理部门规定,如果所有投标单位的投标报价在开标时都超过标底价(例如,有的地区规定偏离标底幅度大于±5%),则以投标者的投标报价的平均值作为评标依据,原标底无效。在这样规定下,投标者在投标前进行秘密磋商和串谋,故意串通投标哄抬标价,蓄意废除标底,之后,所有投标者共享中标者以这种方式所赚取的不合理的利润,这属于典型的市场舞弊行为。

2. 工程项目设备材料采购招标投标舞弊的审计

我国工程项目在招标投标过程中存在上述舞弊问题最主要的原因是:在公有制下混乱的市场经济秩序下,招标投标制与其所需的市场条件不对称。试想:私人投资招标,有必要接受投标单位的好处而给予投标单位更大的好处吗? 我们只有:一方面,加速市场经济建设和健全市场机制,进一步完善招标投标制;另一方面,加强招标投标的审计和监管。但也要注意到招标投标的审计和监管仍有它的局限性,并不能解决根本问题,重点要规范市场经济秩序,健全市场机制。

国家审计机关和国家发展改革委特别强调和重视对国家工程项目招标投标的审计和稽查。

在2016年发布的《审计机关国家建设项目审计准则》第七条规定:"审计机关根据需要对国家建设项目的勘察、设计、施工、监理、采购、供货等方面招标投标和工程承发包情况进行审计时,应当检查招标投标程序及其结果的合法性,以及工程承发包的合法性和有效性。"

（1）重点开展工程项目招标投标中经济腐败审计

工程项目招标投标经济腐败审计是以防治经济腐败为目标,由独立的特定审计主体（国家审计和内部审计）,运用专门的方略、手段和规程,对国家公职人员在招标投标过程中的违法违纪犯罪行为进行审查、监督和防范的特种审计。

它强调查处与防范相结合,并以防范为主,经济腐败审计采用腐败风险导向审计模式,即以具有审计价值（发生贪污腐败可能性较高）的疑点线索或移交的案件为起点,确立审计项目,安排特种审计查证,实施以审计机关为主,纪检监察、检察等其他监督部门全程紧密配合协作的审计查处,并适时进行内部控制分析评价,提出完善内控机制建议。

（2）加强工程项目招标投标的经济责任审计

在《中华人民共和国招标投标法》第五章"法律责任"中明确规定招标方、投标方、招标代理机构和评标委员等主体应负的经济责任和法律责任。工程项目招标投标经济责任审计重点是:招标方应负的经济责任和法律责任;投标方应负的经济责任和法律责任;招标代理机构应负的经济责任和法律责任;评标委员应负的经济责任和法律责任。根据《招投标法》规定,审计机关可以采取相应的处理和处罚措施。

（3）工程项目招标投标程序合法、合规性审计

工程项目招标投标的程序按照《招投标法》规定主要包括招标、投标、开标、评标、中标和订立书面合同。审计的主要内容包括:首先审查工程项目是否属于《招投标法》规定必须进行招标的项目,并且进一步审查建设单位是否按规定的公开招标或邀请招标的方式进行招标;其次要审查招标单位是否在规定的时间和地点按规定的要求进行公开开标、公平评标与公正决标,有无舞弊、泄漏标底的行为发生;再次,要审查招标单位是否与中标单位按法律规定签订合同,是否符合《招投标法》和《合同法》规定,是否影响招标投标的实际效果。

（4）对中标单位资质的真实性、合法性审计

结合招标文件重点审查中标单位是否是法人或依法组建的经济组织,资质是否符合招标文件的要求;进一步审查中标单位的技术力量和财务状况,是否是投标单位中最佳单位。

针对我国工程项目招标投标过程中存在的问题,在加强审计监督的同时,要从认识上和措施上完善工程项目招标投标经济责任制。

首先要创造工程项目招标投标有序竞争的市场条件,加速市场经济建设和健全市场机制;加大工程项目招标投标腐败审计的审查和处罚力度;学习招标投标工作先进地区的管理经验,积极推行"无标底"招标和试行"量价"分离和 FIDIC 条款;进一步改善评标办法,尽量缩短评标时间。

（四）完善和加强设备和材料等实物资产的保管和控制

设备和材料的采购和销售要依据《合同法》的有关规定,采取规范文本,列明合同各条款的具体内容;正确进行建设单位的设备和材料采购会计处理;日常做好账实相

符的检查工作,这些可以通过监盘的手段实现。

第一步:一般选择在上班前或下班后,要有业务人员在场,根据重要性的原则,确定盘点对象。

第二步:采用调节法,把结账日的账存数调整为盘点日的账存数,与盘点数比较,看账实是否相符。

第三步:编制盘点表,记录盘点状况,确定账实相符情况。如不符,要查明原因。

第四步:建议单位内部要加强实物控制,根据实物资产的物理性能,采取相应的保护性措施;限制人员对实物资产的直接接触和对记录实物资产的会计资料的间接接触,并要在审计报告中揭示实物资产的质量、价格和所有权。

二、建筑安装工程投资审计

微课
建筑安装工程投资审计

建筑安装工程投资完成额的核算,由于施工方式不同,其依据的会计资料也不一样,因此,审查的内容也各不相同,应分别用出包和自营施工方式下的会计资料来审查建筑安装工程投资完成额。

在出包方式下,支付给承包单位的各种款项中,只有按照合同规定支付的工程进度款,才能计入建筑安装工程投资额。建设单位对建筑安装工程投资的核算是通过设置"建筑安装工程投资""应付工程款""预付备料款""预付工程款"等会计科目来进行的。因此,对建筑安装工程投资进行审查,必须审查有关建筑安装工程核算的会计资料是否完整,所反映的数字是否真实、可靠。各会计科目之间的内在联系是否一致。审查时,要对"建筑安装工程投资"的明细科目"建筑工程投资"和"安装工程投资"的有关记录与原始凭证、记账凭证相核对,看其所反映的内容是否一致,数字是否相同,有无漏记、错记的现象。在审查会计资料时,重点要对"预付备料款"科目进行审查。"预付备料款"是按照工程承包合同规定,由建设单位于工程开工前预付给施工企业用来储备主要材料和结构件的款项,以及拨给施工企业抵作备料款的各种材料。建设单位是否需要办理预付备料款的拨付,是由施工企业流动资金的供应方式决定的。在采用"预付备料款制"的流动资金供应方式下,建设单位必须按照确定的额度,预付给施工企业所需的备料款,应随着工程的进行,从工程价款中陆续扣回来,并与工程竣工时全部扣回。因此,对预付备料款的审查,应从以下几方面来进行。

① 审查预付备料款的额度是否符合规定。一般来说,预付备料款的额度,建筑工程不能超过当年建筑(包括水、电、暖、卫等)工程工作量的30%,大量采用预制构件以及工期在6个月以内的工程,可以适当增加;安装工程不得超过当年安装工作量的10%,安装材料用量较大的工程,可以适当增加,审查时,如果超过了规定的额度,审计人员应查明原因,并了解建设银行对此有何意见。对于不合理的多付备料款,应在结算工程价款时,一次或分次扣回。

②审查预付备料款是否按工程合同规定,及时抵充工程进度,所扣数额是否准确。随着施工的不断进行,建设单位应该在工程进行到一定程度时,以抵减工程价款的方式,陆续扣回原拨付的备料款,到工程竣工前全部扣清。起扣的时间,应该是以尚未施工工程所需主要材料和结构件费用,刚好等于预付备料款的数额时为准。

审查时,要审查起扣点的计算正确与否,分次抵扣额的计算是否准确,是否按照规定的抵扣次数,到工程竣工前全部扣完;有无拖延不扣或少扣,多占建设资金的现象。

③ 审查预付备料款的使用情况。建设单位拨付备料款后,按照规定,施工单位应在收款一个月开始动工。如果施工企业收取备料款后,仍未动工,审计人员应了解没有开工的原因。收取备料款后两个月仍未开工的,建设单位可以收回所拨付的备料款。

④ 审查预付的备料款和工程款累计,是否保留一定额度的工程质量保证金。按照国家计委计建设〔1991〕55 号文件规定,对于建设项目实行工程质量保证金制度,按工程款总价的 5% ~ 10% 提取质量保证金。即工程竣工结算前,对施工企业预付的备料款和工程款累计,一般不得超过承包工程合同价值的 90% ~ 95%。审查时,要将"预付备料款""预付工程款"科目的数额与工程款总价核对,计算看其是否保留有质量保证金。若没有保留或额度太低,应督促建设单位按规定保留工程质量保证金。

三、待摊投资审计

微课
待摊投资审计

待摊投资支出是指建设单位按项目概算内容发生的,按照规定应当分摊计入交付使用资产价值的各项费用支出,包括建设单位管理费、土地征用及迁移补偿费、土地复垦及补偿费、勘察设计费、研究试验费、可行性研究费、临时设施费、设备检验费、负荷联合试车费、合同公证及工程质量监理费、(贷款)项目评估费、国外借款手续费及承诺费、社会中介机构审计(查)费、招投标费、经济合同仲裁费、诉讼费、律师代理费、土地使用税、耕地占用税、车船使用税、汇兑损益、报废工程损失、坏账损失、借款利息、固定资产损失、器材处理亏损、设备盘亏及毁损、调整器材调拨价格折价、企业债券发行费用、航道维护费、航标设施费、航测费、其他待摊投资等。

待摊投资虽然在建设项目投资总额中所占比重不大,但其支出项目较多,费用内容复杂,是比较容易发生舞弊的地方,因此要重点从以下方面加强审计。

① 审查建设单位待摊投资的费用内容列支是否正确,有无把与项目无关的支出纳入待摊投资,增加建设成本。

② 审查核对建设单位的"待摊投资"明细科目所反映的内容和数额是否与年度建设计划和设计概算相符,对于实际支出超过控制指标的情况,应查明原因,及时进行处理。

③ 审计待摊投资的分摊方法是否正确。

下面具体阐述待摊投资部分费用内容的审计方法。

① 审计建设单位管理费。审计人员首先要注意建设单位是否是经批准单独设置的管理机构。其次,审计建设单位管理费的各项支出是否符合规定的内容和标准,计算是否正确,有无乱增费用内容,擅自提高费用标准,超过批准概算,增加建设成本的情况发生。为了加强对建设单位管理费用的控制,防止建设单位乱增建设单位管理费用的标准,财政部制定了建设单位管理费总额控制数费率表(表 5-1),审计人员在审计时,可以参照此表审查建设单位的管理费的合理性。

表 5-1　建设单位管理费总额控制数费率表　　　　万元

工程总概算	费率/%	算例	
		工程总概算	建设单位管理费
1 000 以下	1.5	1 000	$1\,000\times1.5\%=15$
1 001 ~ 5 000	1.2	5 000	$15+(5\,000-1\,000)\times1.2\%=63$
5 001 ~ 10 000	1	10 000	$63+(10\,000-5\,000)\times1\%=113$
10 001 ~ 50 000	0.8	50 000	$113+(50\,000-10\,000)\times0.8\%=433$
50 001 ~ 100 000	0.5	100 000	$433+(100\,000-50\,000)\times0.5\%=683$
100 001 ~ 200 000	0.2	200 000	$683+(200\,000-100\,000)\times0.2\%=883$
200 000 以上	0.1	280 000	$883+(280\,000-200\,000)\times0.1\%=963$

最后,在审计业务招待费时,注意业务招待费支出不得超过建设单位管理费总额的 10%。

例如,震惊全国的粤海铁路审计案就是典型的乱增费用内容,擅自提高费用标准,套取建设资金的案例。再如,某审计人员在审计某项目(项目建设期为 5 年)时,发现该建设单位把购买的用于工程管理用的一辆价值 30 万元、预计使用寿命为 10 年的小轿车购车款全部计入建设单位管理费。很显然,建设单位多计了建设单位管理费,应按小轿车在建设期(5 年)的折旧额计入建设单位管理费。该案例就是计算方面出现了错误,当然也有可能是建设单位故意为之。

② 审计可行性研究费用。首先要审计可行性研究费用的来源是否正当,是与批准的概算进行比较,如超概算应查明原因。其次,注意可行性研究的会计核算,第一,建设单位是否把为可行性研究而购买的固定资产支出纳入可行性研究费用,该项支出应记入"其他投资——可行性研究固定资产购置"科目。第二,看建设单位是否把经可行性研究决定取消的项目所发生的费用转出,该项费用应转入"其他投资——其他待摊投资"科目核算。

③ 审计负荷联合试车费。第一,要注意单机试运转或系统联动无负荷试运转所发生的费用,不得计入该项目内,应在"建筑安装工程投资——安装工程投资"科目核算。第二,要注意负荷联合试车费指的是负荷联合试车运转所发生的试车亏损(全部试车费用减去试车产品销售收入和其他收入后的差额),如果试车各项收入超过试车费用,则作为基建收入入账,并按规定比例留成。第三,如果是竣工验收后的试车,则试车费和试产费由生产企业承担,不得计入建设成本。

④ 审计借款利息。第一,审查借款利息是否是基建计划规定的建设期内的借款利息,建设单位有无将超过计划规定建设期的利息,未按合同规定用途使用,挤占挪用借款部分罚息支出和不按期归还借款而加付的利息列入借款利息。第二,审计借款利息是否属于该工程项目应承担的利息,要求对项目贷款进行核对,同时核对利息的计算是否正确。

⑤ 审计土地征用及拆迁补偿费。土地征用及迁移补偿费是通过划拨方式取得土地使用权而支付的土地补偿费、附着物和青苗补偿费、安置补偿费、迁移费等。其审计要点包括:第一,审查土地征用及迁移补偿费的协议所规定的征地及迁移补偿费的支

付是否符合规定的标准,有无多付和少付问题。第二,审查协议所规定的征地面积和地点是否与初步设计的规定相符,有无擅自扩大征地面积、更改用地地点等违规问题。第三,注意审查建设单位有无将征地上的原有建筑物和障碍物的拆除费、土地平整费也列作待摊投资,不按规定在建筑安装工程投资中列支的情况。

⑥ 审计建设单位报废工程损失。报废工程损失是指由于设计变更、管理不善、自然灾害等原因造成工程报废所发生的扣除残值后的净损失。审计时首先注意工程报废的原因,是否经有关部分鉴定和批准,手续是否齐全,若未经批准,则不能计入项目的建设成本,若是由施工单位原因造成的工程报废损失,则也不能计入建设成本;其次,审计报废工程的残值价值计量是否合理。

微课
其他投资审计

四、其他投资审计

其他投资是指建设单位发生的并构成基建投资完成额、单独形成交付使用资产的其他各种投资支出,包括房屋购置,基本畜禽支出,林木支出,新建单位办公生活用家具、器具购置,可行性研究固定资产购置,无形资产和递延资产支出等。

1. 审计其他投资核算、反映是否正确

首先,审查其他投资明细账,检查科目设置是否正确,投资支出是否按会计制度规定正确分类并进行明细核算。

其次,审查有关支出是否确实发生,计价是否正确,账务处理是否符合会计制度规定。因此重点审查合同、协议等有关原始凭据。

再次,审查其他投资转出数额与交付使用资产表中记录是否一致。其他投资贷方转出数额是否经过有关部门批准。

最后,审查其他投资是否在财务报表中予以恰当分类和反映。

2. 审计其他投资的支出内容是否规定

首先,审查所发生的其他投资是否属于概算范围,与概算确定的内容、数量和标准是否相符。如有不符,需进一步查明原因。

其次,审查其他投资中列支的房屋购置是否需要,价款的确定是否合理。

最后,审查购置的家具、器具是否为新建项目所用,有无超标准、超范围进行配置,若有则需要查明原因。

五、待核销基建支出审计

微课
待核销基建支出
审计

待核销基建支出是指基本建设非经营性项目发生的不能形成交付使用资产而等待核销的特殊支出,如江河清障、航道清淤、飞播造林、补助群众造林、退耕还林(草)、封山(沙)育林(草)、水土保持、城市绿化、取消项目可行性研究费、项目整体报废等。审计待核销基建支出的要点如下。

首先,审计待核销基建支出的范围是否符合规定,有无把不该计入待核销基建支出的内容计入待核销基建支出,有无经过同级财政部门批准,手续是否齐全,若没有经过批准,则不能冲销相应的资金来源。

其次,审计待核销基建支出的内容是否真实,计价是否正确,会计处理是否正确。

最后,审计待核销基建支出中是否有部分支出能够形成资产,若能形成部分资产,则仍要计入交付使用资产,在项目完工后移交有关单位,防止不法人员利用待核销基建支出的名义转移隐匿资产。

六、基建收入审计

基建收入是指在基本建设过程中形成的各项工程建设副产品变价净收入、负荷试车和试运行收入以及其他收入。

微课
基建收入审计

① 工程建设副产品变价净收入包括煤炭建设中的工程煤收入,矿山建设中的矿产品收入,油(汽)田钻井建设中的原油(汽)收入和森工建设中的路影材收入等。

② 经营性项目为检验设备安装质量进行的负荷试车或按合同及国家规定进行试运行所实现的产品收入包括水利、电力建设移交生产前的水、电、热费收入,原材料、机电轻纺、农林建设移交生产前的产品收入,铁路、交通临时运营收入等。

③ 各类建设项目总体建设尚未完成和移交生产,但其中部分工程简易投产而发生的营业性收入等。

④ 工程建设期间各项索赔以及违约金等其他收入。

基建收入包括以下审计要点。

① 审计建设单位的基建收入是否符合国家规定的基建收入的范围,建设单位所取得的基建收入是否真实、合法。

② 审计基建收入的账务处理是否正确,建设单位取得的基建收入是否全部入账,有无隐匿基建收入用作小金库资金的现象。审计人员应认真核对建设单位取得基建收入的原始凭证、记账凭证和"应交基建收入"科目,检查其所反映的内容是否一致、数字是否相符,是否将取得的基建收入全部入账,有无将基建收入不入账或少入账,转移收入、私设"小金库"的情况。审计是否存在已符合验收投产条件的项目,在规定期内不办理竣工验收和移交固定资产手续而承担生产任务,并将其收入作为基建收入而进行分成的情况;审查建设单位对基建收入的账务处理是否正确,会计科目有无用错,有无多计、少计、重计、漏计等情况。

③ 审计基建收入是否依法缴纳所得税,税收计缴是否正确。审计基建收入是否按规定比例进行分配,对于非经营项目基建收入的税后收入,是否相应转入行政事业单位的其他收入,对于经营性项目基建收入的税后收入,建设单位是否转入生产经营单位的盈余公积。

七、交付使用资产和资金冲转核算的审计

1. 交付使用资产的审计

交付使用资产是指建设单位已经完成了建设与购置过程,并已办理了验收交接手续,交付给生产单位或其他使用单位的各项资产。它包括固定资产;为生产准备的不够固定资产标准的工具、器具、家具等流动资产;土地使用权、专利权、专有技术等无形资产;未计入固定资产、流动资产价值的各项递延资产。

微课
交付使用资产和资
金冲转核算的审计

交付使用资产是建设单位进行基本建设工作的最终物质成果,是用货币形式反映的交付使用资产的实际成本,是综合反映基本建设投资效果的一项主要指标。因此,

做好交付使用资产的审计监督工作,对于保证建设单位正确计算交付使用资产成本,并将已完工的财产及时交付使用,充分发挥其作用,不断提高投资效益,具有重要的意义。交付使用资产的审计,按照交付使用资产的类型,从以下几个方面进行。

① 交付固定资产的审计要点。首先,审计交付的固定资产是否真实存在,是否办理了验收手续。重点审计已竣工的单项工程是否属于批准的设计文件规定的工程内容,有无计划外工程项目。审查有无超标准采购设备或计划外采购设备,擅自提高建筑标准情况发生。其次,审计完工固定资产是否及时组织移交生产单位,移交手续是否齐全。

② 交付流动资产的审计主要是审查移交的流动资产种类和金额是否真实准确,移交事项是否齐备,账务处理及其反映是否正确。

③ 交付无形资产的审计重点是审查建设单位关于无形资产的账务处理是否正确,建设单位取得的无形资产的成本计价是否真实准确,移交手续是否完备。

④ 交付递延资产的审计重点是递延资产的列支范围是否符合有关规定,移交手续是否齐备,计价是否正确。

⑤ 审计交付使用资产的成本核算是否正确。交付使用资产的核算是建设单位会计核算的重要环节,建设单位必须根据基本建设会计制度,正确组织交付使用财产的会计核算。为了总括反映交付使用财产的情况,建设单位应设置"交付使用资产"账户,将移交给生产(使用)单位的各项固定资产和流动资产,及时登记入账,以完整反映基本建设的最终物质成果。因此,审查时首先要审核其"交付使用资产明细表"与"交付使用资产"科目所反映的内容是否一致,数字是否相符,并将"建筑安装工程投资""设备投资""待摊投资"和"其他投资"科目与"交付使用资产"科目进行核对,检查其账务处理方法有无差错,会计科目有无用错。其次,要审查建设单位对交付使用财产的明细分类核算,是否按固定资产和流动资产的类别和名称分别进行。如有无对于预收下年度预算拨款完成的其他各项交付使用财产混同的情况。最后,要审查建设单位是否将未办理竣工交接手续,而生产(使用)单位已经使用的财产,记入"交付使用资产"科目等。若发生这种情况,应督促建设单位尽快补办竣工验收交接手续,各项手续办妥后,再进行交付使用财产的会计核算工作。

2. 资金转销的审计

基本建设资金转销是指建设单位在下年年初建立新账时,将上年发生的交付使用资产、转出投资、待核销基建支出转销相应的资金来源或待冲基建支出的会计账务处理工作。

基本建设资金转销是建设单位基本建设资金运动的重要阶段,也是建设单位会计核算的重要环节。建设单位通过各种渠道取得的基本建设投资,随着工程项目建设的顺利进行,就逐渐地转变为建设单位的基本建设支出。对于这些基本建设支出,拨款单位在下年年初建立新账时,按照有关规定转销与之相应的基本建设资金来源,其资金运动宣告结束;投资借款单位在下年年初建立新账时,不能用发生的基本建设支出直接冲转基建投资借款,而应按规定冲转"待冲基建支出"科目上的年末余额,其资金并未退出建设单位。不难看出,做好基本建设资金的转销工作,对于正确区分各项资金的来源渠道,处理好国家、主管部门、建设单位之间的经济关系,准确地计算各项基本建设结余资金,都有着重要的意义。因此,为了促使建设单位正确、及时地冲转基本建设资金,加强基本建设资金全部冲转的会计核算工作,必须对基本建设资金冲转进行审计。

第三节 建设项目会计报表审计

课前思考

对于财务人员来说,最熟悉的莫过于三张表:资产负债表、利润表、现金流量表。资产负债表为财务报表主表,利润表、现金流量表都是资产负债表的附表。要是没有利润表,可以通过对资产负债表中的净资产期末数与期初数进行比较,计算出当年的利润数额;要是没有现金流量表,可以通过对货币资金的期初期末余额增减变化,计算出当年的现金及现金等价物净增加额;有了这两张附表,就有了明细反映。

任务驱动

当你学完这一节,你将能够:

(1) 了解会计报表的分类;

(2) 了解各个报表的表结构、主要指标之间逻辑关系。

思考或讨论

(1) 建设项目会计报表由哪些组成?

(2) 如何审计会计报表表间关系?

审计实训

资产负债表主要告诉我们出报表的那刻,这个公司的资产负债情况如何。是穷还是富? 穷的话是否一贫如洗;富的话是否富得流油,资产负债表最关键的地方在于它是什么时候编制的。请同学们自行绘制资产负债表的表结构。

建设项目会计报表是综合反映建设单位在一定会计期间内投资来源、投资使用等财务状况的会计资料。根据建设单位会计制度法规规定,建设项目会计报表主要包括资金平衡表、基建投资表、待摊投资明细表、基建借款情况表、主要指标表和本年基建投资情况表。

采用现代审计方法,实质性测试首先对建设项目会计报表进行审计,从总体上把握建设单位的财务基本情况,作为对其财务会计各项具体内容审计的基础。

建设项目会计报表审计的主要内容主要有以下几个方面。

① 建设项目会计报表的种类、格式、编制及报送是否符合会计准则、会计制度的规定。

② 审计各种建设项目会计报表的编制依据,如各种统计汇总资料、会计账簿、会计凭证等是否充分、真实、合规,数字是否准确有效。

③ 审计建设项目会计报表的各项内容是否按会计制度的要求填写,所填列的数字是否准确,说明是否清楚,补充资料是否齐全。建设项目会计报表的内容中各项经济指标在数量上相互衔接性、相互补充的内在联系,即建设项目会计报表的内在钩稽关系如何。

④ 审计建设项目会计报表所填列的内容中反映同一经济业务的经济指标是否相

同,反映相关内容的经济业务的数字指标是否一致并相互补充。有些指标同时在不同报表中均有所反映,数字是完全相同的,这就构成了表与表之间的钩稽关系,也是审查资金平衡表时应注意查核的内容。

⑤ 审查建设项目会计报表与统计表、计划表等其他报表之间的相互关系。

⑥ 在建设项目会计报表审计工作中应注意从总体上掌握以下内容:审查基建拨款、贷款使用效果是否良好;审查投资完成情况;审查在建工程和交付使用资产是否正常;审查基建结余资金是否真实、合理。

一、建设项目资金平衡表的审计

微课
建设项目资金平衡
表的审计

资金平衡表是全面、总括地反映建设单位期末(月末、季末、年末)全部资金占用和资金来源情况的会计报表。编制本表是为了综合反映建设单位各种资金来源和资金占用增减变动情况及其相互对应关系,检查资金的构成是否合理,考核、分析基本建设资金的使用效果。

建设项目资金平衡表的审计应从以下几方面进行。

① 审查建设项目资金平衡表账表是否一致。建设项目资金平衡表各项目的期末数是根据总账和有关明细账的期末余额填列的。在审计时,应根据《国有建设单位会计制度》的规定,将表内项目与总账和明细账有关账户进行核对,看其是否相符,从而查证建设项目资金平衡表所列各项指标是否完整、数字是否正确、填列的内容是否符合规定。

由于资金平衡表的项目较多,可以采用抽查方式,核实有关数字。在审查中,如发现数字填列存在错弊,应由建设单位予以更正;如发现漏列项目,应由建设单位予以补填;如有违反有关规定的内容,应由建设单位予以更改。

② 审查建设项目资金平衡表账表的钩稽关系。首先,审查建设项目资金平衡表账表表内项目之间的钩稽关系。建设项目资金平衡表账表的基本结构分为左、右两栏,分别反映建设单位的资金占用和资金来源。表中资金占用方和资金来源方各项目之间存在一定的对应关系。要根据资金占用总额等于资金来源总额的会计原理来验证报表所反映的内容在资金占用总额和资金来源总额上是否平衡。

其次,应审查表表之间的钩稽关系。资金平衡表内基建拨款合计及借款合计数是否与基建投资表内自开始建设起拨款借款累计数相符;资金平衡表内交付使用资产各项合计数是否与基建投资表内自开始建设起投资完成额合计数相同;资金平衡表待摊投资数是否与待摊投资明细表的合计数相同。资金平衡表除反映本期实际数外,还将上年年末数接转,以便前后衔接,从而形成前期和当期报表之间的钩稽关系。应当审计资金平衡表中的年初数是否与上年年末资金平衡表各有关项目的期末数相符。

最后,审计资金平衡表中的投资完成额是否与统计数字及计划指标基本一致。

二、建设项目基建投资表的审计

微课
建设项目基建投资
表的审计

建设项目基建投资表是反映建设项目从开始建设起到本年年末止累计拨入、借入的基本建设资金及其使用情况的会计报表,编制本表是为了检查项目概算执行情况,考核分析投资效果,并为了编制竣工财物决算提供资料。

建设项目基建投资表的审计应审计建设项目基建投资表的钩稽关系。重点审计建设项目基建投资表与其他会计报表之间的钩稽关系。

三、建设项目待摊投资明细表的审计

微课
建设项目待摊投资
明细表的审计

建设项目待摊投资明细表反映建设项目本年度发生的各种待摊投资明细情况的会计报表。审计要点如下。

首先,审计待摊投资明细表的钩稽关系。审查待摊投资明细表的各项目数额是否与待摊投资科目所属各明细科目的数额相符;审查待摊投资明细表合计数是否与资金平衡表、基建投资表中待摊投资的合计数相符。

其次,审计待摊投资明细表"贷转存利息收入"科目反映的实行投资借款的建设单位将贷款转入存款户后所实现的存款利息收入是否根据"待摊投资——借款利息"科目的本年贷方发生额分析填列。

最后,审计待摊投资明细表"汇兑损益""固定资产损失""器材处理亏损""设备盘亏及毁损"和"调整器材调拨价格折价"科目,是否根据"待摊投资"科目所属有关明细科目的本年借方或贷方发生额分析计算填列。

在审计中,如发现问题,应进一步追查清楚,视其情节,依法处理。

四、基建借款情况表的审计

微课
基建借款情况表的
审计

基建借款情况表主要反映建设单位各种基建借款的借入、归还及豁免情况。基建借款情况表的审计重点审查:基建借款情况表各项目数额是否与基建投资借款科目所属各明细科目的数额一致;基建借款情况表其合计数是否与资金平衡表中基建借款的合计数相符。

五、本年基建投资情况表的审计

微课
本年基建投资情况
表的审计

本年基建投资情况表主要综合反映本年建设资金的收入情况,包括未建资金的到位总额、本年基建实际支出、年初年末基建资金结余及年末未到位资金等情况。本表由年度财务核算的各有关总账、明细账及建设项目等方面的资料分析填列。审计时注意表内和表间的钩稽关系,若发现异常,则需进一步查找原因,追加审计程序。

六、建设项目会计报表格式

建设项目会计报表格式见表5-2~表5-8。

表5-2 资金平衡表　　　　　　　　　　　　　**财建01表**

编制单位:　　　　　　　　　　年　月　日　　　　　　　　　　单位:元

资金占用	行次	年初数	年末数	资金来源	行次	年末数
一、基本建设支出合计	1			一、基建拨款合计	39	
(一)交付使用资产	2			(一)以前年度拨款	40	
1. 固定资产	3			(二)本年预算拨款	41	
2. 流动资产	4			(三)本年基建基金拨款	42	
3. 无形资产	5			(四)本年进口设备转账拨款	43	

续表

资金占用	行次	年初数	年末数	资金来源	行次	年末数
4. 递延资产	6			（五）本年器材转账拨款	44	
（二）待核销基建支出	7			（六）本年煤代油专用基金拨款	45	
（三）转出投资	8			（七）本年自筹资金拨款	46	
（四）在建工程	9			（八）本年国债专项资金补助	47	
1. 建筑安装工程投资	10			（九）本年专项建设资金拨款	48	
2. 设备投资	11			（十）本年维护费拨款	49	
3. 待摊投资	12			（十一）本年其他拨款	50	
4. 其他投资	13			（十二）待转自筹资金拨款	51	
二、应收生产单位投资借款	14			（十三）预收下年度预算拨款	52	
三、器材	15			（十四）本年交回结余资金	53	
其中:待处理器材损失	16			二、项目资本	54	
四、货币资金合计	17			三、项目资本公积	55	
其中:银行存款	18			四、基建借款	56	
五、预付及应收款合计	19			其中:基建投资借款	57	
1. 预付备料款	20			其中:国债转贷资金	58	
2. 预付工程款	21			五、企业债券资金	59	
3. 预付大型设备款	22			六、待冲基建支出	60	
4. 应收有偿调出器材及工程款	23			七、应付款合计	61	
5. 应收票据	24			（一）应付器材款	62	
6. 其他应收款	25			（二）应付工程款	63	
六、有价证券	26			（三）应付有偿调入器材及工程款	64	
七、固定资产合计	27			（四）应付票据	65	
固定资产原价	28			（五）应付工资	66	
减:累计折旧	29			（六）应付福利费	67	
固定资产净值	30			（七）其他应付款	68	
固定资产清理	31			八、未交款合计	69	
待处理固定资产损失	32			（一）未交税金	70	
	33			（二）未交基建收入	71	
	34			（三）未交基建包干结余	72	
	35			（四）其他未交款	73	
	36			九、上级拨入资金	74	
	37			十、留成收入	75	
资金占用合计	38			资金来源合计	76	

表 5-3　基建投资表

年　月　日

编制单位：

财建 02 表

单位：元

建设项目名称	项目编号	项目规模	项目性质	项目类型	项目用途	开工日期	竣工日期	概算数	累计	基建投资拨款合计									基建借款						基本建设支出									竣工项目结余资金	竣工项目超概算金额	在建及未开工项目结转资金	备注
										合计	财政性资金拨款							单位拨款		合计	国内借款	国外借款	企业债券	其中：国债转贷资金	其他	累计	已移交资产					在建工程	待核销基建支出	转出投资				
											中央财政性资金			地方财政性资金			其中：国家资本金	合计	其中：单位法人资本金								小计	固定资产	流动资产	无形资产	递延资产							
											小计	其中：中央部门财政拨款	中央部门自筹	小计	其中：地方财政拨款	地方部门自筹																						
		1	2	3	4	5	6	7	8	9	10	11	12	13	14	15	16	17	18	19	20	21	22	23	24	25	26	27	28	29	30	31	32	33	34	35	36	37
	*	*	*	*	*	*	*																															
	合计																																					
（一）当年安排基建投资项目																																						
（二）当年未安排但在建及停缓建项目																																						

续表

项目编号	建设项目名称	项目规模	项目性质	项目类型	项目用途	开工日期	竣工日期	概算数累计	基建投资拨借款合计												已移交资产					在建工程待核销基建支出	竣工项目结转出投资	竣工项目结余资金	竣工项目超概余资金	在建及未开工项目结转资金	备注
									基建投资拨款									基建借款			小计	固定资产	流动资产	无形资产	递延资产						
									财政性资金投款							单位投款		国内借款	国外借款	企业债券资金	国债转资资金	累计其他										
									合计	中央财政性资金			地方财政性资金			其中：合计	其中：法人资本金														
										小计	中央财政拨款	部门自筹	小计	中央财政拨款	部门自筹																
（三）当年未安排投资，资产已支付使用但未办理竣工决算项目																															

注：项目规模：① 大中型；② 小型及其他。

项目性质：① 新建；② 改扩建；③ 续建；④ 其他。

项目类型：① 经营性项目；② 非经营性项目。

项目用途：按项目建成后含政府用途填列。

财政性资金投款均为含政府集中采购以实物形式投入部门。

本表主要公式及相关表关系：若 7 到 36 栏中任意一栏不意一栏不为零，则建设项目名称≥4 个字符（2 个汉字）；1、2、3、4 栏不为空；项目未开工，5 栏填"0"；项目未竣工，6 栏填"0"；7 栏为批准概算数。

8 栏 =（9+17+19+24）栏；9 栏 =（10+13）栏；10 栏 =（11+12）栏；13 栏 =（14+15）栏；16 栏 =（11+12）栏；16 栏 ≤9 栏；17 栏 ≥18 栏；19 栏 =（20+21+22+23）栏；25 栏 =（26+31+32+33）栏；26 栏 =（27+28+29+30）栏；34 栏 =8 栏−25 栏；35 栏 =25 栏−7 栏；36 栏 =8 栏−25 栏；36 栏 分类填列 34、35、36 栏项目个数。

合计行≥01 表 73 行；17 栏合计行≥01 表（47+53）栏；13 栏合计行≥01 表（49+59）行；17 表（51+64）行；19 栏

表 5-4　待摊投资明细表　　　　　　　　　财建 03 表

编制单位：　　　　　　　　　　年　月　日　　　　　　　　　　单位：元

项目	行次	本年数	累计数	项目	行次	本年数	累计数
1. 建设单位管理费	1			20. 耕地占用税	20		
2. 代建管理费	2			21. 车船使用税	21		
3. 土地征用及迁移补偿费	3			22. 汇税损益	22		
4. 土地复垦及补偿费	4			23. 报废工程损失	23		
5. 勘察设计费	5			24. 坏账损失	24		
6. 研究实验费	6			25. 借款利息	25		
7. 可行性研究费	7			26. 减：财政贴息资金	26		
8. 临时设施费	8			27. 减：存款利息收入	27		
9. 设备检验费	9			28. 固定资产损失	28		
10. 负荷联合试车费	10			29. 器材处理亏损	29		
11. 合同公证及工程质量监理费	11			30. 设备盘亏及毁损	30		
12.（贷款）项目评估费	12			31. 调整器材调拨价格折价	31		
13. 国外借款手续费及承诺费	13			32. 企业债券发行费用	32		
14. 社会中介机构审计（查）费	14			33. 航道维护费	33		
15. 招投标费	15			34. 航标设施费	34		
16. 经济合同仲裁费	16			35. 航测费	35		
17. 诉讼费	17			36. 其他待摊投资	36		
18. 律师代理费	18			37. 合计	37		
19. 土地使用税	19			38. 已摊销数	38		

本表主要公式：

（1+2+3+4+5+6+7+8+9+10+11+12+13+14+15+16+17+18+19+20+21+22+23+24+25−26−27+28+29+30+31+32+33+34+35+36）行 = 37 行；37 行"累计数"−38 行"累计数"=01 表 12 行年末数；37 行"本年数"−38 行"本年数"=01 表 12 行"年末数"−01 表 12 行"年初数"。

表 5-5　基建借款情况表　　　　　　　　　财建 04 表

编制单位：　　　　　　　　　　年　月　日　　　　　　　　　　单位：元

借款种类	行次	年初借款余额	本年实际借款数		本年还款数		年末借款余额
			本金	利息	本金	利息	
		1	2	3	4	5	6
合计	1						
（一）国内借款	2						
商业银行投资借款	3						
其他机构投资借款	4						
临时周转借款	5						
（二）国外借款	6						
（三）企业债券资金	7						

续表

借款种类	行次	年初借款余额	本年实际借款数		本年还款数		年末借款余额
			本金	利息	本金	利息	
		1	2	3	4	5	6
(四) 国债转贷资金	8						
(五) 其他							

本表主要公式：2 行 = 3 行 +4 行 +5 行；6 栏 = 1 栏 +(2+3)栏 -(4+5)栏；6 栏 1 行 = 01 表 73 行；6 栏 7 行 = 01 表 74 行；6 栏 8 行 ≥02 表 23 栏合计行。

表 5-6 主要指标表（一）   财建 05 表

编制单位（分行业分地区填列）：   年 月 日   单位：元

项目	行次	金额或个数	项目	行次	金额或个数
一、汇编建设项目个数（个）	1		（5）本年其他中央财政拨款	22	
（一）按类型分：1. 经营性建设项目个数	2		2. 本年地方财政拨款	23	
2. 非经营性建设项目个数	3		（二）本年到位数	24	
（二）按规模分：1. 大中型建设项目个数	4		1. 本年中央财政拨款	25	
2. 小型及其他建设项目个数	5		（1）本年中央预算内基建拨款	26	
二、交付使用资产合计	6		（2）本年国债专项资金拨款	27	
三、基建结余资金	7		（3）本年中央财政专项资金拨款	28	
（一）年初结余资金	8		（4）本年中央政府性基金拨款	29	
（二）年末结余资金	9		（5）本年其他中央财政拨款	30	
四、本年自筹基建资金	10		2. 本年地方财政拨款	31	
（一）中央各部门自筹基建资金	11		（三）本年未到位数	32	
（二）中央企业单位自筹基建资金	12		1. 本年中央财政拨款	33	
（三）地方各部门自筹基建资金	13		（1）本年中央预算内基建拨款	34	
（四）地方企业单位自筹基建资金	14		（2）本年国债专项资金拨款	35	
五、本年预算执行情况	15		（3）本年中央财政专项资金拨款	36	
（一）本年预算数	16		（4）本年中央政府性基金拨款	37	
1. 本年中央财政拨款	17		（5）本年其他中央财政拨款	38	
（1）本年中央预算内基建拨款	18		2. 本年地方财政拨款	39	
（2）本年国债专项资金拨款	19		六、政府采购执行情况	40	
（3）本年中央财政专项资金拨款	20		（一）政府采购预算金额	41	
（4）本年中央政府性基金拨款	21		（二）政府采购执行金额	42	

本表主要公式：1 行 = (2+3)行 = (4+5)行；10 行 = (11+12+13+14)行；16 行 = (17+23)行；17 行 = (18+19+20+21+22)行；24 行 ≥(25+31)行；25 行 = (26+27+28+29+30)行；32 行 = (33+39)行；33 行 = (34+35+36+37+38)行；32 行 = (16-24)行；33 行 = (17-25)行；34 行 = (18-26)行；35 行 = (19-27)行；36 行 = (20-28)行；37 行 = (21-29)行；38 行 = (22-30)行；39 行 = (23-31)行。6 行 = 01 表 2 行；7 行不填数；8 行 = 上年年末结余资金，如有调整，应按调整数字填列，并在决算报表编制说明中进行说明；9 行 = 01 表(45+71+72+73+75-1-14)年末行；18 行 = 01 表 54 行；19 行 = 01 表 55 行；20 行 = 01 表 56 行；21 行 = 01 表 57 行；22 行 = 01 表 58 行；23 行 = 01 表(60+61+62+63)行；11 行 = 01 表 58 行；13 行 = 01 表 63 行；(12+14)行 = 01 表 64 行。

表 5-7　主要指标表（二）　　　　　财建 06 表

编制单位：　　　　　　　年　月　日　　　　　　单位：万元

项目	行次	金额
一、全社会固定资产投资		
二、政府投资(中央及地方财政性)		
(一)中央财政性资金投资		
1. 中央预算内基建拨款		
2. 国债专项资金		
3. 财政专项资金		
4. 政府性基金		
5. 其他(中央部门自筹等)		
其中:中央用于三农投资		
(二)地方财政性资金投资		
1. 地方预算内基建拨款		
2. 地方财政专项资金		
3. 政府性基金		
4. 其他(地方部门自筹等)		
三、地方财政总支出		
其中:中央补助地方专项支出(专项转移支付)		

本表主要公式及表间关系:1 行>2 行;2 行 = (3＋10)行;3 行 = (4＋5＋6＋7＋8)行;9 行<(4＋5＋6＋7＋8)行;10 行 = (11＋12＋13＋14)行;3 行 = 01 表 53 行年末数;4 行 = 01 表 54 行年末数;5 行 = 01 表 55 行年末数;6 行 = 01 表 56 行年末数;7 行 = 01 表 57 行年末数;8 行 = 01 表 58 行年末数;10 行 = 01 表 59 行年末数。

七、建设项目会计报表主要指标解释

(一)报表封面

本套报表的封面分为上下两部分,上半部分主要反映基本建设单位(项目) 决算报表负责人、编报人员情况;下半部分主要反映建设单位代码、性质、级次等信息。建设单位(项目)要按以下要求填写:

① 单位名称:主管建设项目的建设单位全称。

② 单位负责人:建设单位总负责人。

③ 财务负责人:主管建设单位财务会计工作的负责人。

④ 填表人:具体负责编制基建决算报表的人员。

⑤ 电话号码:建设单位财务机构所在地的电话号码。

⑥ 单位地址:建设单位的实际办公地址。

⑦ 报送日期:报表报出的实际日期。

⑧ 单位统一代码:各建设单位应按各级技术监督部门颁布核发的 9 位代码 填列;建设单位如未能领取统一代码,则根据《自编企业、单位临时代码规则》(国资统发〔1995〕116 号)编制填列。

微课
会计报表表内、表间关系及主要指标解释

表 5-8　本年基建投资表

财建 07 表

单位:元

编制单位:　　　　　　　　　　　　　　　年　月　日

项目编号	建设项目名称	年初结余建设资金	本年财政性资金基建投资预算合计									本年财政性资金投资到位合计									本年基建借款到位					以前年度财政性资金投资预算本年到位资金	本年基本建设支出					年末结余建设资金	本年财政性资金预算年末到位
			合计	中央财政性资金					地方财政性资金			合计	中央财政性资金					地方财政性资金		本年企业或单位拨款	合计	国内借款	国外借款	中期票据融资	企业债券融资		合计	已移交资产	在建工程	待核销基建支出	转出投资		
				小计	中央预算内基建及国债	财政专项及国债	政府性基金	部门自筹	小计	其中:地方政府债券	部门自筹		小计	中央预算内基建及国债	财政专项及国债	政府性基金	部门自筹	小计	其中:地方政府债券	部门自筹													
		1	2	3	4	5	6	7	8	9	10	11	12	13	14	15	16	17	18	19	20	21	22	23	24	25	26	27	28	29	30	31	32	33
*	合计																																	
*																																		

本表主要公式:项目名称不为空;2栏=(3+8)栏;3栏=(4+5+6+7)栏;11栏=(12+17)栏;12栏=(13+14+15+16)栏;21栏=(22+23+24+25)栏;27栏=(28+29+30+31)栏;31栏=(1+11+20+21+26-27)栏;33栏=(2-11+20+21+26-27)栏;32栏=7栏;8栏=(2-11)栏;1栏合计数=05表58行;8栏合计数=01表59行;10栏合计数=01表57行;7栏合计数=05表8行;3栏合计数=05表53行;4栏合计数≤01表63行;5栏合计数≤01表58行;12栏合计数≤05表25行;13栏合计数≤05表28行;15栏合计数≤05表29行;16栏合计数≤05表30行;17栏合计数≤05表27行;14栏合计数≤01表9行年末数;28栏合计数≤01表02行年末数;29栏合计数≤01表初年数;30栏合计数≤01表08行年末数;31栏合计数≤01表09行年末数;32栏合计数≤05表9行。

⑨ 单位性质:建设单位的性质,分别按行政、事业、企业选择填列。实行项目法人责任制的建设单位和企业管理的事业单位均以企业性质填列。

⑩ 隶属关系:本码由"行政隶属关系代码"和"部门标识代码"两部分组成。具体填报方法如下:

a. 中央单位:前六个空格为零,后三个空格根据国家标准《中央党政机关、人民团体及其他机构代码》(GB/T 4657—2002)填报。

b. 地方单位:前六个空格根据国家标准《中华人民共和国行政区划代码》(GB/T 2260—2002)编制。具体编制方法:省级单位以行政区划代码的前两位数字后加4个零表示;地市级单位以行政区划代码前4位数字后加2个零表示;县级(及市辖区)单位以行政区划代码本身6位数表示。后三个空格按照单位财务或产权归口管理的部门、机构,比照国家标准《中央党政机关、人民团体及其他机构代码》(GB/T 4657—2002)填报。

⑪ 所在地区:建设单位(项目)实际所在地,根据国家标准《中华人民共和国行政区划代码》(GB/T 2260—2002)及调整情况按实际填列。

(二)资金平衡表(财建01表)

本表主要反映建设单位(项目)年末全部资金来源和资金占用情况。编制本表的目的:一是综合反映建设单位各种资金来源和资金占用的增减变动情况及其相互对应关系;二是检查资金的构成是否合理;三是考核、分析基本建设资金的使用效果。

主要指标填列方法如下:

表中有关项目"年初数"栏的数字,应根据上年末本表"年末数"栏的数字填列。在上年度决算未经审查通过以前,应填列最后上报的数字;上年度决算已经审查通过的,应按审查通过后的数字填列。

1."资金占用"各指标

① "交付使用资产""固定资产""流动资产""无形资产""递延资产"等的年初数为上年年末数。

② 交付使用资产:反映建设单位期末已经完成购置、建造过程,并经验收合格交付使用单位的各项资产的实际成本总额,包括各种固定资产,为生产准备不够固定资产标准的工具、器具、家具等流动资产、无形资产和递延资产的实际成本。本项目应根据"交付使用资产"科目的期末余额填列。

③ 固定资产:反映建设单位期末已经完成建造、购置过程,并经验收合格交付使用单位的各项固定资产的实际成本。根据"交付使用资产"科目所属"固定资产"明细科目的期末余额填列。

④ 流动资产:反映建设单位期末已经完成购置并经验收合格交付使用单位的不够固定资产标准的工具、器具、家具等流动资产的实际成本。根据"交付 使用资产"科目所属"流动资产"明细科目的期末余额填列。

⑤ 无形资产:反映建设单位期末已经完成购置过程并经验收合格单独交付使用单位的土地使用权、专利权、专有技术等无形资产的实际成本。根据"交付使用资产"科目所属"无形资产"明细科目的期末余额填列。

⑥ 递延资产:反映不计入固定资产、流动资产价值的各项递延资产费用(不分摊待摊投资),是建设单位在建设期间发生的并已单独结转使用单位的各种递延资产的实际成本,如生产职工培训费、样品样机购置费、农业开荒费用等。根据"交付使用资产"科目所属"递延资产"明细科目的期末余额填列。

⑦ 待核销基建支出:反映非经营性建设项目发生的江河清障、航道清淤、飞播造林、补助群众造林、退耕还林(草)、封山(沙)育林(草)、水土保持、城市绿化、取消项目可行性研究费、项目报废及其他经财政部门认可的不能形成资产部分的投资支出。根据"待核销基建支出"科目的年末余额填列。经营性建设项目不填该项目。

⑧ 转出投资:分两种情况,一是非经营性项目为项目配套、产权不归本单位的专用设施投资,本项目根据"转出投资"科目的年末余额填列。如专用道路、专用通信设施、送变电站、地下管道等。非经营性项目建成的上述专用设施,产权归属本单位的,应计入交付使用资产价值,不在此科目反映。二是经营性项目为项目配套建设的专用设施,产权不归属本单位的,按照财建〔2003〕724 号第十四条的规定处理,即经项目主管部门及同级财政部门核准后做转出投资处理。

⑨ 在建工程:反映建设单位期末各种在建工程成本的余额。根据"建筑安装工程投资""设备投资""待摊投资"和"其他投资"四个项目的期末数合计填列。

⑩ 建筑安装工程投资:反映期末尚处于建设中的建筑安装工程投资支出,即没有竣工交付使用的工程投资。根据"建筑安装工程投资"科目的期末余额填列。

⑪ 设备投资:反映建设单位期末尚处于安装过程中的设备以及尚未交付使用的不需要安装设备和为生产准备的不够固定资产标准的工具、器具的实际成本。根据"设备投资"科目的期末余额填列。

⑫ 待摊投资:反映建设单位发生的期末尚未分配计入交付使用资产成本的费用性投资支出。根据"待摊投资"科目的期末余额填列。

⑬ 其他投资:反映建设单位期末尚未交付使用的房屋、办公及生活用家具、器具等购置投资支出;役畜、基本畜禽、林木的购置、培养、培育等投资支出;为生产企业用基建投资购置的尚未交付的专利权、土地使用权等无形资产以及递延资产等支出。根据"其他投资"科目的期末余额填列。

⑭ 应收生产单位投资借款:反映实行基本建设投资借款的建设单位应向生产单位收取的基建投资借款。根据"应收生产单位投资借款"科目期末余额填列。

⑮ 器材:反映建设单位期末在库、在途和在加工中的设备和材料的实际成本,但不包括在库的不需要安装设备及工具、器具的实际成本(该部分成本在设备投资中反映)。本项目应根据"器材采购""采购保管费""库存材料""库存设备""材料成本差异""委托加工器材""待处理财产损失——待处理设备损失"和"待处理财产损失——待处理材料损失"等科目的期末余额合计填列。

⑯ 待处理器材损失:根据"待处理财产损失——待处理设备损失"和"待处理财产损失——待处理材料损失"科目的期末余额合计填列。

⑰ 货币资金合计:反映货币资金合计数,根据"银行存款""现金""有价证券"和"财政应返还额度"期末余额填列。

⑱ 银行存款:反映期末银行存款的余额,根据"银行存款"科目的期末余额填列。

⑲ 财政应返还额度:反映实行国库集中支付单位到年终注销财政直接支付额度或注销授权支付零余额账户额度时,财政部门已下达预算指标未拨付资金的数额。根据年终"财政直接支付""财政授权支付"的财政应返还额度的合计数填列。

⑳ 现金:反映建设单位期末的库存现金。根据"现金"科目的期末余额填列。

㉑ 预付备料款:反映按规定预付给施工企业的备料款。根据"预付备料款"科目期末余额填列。

㉒ 预付工程款:反映按规定预付给施工企业的工程款。根据"预付工程款"科目期末余额填列。

㉓ 预付设备款:反映按规定预付给供应单位的设备款。根据"应付器材款"科目所属有关明细科目的借方余额填列。

㉔ 应收有偿调出器材及工程款:反映有偿调出设备、材料及有偿转出未完工程的应收价款,根据"应收有偿调出器材及工程款"科目期末借方余额填列。

㉕ 应收票据:反映建设单位收到的未到期收款也未向银行贴现的应收票据。根据"应收票据"科目的期末余额填列。

㉖ 其他应收款:反映除上述预付款项和应收款项以外的其他各项应收及预付款项。根据"其他应收款"科目期末余额填列。

㉗ 固定资产原价:反映建设单位自用的各种固定资产的原价。根据"固定资产"科目的期末余额填列。

㉘ 累计折旧:反映期末固定资产的累计折旧额,根据"累计折旧"科目的期末余额填列。

㉙ 固定资产净值:根据"固定资产原价"项目减"累计折旧"项目的余额填列。

㉚ 固定资产清理:反映建设单位毁损、报废等原因转入清理但尚未清理完毕的固定资产净值以及在清理过程中发生的清理费用和变价收入等各项金额的差额。根据"固定资产清理"科目的期末余额填列。如为贷方余额应以"-"号反映。

㉛ 待处理固定资产损失:反映建设单位在清查财产中发现的尚待批准处理的固定资产盘亏扣除盘盈后的净损失。根据"待处理财产损失"科目所属"待处理固定资产损失"明细科目的期末余额填列。

2."资金来源"各指标

(1)以前年度拨款

反映以前年度拨入的到本年末尚未冲转的中央财政性资金、地方财政性资金建设拨款。根据"基建拨款"科目所属"以前年度拨款"明细科目的期末余额以及部门和单位自筹资金相关账户期末余额填列。其中:中央、地方财政性资金包括预算内基建投资、国债、财政专项(含预算外)、政府性基金,以及主管部门自筹建设资金等。

"其他拨款"主要反映企业(含部分事业单位)自筹建设资金(不含各类建设借款、不含应纳入"收支两条线"预算管理范围的建设资金)。

(2)本年拨款

① 中央财政性资金拨款:

a.中央预算内基建拨款:反映本年内由中央财政拨入的预算内基本建设拨款,目前主要是指国家发改委掌握和分配的中央基建投资,即由发改委下达投资计划,财政部下达投资预算的资金。一般根据"基建拨款"科目所属"本年基建拨款"明细科目的期末余额填列;实行政府采购的,还包括相应的"本年进口设备转账拨款""本年器材拨款"等的期末余额。

b. 中央财政专项资金:反映本年内按基本建设程序管理的中央财政专项资金,如中央地震灾后恢复重建(基金)、车购税专项投资、保障性住房专项(含廉租住房专项、农村危房改造专项)、节能减排专项(三河三湖与松花江水污染防治、城镇污水管网、环境监测、节能、农村环保、重金属污染防治)、小农水和农业综合开发(小型农田水利建设和水土保持、小型病险水库专项治理、农业综合开发、重点流域中小河流治理)等。一般根据"基建拨款"科目所属"本年财政专项拨款"明细科目的期末余额填列。

c. 中央政府性基金:反映本年内按基本建设程序管理的中央政府性基金,如三峡工程建设基金、铁路建设基金、民航基础设施建设基金、港口建设费、船舶港务费、民航机场管理费支出、水利建设基金、土地有偿基金、南水北调工程基金、重大水利建设基金等。根据"基建拨款"科目所属相关明细科目的期末余额填列。

d. 其他资金:主要反映部门自筹建设资金的期末余额数,其他中央财政性拨款也可填入此栏。

② 地方财政性资金拨款。反映本年内由地方财政预算拨入的预算内基建投资、财政专项资金、地方政府性基金、预算外资金、地方项目主管部门自筹资金等。根据"基建拨款"科目所属"本年预算拨款"明细科目的期末余额填列,按行政级别汇总填列;实行政府采购的项目以及通过上级单位转账无偿拨入设备、材料的项目,还包括相应的"本年进口设备转账拨款""本年器材拨款"等的期末余额。

③ 其他拨款。主要反映企业(含部分事业单位)自筹建设资金(不含各类建设借款、不含应纳入"收支两条线"预算管理范围的建设资金)。

(3) 预收下年度财政性资金拨款

反映建设单位本年收到的下年度财政性资金拨款。

(4) 本年交回结余资金

反映建设单位(项目)本年交回主管部门或单位交回财政的基建结余资金。根据"基建拨款"科目所属"本年交回结余资金"明细科目的期末余额以"-"号填列。

(5) 项目资本

反映经营性项目收到投资者投入的项目资本,根据"项目资本"科目的期末余额填列。

(6) 项目资本公积

反映经营性项目取得的项目资本公积,包括投资者实际交付的出资额超过其注册资本的差额、接受捐赠的资产等,根据"项目资本公积"的期末余额填列。

(7) 基建借款

反映建设单位(项目)借入的各种借款的期末余额。根据"基建投资借款""上级拨入投资借款""其他借款"科目的期末余额填列。

由各级政府统借统还的国外贷款以及地方作为拨款给项目单位、由地方政府负责归款的国债转贷资金,不纳入项目基建借款范畴。

（8）待冲基建支出

反映实行投资借款的建设单位当年完成的所有待冲销的交付生产单位使用的资产价值,根据"待冲基建支出"科目的期末余额填列。

（9）应付款

① 付器材款:反映应购入器材而应付给供应单位的款项。根据"应付器材款"科目所属有关明细科目的贷方期末余额合计填列。

② 应付工程款:反映已经办理工程价款结算手续但尚未付给施工企业的工程价款。根据"应付工程款"的期末余额填列。

③ 应付有偿调入器材及工程款:反映有偿调入设备、材料及有偿转入未完工工程的应付价款。根据"应付有偿调入器材及工程款"的期末余额填列。

④ 应付票据:反映建设单位为抵付货款和工程价款等而开出、承兑的尚未到期付款的应付票据。根据"应付票据"科目的期末余额填列。

⑤ 应付工资及福利费:根据"应付工资"和"应付福利费"的期末余额合计填列。

⑥ 其他应付款:反映除上述应付款项以外的其他应付、暂收款项,根据"其他应付款"的期末余额填列。

（10）未交款

① 未交税金:反映建设单位应交未交的各种税金。根据"应交税金"的期末余额填列。

② 未交基建收入:反映建设单位应交未交的基建收入。根据"应交基建收入"的期末余额填列。

③ 其他未交款:反映建设单位应交未交的除税金、基建收入以外的其他款项,根据"其他应交款"科目的期末余额填列。

（11）留成收入

反映建设单位按规定从实现的基建收入中提取的留归建设单位使用的各种收入,根据"留成收入"科目的期末余额填列。

（12）本表主要公式及表间关系

1 行 =（2+7+8+9）行;

2 行 =（3+4+5+6）行;

9 行 =（10+11+12+13）行;

15 行≥16 行;

17 行 =（18+19+22+23）行;

19 行 =（20+21）行;

24 行 =（25+26+27+28+29+30）行;

31 行 =（34+35+36）行;

34 行 =（32−33）行;

44 行 =（1+14+15+17+24+31）行;

45 行 =（46+52+65+67）行;

46 行 =（47+49+51）行;

47 行≥48 行;

49 行≥50 行；

52 行=（53+59+64）行；

53 行=（54+55+56+57+58）行；

59 行=（60+61+62+63）行；

65 行≥66 行；

67 行=（68+69+70）行；

73 行≥74 行；

75 行=14 行；

76 行=（77+78+79+80+81+82）行；

83 行=（84+85+86）行；

88 行=（45+71+72+73+75+76+83+87）行；

44 行=88 行。

（三）基建投资表（财建 02 表）

本表反映建设项目从开始建设起到本年年末止累计拨入、借入的基本建设资金以及这些资金的使用情况。编制本表的目的：一是检查项目概算执行情况；二是考核分析投资效果；三是为编制竣工决算提供资料。主要指标填列方法如下：

① 建设单位填制本表应将所有项目（不论大、中、小型）逐项填列，上报的数据软件中应包括所有分项内容。

② 中央各主管部门、中央管理企业，以及地方财政部门上报财政部的数据软件中应包括所属的全部项目，汇总报表可只填汇总数。

③ 当年安排基建投资项目、当年未安排投资但在建及停缓建项目、当年未安排投资资产已交付使用但未办理竣工决算项目分别填列。

④ 项目编号：指建设单位（项目）将其所管理的所有建设项目按顺序编制的号码，本码由三位数字组成，由建设单位从 001 号开始顺序编制。填报时该栏不能为空白。

⑤ 建设项目名称：指建设单位所管理的建设项目的全称。编报时要求建设项目名称不能少于 4 个字符（2 个汉字）。

⑥ 项目规模：按照建设项目立项时确定的大中型、小型及其他两类填列。建设项目年度财务决算大中小型划分标准按照财建〔2002〕394 号文件第四十三条的规定执行。即：经营性项目投资额在 5 000 万元（含 5 000 万元）以上、非经营性项目投资额在 3 000 万元（含 3 000 万元）以上的为大中型项目。其他项目为小型项目。填报时该栏不能为空白。

⑦ 项目性质：按照新建、改扩建、续建和其他四类分别填列。填报时该栏不能为空白。

⑧ 项目类型：按项目建成后的实际用途分经营性项目、非经营性项目两种类型分别填列。

⑨ 开工日期：按建设项目实际开始施工的日期填列。

⑩ 竣工日期：按建设项目通过竣工验收的日期填列。

⑪ 概算数：反映自建设项目的投资概算数，根据批准的建设项目概算数填列。

⑫ 财政性资金拨款。

1）中央财政性资金：

a. 财政拨款：反映自开始建设起到本年年末止建设项目资金来源中中央预算内基建拨款、政府性基金拨款、财政专项资金拨款、预算外资金拨款等。根据上年本表该栏数字和"基建拨款"科目所属"本年基建拨款""本年财政专项资金拨款"等明细科目的本年贷方发生额合计填列。

b. 中央部门自筹：反映自开始建设起到本年年末止建设项目资金来源中中央项目主管部门自筹的建设资金。根据上年本表该栏数字和"基建拨款"科目所属"本年自筹资金拨款""本年其他拨款"等明细科目的本年贷方发生额以及"项目资本"科目的本年贷方发生额分别分析出中央部门自筹部分后合计填列。

2）地方财政性资金：

a. 财政拨款：反映自开始建设起到本年年末止建设项目资金来源中地方财政预算拨入的预算内基建投资、财政专项资金、地方政府性基金、预算外资金等。根据上年本表该栏数字和"基建拨款"科目所属"本年基建拨款""本年财政专项资金拨款"等明细科目的本年贷方发生额合计填列。

b. 地方部门自筹：反映自开始建设起到本年年末止建设项目资金来源中地方项目主管部门自筹的建设资金。根据上年本表该栏数字和"基建拨款"科目所属"本年自筹资金拨款""本年其他拨款"等明细科目的本年贷方发生额以及"项目资本"科目的本年贷方发生额分别分析出地方部门自筹部分后合计填列。

3）国家资本金：经营性项目资本金中国家出资部分。

⑬ 单位拨款：反映自开始建设起到本年年末止建设项目资金来源中企业及部分事业单位自筹建设资金（不含应纳入"收支两条线"预算管理的自筹建设资金及各类建设借款）。根据上年本表该栏数字和"基建拨款"科目所属"本年自筹资金拨款""本年其他拨款"等明细科目的本年贷方发生额以及"项目资本"科目的本年贷方发生额分别分析出企业及部分事业单位自筹部分后合计填列。

"法人资本金"指经营性项目资本金中法人出资部分。

⑭ 基建借款：反映自开始建设起到本年年末止累计借入的各种投资借款。

1）国内借款：反映自开始建设起到本年年末止累计借入的商业银行投资借款、其他机构投资借款和临时周转借款，根据上年本表该栏数字和"基建投资借款"科目所属"国家开发银行投资借款""建设银行投资借款"等明细科目的本年贷方发生额合计填列。

2）国外借款：反映自开始建设起到本年年末止累计从外国政府、国外金融机构或组织的借款。由政府负责统借统还的国外借款不在此填列。根据上年本表该栏数字和"基建投资借款"科目所属"国外借款"明细科目的本年贷方发生额分析填列。

3）企业债券资金：反映自开始建设起到本年年末止累计拨入的企业债券资金，根据上年本表该栏数字和"企业债券资金"科目本年贷方发生额填列。

4）国债转贷资金：反映自开始建设起到本年年末止由建设单位（项目）使用并负责还款的国债转贷资金情况。由地方政府负责还贷的国债转贷资金作为地方财政性资金拨款，不在基建借款中反映。国债转贷资金安排起止时间1998年至2007年。

⑮ 已移交资产：反映自开始建设起到本年年末止累计已移交生产使用单位的固定

资产、流动资产、无形资产和递延资产。"固定资产""流动资产""无形资产""递延资产"等栏目分别根据上年本表该栏数字和"交付使用资产"科目的本年末借方余额填列。

⑯ 在建工程:反映建设单位各种在建工程成本的年末余额,根据"建筑安装工程投资""设备投资""待摊投资"和"其他投资"科目的年末借方余额合计填列。

⑰ 待核销基建支出:反映自开始建设起到本年年末止累计发生的尚未经批转冲销相应资金来源的待核销基建支出,根据上年本表该栏数字和"待核销基建支出"科目的年末借方余额计算填列。

⑱ 转出投资:反映自开始建设起到本年年末止累计发生的尚未经批转冲销相应资金来源的转出投资,根据上年本表该栏数字和"转出投资"科目的年末借方余额计算填列。

⑲ 竣工项目结余资金:反映已竣工尚未办理竣工财务决算项目结余资金情况,根据"基建投资拨借款合计"与"基本建设支出累计"的差额填列。编报说明中应对竣工项目数量、性质、规模予以汇总说明,并在上报的电子表本栏汇总数中予以批注。

⑳ 竣工项目超概金额:反映竣工项目超概算发生投资金额,根据"基本建设支出累计"与"概算数"的差额填列。编报说明中应对竣工项目数量等予以汇总说明,并在上报的电子表本栏汇总数中予以批注。

㉑ 在建及未开工项目结转资金:反映在建项目及未开工项目累计应结转资金情况,根据"基建投资拨借款合计"与"基本建设支出累计"的差额填列。

㉒ 本表主要公式及表间关系:

若 7 到 36 栏中任意一栏不为零,则建设项目名称 N4 个字符(2 个汉字);

1、2、3、4、5 栏不为空;

8 栏 = (9+17+19+24)栏;

9 栏 = (10+13)栏;

10 栏 = (11+12)栏;

13 栏 = (14+15)栏;

17 栏 718 栏;

19 栏 = (20+21+22+23)栏;

25 栏 = (26+31+32+33)栏;

26 栏 = (27+28+29+30)栏;

34 栏 = 8 栏 − 25 栏(当 6 行不为空时填列,即项目竣工);

35 栏 = 25 栏 − 7 栏(当 6 行不为空时填列,即项目竣工);

36 栏 = 8 栏 − 25 栏(当 6 行为空时填列,即项目在建或未开工);

10 栏合计行 ≥ 01 表(47+53)行;

13 栏合计行 ≥ 01 表(49+59)行;

17 栏合计行 ≥ 01 表(51+64)行;

19 栏合计行 ≥ 01 表 73 行。

(四) 待摊投资明细表(财建 03 表)

本表主要反映建设单位(项目)发生的构成基本建设实际支出的、并按规定应当分摊计入交付使用资产成本的各项费用支出的明细情况。表中"本年数"栏按照待摊投资明细项目当年实际发生额填列。"累计"栏根据各明细项目自开始建设起至本年末止累计发生数填列。主要指标填列方法如下：

1. 建设单位管理费

反映项目从筹建之日起至办理竣工决算之日止发生的管理性质的开支，包括不在原单位发工资的工作人员工资、基本养老保险费、基本医疗保险费、失业保险费、办公费、差旅交通费、劳动保护费、工具用具使用费、固定资产使用费、零星购置费、招募生产工人费、技术图书资料费、印花税、业务招待费、施工现场津贴、竣工验收费和其他管理性质开支。建设单位管理费以项目投资总概算为计算基数，财建〔2002〕394号规定了总额控制数费率计算办法。其中，业务招待费支出不得超过建设单位管理费总额的10%，施工现场津贴标准比照当地财政部门制定的差旅费标准执行。

2. 代建管理费

反映实行代建制建设项目所支付给代建单位的管理费，按财建〔2004〕300号有关规定，实行代建制的项目一般不得再列支建设单位管理费，若确需发生，项目建设单位管理费和代建管理费合计不得高于基建财务制度规定的项目建设单位管理费的上限标准。而且，代建管理费的拨付要与工程进度、建设质量结合，原则上可预留20%的代建管理费，待项目竣工一年后再支付。

3. 土地征用及迁移补偿费

反映通过划拨方式取得无限期的土地使用权而支付的土地补偿费、附着物和青苗补偿费、安置补偿费以及土地征收管理费等，以及行政事业单位的建设项目通过出让方式取得土地使用权而支付的出让金。非行政事业单位建设项目通过出让方式取得有限期的土地使用权而支付的出让金，作为无形资产计入"其他投资"科目，不计入土地征用及迁移补偿费科目。本栏根据"待摊投资"所属"土地征用及迁移补偿费"明细科目的本年借方发生额分析填列。

4. 土地复垦及补偿费

反映建设单位在基本建设过程中发生的土地复垦费用和土地损失补偿费用，根据"待摊投资"所属"土地复垦及补偿费"明细科目的本年借方发生额分析填列。

5. 勘察设计费

反映自行或委托勘察设计单位进行工程水文地质勘查、设计所发生的各项费用，根据"待摊投资"所属"勘察设计费"明细科目的本年借方发生额分析填列。

6. 研究试验费

反映为本建设项目提供或验证设计数据、资料进行必要的研究试验，按照设计规定在施工过程中必须进行试验所发生的费用，不包括应由科技三项费用开支的费用和应在间接费用列支的施工企业对建筑材料、构件和建筑物进行一般鉴定、检查所发生的费用及技术革新的研究试验费，以及应由勘察设计费、勘察设计单位的事业费或基本建设投资中开支的项目（费用）。根据"待摊投资"所属"研究试验费"明细科目的本年借方发生额分析填列。

7. 可行性研究费

反映在建设前期所发生的按规定应计入交付使用资产成本的可行性研究费用。

为进行可行性研究而购置的固定资产,应在"其他投资"科目中核算。根据"待摊投资"所属"可行性研究费"明细科目的本年借方发生额分析填列。

8. 临时设施费

反映按照规定拨付给施工企业的临时设施包干费,以及建设单位自行施工所发生的临时设施实际支出。临时设施费的内容包括临时设施的搭设、维修、拆除费或摊销费以及施工期间专用公路养护费、维修费。根据"待摊投资"所属"临时设施费"明细科目的本年借方发生额分析填列。

9. 设备检验费

反映按照规定付给商品检验部门的进口成套设备检验费,建设单位对进口成套设备自行组织检验所发生的费用,应计入采购保管费,不在本科目核算。根据"待摊投资"所属"设备检验费"明细科目的本年借方发生额分析填列。

10. 负荷联合试车费

反映单项工程(车间)在交工验收以前进行的负荷联合试车亏损(即全部试车费减去试车产品销售收入和其他收入后的差额)。单机试运或系统联动无负荷试运所发生的费用,应计入"建筑安装工程投资"科目,不在本科目核算。根据"待摊投资"所属"负荷联合试车费"明细科目的本年借方发生额分析填列。

11. 合同公证及工程质量管理费

反映建设单位按规定支付的合同公证费和工程质量监测费。根据"待摊投资"所属"合同公证及工程质量管理费"明细科目的本年借方发生额分析填列。

12. (贷款)项目评估费

建设单位的项目贷款由贷款银行或金融机构进行评估论证所支付的有关费用。根据"待摊投资"所属"(贷款)项目评估费"明细科目的本年借方发生额分析填列。

13. 国外借款手续费及承诺费

反映建设单位使用国外借款所发生的按规定计入交付使用资产成本的国外借款手续费和承诺费等。根据"待摊投资"所属"国外借款手续费及承诺费"明细科目的本年借方发生额分析填列。

14. 土地使用税

反映建设单位在建设期间按规定缴纳的土地使用税。根据"待摊投资"所属"土地使用税"明细科目的本年借方发生额分析填列。

15. 耕地占用税

反映建设单位按规定缴纳的耕地占用税。根据"待摊投资"所属"耕地占用税"明细科目的本年借方发生额分析填列。

16. 车船使用税

建设单位自用的车辆、船舶等按国家规定应缴纳的使用税。根据"待摊投资"所属"车船使用税"明细科目的本年借方发生额分析填列。

17. 汇兑损益

反映建设单位使用国外借款所发生的按规定应计入交付使用资产成本的各种汇兑损益。建设单位发生外币业务时,应当将有关外币金额折合为人民币计账。所有外币账户,均采用业务发生时的市场汇价作为折合汇率,也可以采用业务发生当期期初的市场汇价作为折合汇率。年度终了或在办理建设项目竣工决算时,建设单位应将各种外币账户的外币期末余额,按照期末市场汇价折合为人民币金额。按照期末市场汇价折合的人民币金额与原账面人民币之间的差额,作为汇兑损益。根据"待摊投资"所属"汇兑损益"明细科目的本年借方发生额分析填列。

18. 报废工程损失

反映由于自然灾害、管理不善、设计方案变更等原因造成工程报废所发生的扣除残值后的净损失。根据"待摊投资"所属"报废工程损失"明细科目的本年借方发生额分析填列。

19. 坏账损失

反映建设单位按规定程序报经批准确实无法收回的预付及应收款项。根据"待摊投资"所属"坏账损失"明细科目的本年借方发生额分析填列。

20. 借款利息

反映建设单位(项目)使用投资借款所发生的按规定应计入交付使用资产价值的借款利息。根据"待摊投资——借款利息"科目本年借方发生额分析填列。

21. 财政贴息资金

反映建设单位(项目)收到财政拨入的应冲减利息支出(工程成本)的贴息资金。根据"待摊投资——借款利息"科目本年贷方发生额分析填列。

22. 存款利息收入

反映建设期间建设单位(项目)的建设资金(包括投资借款)在银行存款账户上所实现的利息收入。根据"待摊投资——存款利息"科目本年贷方发生额分析填列。

23. 固定资产损失

反映清理固定资产的净损失以及经批准转账的固定资产的盘亏减盘盈后的净损失。根据"待摊投资"所属"固定资产损失"明细科目本年借方发生额分析填列。

24. 器材处理亏损

反映处理积压器材所发生的亏损。根据"待摊投资"所属"器材处理亏损"明细科目本年借方发生额分析填列。

25. 设备盘亏及毁损

反映建设单位发生的设备盘亏减盘盈后的净损失和设备毁损。根据"待摊投资"所属"设备盘亏及毁损"明细科目本年借方发生额分析填列。

26. 调整器材调拨价格折价

反映按规定调整器材调拨价格所发生的折价。根据"待摊投资"所属"调整器材调拨价格折价"明细科目本年借方发生额分析填列。

27. 企业债券发行费用

反映筹措债券资金而发生的债券发行费用,包括支付给银行的代理发行手续费和债券的设计、印刷等费用。根据"待摊投资"所属"企业债券发行费用"明细科目本年借方发生额分析填列。

28. 本表"汇兑损益""固定资产损失""器材处理亏损""设备盘亏及毁损""调整器材调拨价格折价"项目,均反映建设单位(项目)当年发生的应计入交付使用资产价值的各项净损失,应分别根据"待摊投资"科目所属有关明细科目的本年借方或贷方发生额分析计算填列。

29. 已摊销数

反映建设单位(项目)按规定已经分摊计入交付使用资产价值的待摊投资额。

30. 本表其他各项目

分别根据"待摊投资"科目所属明细科目的本年借方发生额分析填列。

31. 本表主要公式及表间关系

$(1+2+3+4+5+6+7+8+9+10+11+12+13+14+15+16+17+18+19+20+21+22+23+24+25-26-27+28+29+30+31+32+33+34+35+36)$行 = 37 行;

37 行"累计数"-38 行"累计数" = 01 表 12 行年末数;

37 行"本年数"-38 行"本年数" = 01 表 12 行"年末数"-01 表 12 行"年初数"。

(五)基建借款情况表(财建 04 表)

本表反映建设单位(项目)各种基建借款的借入、归还情况。

1. 国内借款

① 商业银行投资借款:反映建设单位从工商银行、建设银行、农业银行、交通银行、国家开发银行等国内商业银行借入资金。

② 其他机构投资借款:反映建设单位借入的除商业银行投资借款以外的其他投资借款。

③ 临时周转借款:建设单位由于建设进度提前,年度基建投资借款或投资拨款指标不足,而向商业银行借入的一种临时短期周转借款。

2. 国外借款

反映建设单位(含项目主管部门)从外国政府、国外金融机构或组织的借款。由政府负责统借统还的国外借款不在此填列。

3. 企业债券资金

反映建设单位使用的企业债券资金。

4. 国债转贷资金

反映由建设单位(项目)使用并负责还款的国债转贷资金情况。由地方政府负责还贷的国债转贷资金作为地方财政性资金拨款,不在基建借款中反映。国债转贷资金安排起止时间 1998 年至 2007 年。

5. 本表纵向各栏的填列方法

① "年初借款余额"栏,反映建设单位(项目)年初各种基建借款的余额。根据上年本表"年末借款余额"数字分别填列。

② "本年实际借款数"栏所属"本金"和"利息"栏,反映建设单位(项目)自年初起到本年年末止支用的基本建设投资借款等借款本金及发生的利息。分别根据"基建投资借款""其他借款"科目本年贷方累计发生额分析填列。

③ "本年还款数"栏所属"本金"和"利息"栏,反映建设单位(项目)本年累计归还的各种借款本金和利息。分别根据"基建投资借款""其他借款"科目本年借方累计发生额分析填列。

④ "年末借款余额"栏,反映建设单位(项目)本年年末各种基建投资借款的余额。

根据"基建投资借款"和"其他借款"科目年末贷方余额填列。

6. 本表主要公式及表间关系

2 行 = 3 行 + 4 行 + 5 行；

6 栏 = 1 栏 +（2+3）栏 –（4+5）栏；

6 栏 1 行 = 01 表 73 行；

6 栏 7 行 = 01 表 74 行；

6 栏 8 行 > 02 表 23 栏合计行。

（六）主要指标表（一）（财建 05 表）

本表根据年度财务核算的各有关总账、明细账以及建设项目管理等方面的资料分析填列。

1. 汇编建设项目个数

分别按照建设项目类型和规模进行分类填列。其中：按类型分为经营性建设项目和非经营性建设项目；按规模分为大中型建设项目和小型及其他建设项目。

2. 交付使用资产情况

主要反映建设单位（项目）建设投资完成及交付使用资产情况。

3. 基建结余资金

分别填列年初结余资金和年末结余资金。其中：年初结余资金应与上年的年末结余资金一致，如有调整，应按调整数字填列，并在决算报表编制说明中进行说明。年末结余资金，应根据资金平衡表中有关栏次分析计算填列。

年末结余资金 = 01 表基建拨款合计 + 项目资本 + 项目资本公积 + 基建借款 + 待冲基建支出 – 基本建设支出合计 – 应收生产单位投资借款期末数

4. 本年预算执行情况

主要反映本年下达的基本建设支出预算及执行情况。建设单位（项目）填制本表应按本年预算指标数、实际到位数及未到位数分别填列预算数、到位数及未到位数。

5. 政府采购预算执行情况

主要反映按规定或要求实行工程政府采购的财政性资金投资基本建设项目预算执行情况。

6. 本表主要公式及表间关系

1 行 =（2+3）行 =（4+5）行；

10 行 =（11+12+13+14）行；

16 行 =（17+23）行；

17 行 =（18+19+20+21+22）行；

24 行 =（25+31）行；

25 行 =（26+27+28+29+30）行；

32 行 =（33+39）行；

33 行 =（34+35+36+37+38）行；

32 行 =（16–24）行；

33 行 =（17–25）行；

34 行 =（18−26）行；

35 行 =（19−27）行；

36 行 =（20−28）行；

37 行 =（21−29）行；

38 行 =（22−30）行；

39 行 =（23−31）行；

6 行 = 01 表 2 行年末数；

7 行不填数；

8 行 = 上年年末结余资金，如有调整，应按调整数字填列，并在决算报表编制说明中进行说明；

9 行 = 01 表（45+71+72+73+75−1−14）行年末数；

18 行 = 01 表 54 行；

19 行 = 01 表 55 行；

20 行 = 01 表 56 行；

21 行 = 01 表 57 行；

22 行 = 01 表 58 行；

23 行 = 01 表（60+61+62+63）行；

11 行 = 01 表 58 行；

13 行 = 01 表 63 行；

（12+14）行 = 01 表 64 行。

（七）主要指标表（二）（财建 06 表）

本表由各地财政部门填报，中央各单位不用填报。

本表主要反映本年度各地全社会固定资产投资、政府投资等情况。

1. 全社会固定资产投资

反映全年全社会固定资产投资情况，根据统计部门的统计数据填列。

2. 政府投资及项下各子项

反映全年政府投资情况，根据中央及地方财政性资金投资的预算数填列。

3. 中央补助地方专项支出（专项转移支付）

反映中央补助地方的各类专项项目支出，根据预算数填列。

4. 本表主要公式及表间关系

1 行 > 2 行；

2 行 =（3+10）行；

3 行 =（4+5+6+7+8）行；

9 行 <（4+5+6+7+8）行；

10 行 =（11+12+13+14）行；

3 行 = 01 表 53 行年末数；

4 行 = 01 表 54 行年末数；

5 行 = 01 表 55 行年末数；

6 行 =01 表 56 行年末数；

7 行 =01 表 57 行年末数；

8 行 =01 表 58 行年末数；

10 行 =01 表 59 行年末数。

(八) 本年基建投资表 (财建 07 表)

本表主要综合反映本年基本建设资金的收支情况, 包括财政性资金投资项目本年财政性资金投资预算、本年所有基本建设资金的到位、本年基本建设支出、结余等情况, 根据年度财务核算的各有关总账、明细账及建设项目管理等方面的资料分析填列。本表填列的项目范围与基建投资表 "(一) 当年安排基建投资项目" 的范围一致。

1. 以前年度财政性资金投资预算本年到位资金

反映建设项目本年实际收到的列入以前年度财政性资金投资预算的建设资金。

2. 年初结余建设资金

反映建设项目本年年初余额, 根据项目年初实际所有的各类拨款及借款合计。

3. 年末结余建设资金

反映建设项目本年年末结余额, 根据年初余额及本年实际收到各类建设资金减去本年实际基建支出的余额填列。

4. 本表主要公式及表间关系

2 栏 = (3+8) 栏；

3 栏 = (4+5+6+7) 栏；

11 栏 = (12+17) 栏；

12 栏 = (13+14+15+16) 栏；

21 栏 = (22+23+24+25) 栏；

27 栏 = (28+29+30+31) 栏；

32 栏 = (1+11+20+21+26−27) 栏；

33 栏 = (2−11) 栏；

1 栏合计数 =05 表 8 行；

3 栏合计数 ≤01 表 53 行；

4 栏合计数 ≤01 表 (54+55) 行；

5 栏合计数 ≤01 表 56 行；

6 栏合计数 ≤01 表 57 行；

7 栏合计数 ≤01 表 58 行；

8 栏合计数 ≤01 表 59 行；

10 栏合计数 ≤01 表 63 行；

12 栏合计数 ≤05 表 25 行；

13 栏合计数 ≤05 表 (26+27) 行；

14 栏合计数 ≤05 表 28 行；

15 栏合计数 ≤05 表 29 行；

16 栏合计数 ≤05 表 30 行；

17 栏合计数≤05 表 31 行；

27 栏合计数≤01 表 01 行年末数−01 表 9 行年初数；

28 栏合计数≤01 表 02 行年末数；

29 栏合计数≤01 表 09 行年末数；

30 栏合计数≤01 表 07 行年末数；

31 栏合计数≤01 表 08 行年末数；

32 栏合计数 = 05 表 9 行。

第四节   建设项目财务决算审计

课前思考

建设项目竣工决算是指所有建设项目竣工后,建设单位按照国家有关规定在新建、改建和扩建工程建设项目竣工验收阶段编制的竣工决算报告。竣工决算是以实物数量和货币指标为计量单位,综合反映竣工项目从筹建开始到项目竣工交付使用为止的全部建设费用、建设成果和财务情况的总结性文件,是竣工验收报告的重要组成部分,竣工决算是核定新增固定资产价值,考核分析投资效果,建立健全经济责制的依据,是反映建设项目实际造价和投资效果的文件。竣工财务决算由“竣工财务决算报表”和“竣工财务决算说明书”两部分组成。

建设项目竣工决算审计是指建设项目正式竣工验收前,审计机关依法对建设项目竣工决算的真实、合法、效益进行的审计监督。其目的是保障建设资金合理、合法使用,正确评价投资效益,促进总结建设经验,提高建设项目管理水平。

任务驱动

当你学完这一节,你将能够:

(1)了解建设项目竣工财务决算审计开展需要准备哪些资料;

(2)了解竣工财务决算审计报表内容;

(3)了解财务决算审计思路和容易出线的问题。

思考或讨论

(1)财务决算审计开展的工作流程?

(2)财务决算审计的常规方法?

审计实训

按照财务决算审计的流程,模拟财务决算审计,整理相关资料,形成审计报告。

一、建设项目竣工财务决算审计开展的资料准备

① 项目建议书、可行性研究报告及其投资估算。

② 初步设计和扩大初步设计及其概算批复资料。

③ 历年基建计划、历年财务决算及其批复文件。

④ 施工图纸、设计变更记录、施工签证等。

⑤ 有关财务账簿、凭证、报表及工程结算资料。

⑥ 建设项目竣工决算报表。

⑦ 建设项目竣工情况说明书。

微课
建设项目竣工财务
决算审计开展的资
料准备

二、竣工财务决算报表的审计

竣工财务决算报表包括封面和基本建设项目概况表、基本建设项目竣工财务决算表、基本建设项目交付使用资产总表和基本建设项目交付使用资产明细表 4 张报表组成,它反映整个项目的建设成果和财务状况。对竣工财务决算报表的审计主要从以下几个方面进行。

微课
竣工财务决算报表
的审计

① 审计竣工财务决算报表是否按规定的期限编制。按照《基本建设财务管理规定》的要求,凡已竣工建成的项目原则上应于竣工后一个月内编制出竣工财务决算,如一个月内编制确有困难,报经负责审批该竣工财务决算的财政部门或主管部门同意后,可适当延长期限,但最迟不得超过 3 个月。

② 审查尾工工程的投资额是否超过项目投资总额概算的 5%,若超过,则不能编制项目竣工财务决算。

③ 审查竣工财务决算各张报表是否填列齐全,有无漏报缺报,已报的决算各表中项目的填列是否正确完整,各表之间具有钩稽关系,应一致的数额是否相符。如交付使用资产总表的合计数是否与竣工财务决算表中的"交付使用资产"数额相符;交付使用资产明细表中的合计数应与交付使用资产总表的数字相符。

④ 核实报表中有关概算数和计划数是否与批准的概算数和计划数相一致。

⑤ 审查竣工财务决算表中的主要项目金额是否与其历年批准的财务决算报表中的主要项目金额相符。如有不符,应查明原因,并督促建设单位予以调整。

⑥ 审查竣工财务决算中基本建设结余资金是否正确。其计算公式为:

基本建设结余资金 = 基建拨款 + 项目资本 + 项目资本公积 + 基建投资借款 + 企业债券资金 + 待冲基建支出 − 基本建设支出 − 应收生产单位投资借款

三、竣工财务决算说明书内容的审计

竣工决算报表必须附有必要的文字说明,主要从概(预)算的执行、计划和财务管理等方面,以年度财务决算资料为依据,分析基本建设过程中的经验教训。主要内容包括:① 基本建设项目概况;② 会计账务处理、财产物资清理及债务债权的清偿情况;③ 竣工结余资金的分配情况;④ 主要技术经济指标的分析、计算情况;⑤ 基本建设项目管理及决算中存在的问题、建议;⑥ 决算与概算的差异和原因分析;⑦ 需要说明的其他事项。审计的要点包括:① 审计竣工财务决算说明书的内容是否完整、规范;② 审计竣工财务决算说明书编制的深度是否足够,有无掩盖问题,避重就轻等现象发生;③ 审计竣工财务决算说明书中有关指标的计算,数据来源是否真实准确,分析是否得当。

微课
竣工财务决算说明
书内容的审计

四、竣工结余资金的审计

建设项目竣工结余资金是指建设项目竣工后剩余的资金,其主要占用形态表现为

剩余的库存材料、库存设备及往来账款等。在进行竣工决算审计时,必须十分重视竣工结余资金的审计。竣工结余资金审计的目的主要是查验结余资金的真实性,促使建设单位清理库存物资和债权债务,提高建设单位资金的使用效率。审计时主要从以下几方面入手。

1. 审查竣工结余资金的真实性和准确性

（1）审计银行存款、现金和其他货币资金的结余是否真实

首先,审计建设单位所有银行账户资料,核对"银行存款日记账"和"银行对账单"余额是否一致。如不一致,则需进一步审查银行存款余额调节表,查明发生差额的原因。

其次,审计现金结余是否真实存在,可以对结余现金进行盘点,检查账实是否相符。

最后,审计其他货币资金结余是否真实存在,可以查验相关原始凭证以检查其真伪。

（2）审计库存物资的真实性和准确性

首先,对库存材料、设备进行盘点,检查实存材料和设备的数量与库存材料、设备的账面资料是否相符。有无盘盈或盘亏的情况,如有则需分析盘盈和盘亏原因。

其次,审计库存物资的质量状况,有无毁损的物资。

再次,审计处理库存物资的计价是否合理,需要报废的物资损失是否经有关部门批准。

最后,对已出库但尚不具备投资完成条件的现场设备、材料、器材等物资要督促办理假退库手续,如发现有少报、漏报或隐瞒库存物资的情况,应及时予以调整。

（3）审计往来款项的真实性和准确性

首先,审计预付备料款和预付工程款是否按照协议和合同的规定进行拨付和扣回,有无违反合同和协议多付或少付备料款和工程款,是否按照合同和协议规定的时间进行拨付和扣回。

其次,审计应收款项是否真实和准确,有无挪用和职工借支的问题。

再次,重点审计坏账损失,查验坏账损失是否经有关部门批准。

最后,审计建设单位的应付款项是否真实和合法,重点审计有无将收入挂在应付款项等通过应付款项转移收入的行为。

2. 审计竣工结余资金的处理是否合法、合规

审计建设单位在编制竣工财务决算之前是否认真清理了结余资金,清理出来的结余资金是否按照下列原则进行处理。对于非经营性项目的结余资金,首先用于归还项目贷款。如有结余,30%作为单位留成收入,主要用于项目配套设施建设、职工奖励和工程质量奖;70%按投资来源比例归还投资方。项目建设单位应当将应交财政的竣工结余资金在竣工财务决算批复后30日内上缴财政。对于经营性项目的结余资金,相应转入生产经营单位的有关资产。

五、审计导航

投资项目竣工验收与竣工决算工作是项目建设程序中的一个十分重要的建设环节。其主要工作包括编制竣工图纸、组织竣工验收、编制财务竣工决算报告、组织竣工决算审计。竣工验收是项目建设的最后一环,是考核项目建设成果、检验设计和工程质量的重要步骤,也是项目由建设过程转入生产或使用的标志;竣工图的编制由施工

单位具体负责,建设单位对竣工图进行核对,监理单位对竣工资料出具签证。由建设单位向主管部门申请竣工验收,主管部门组织对项目进行验收,出具验收意见。

　　财务竣工决算报告由财务部门牵头负责,工程、物资、审计等部门配合,在项目投运后规定时间内完成财务竣工决算报告的编制和审计工作,这其中包括对施工结算和财务竣工决算的审计。

　　器材部门负责按该项目所实际发生的物资凭单,分项目整理清单,移交财务部门核算。施工结算按规定要求,工程管理部门对其进行初审,重点在工作量、设计变更及签证等方面,初审后由审计部门安排审计,审计后的施工结算由财务部门进行会计核算。财务部门根据竣工决算编制办法的要求编制财务竣工决算,初稿报审计部门进行审计,财务竣工决算报告经审计后,财务部门根据审计意见对其进行调整,编制正式的财务竣工决算报告。

(一) 审计竣工决算报表

1. 审计竣工决算编制组织机构及编制时间

　　① 审计投资项目是否专门成立了由财务、工程管理、物资、审计等部门组成的竣工决算编制的组织机构,各部门的职责分工是否明确。

　　② 审计是否专门配备了必要的决算编制人员,如工程预(决)算、工程财务、审计人员等。

　　③ 审计建设单位能否在规定的时间内完成决算草稿的编制工作,并按规定要求将其报送审计部门。

2. 审计竣工决算资料

　　① 审计与竣工决算相关的资料是否真实、完整、合规,包括立项批文、初步设计审计文件、批准概算、中标通知书、物资采购合同和协议、工程承包合同、征地等其他费用合同和协议、有关财务资料和账册凭证、其他有关的资料等。

　　② 审计工程竣工决算必备的报表资料是否真实、完整、合规。如竣工财务决算说明书、竣工工程概况表、竣工工程决算一览表、预计未完工程明细表、其他工程及费用明细表、移交生产资产总表(房屋及建筑物一览表、安装设备一览表、不需要安装设备/工器具/家具一览表、递延资产/无形资产一览表)、竣工项目财务竣工决算表等是否齐全,是否存在表项漏报缺报的现象、各种报表资料填列的方法是否符合规定要求。按国家邮政局《基本建设项目竣工决算报告编制办法》中的规定内容要求进行审计核对。

3. 审计报表数据

　　① 审计竣工决算各报表之间的数据钩稽关系是否一致。

　　② 审计报表数据与会计账面数据是否一致。

(二) 审计概算执行情况

1. 审计项目的建设规模、标准和计划

　　① 将项目批准计划的建设规模与实际建设规模进行比较,审计是否存在与批准建设规模不一致的行为。注意征地面积、主控楼的建筑面积、附属设施项目等是否超过批准概算的建设规模。

②将项目批准计划的建设标准与实际建设标准进行比较,审计是否存在与批准建设标准不一致的行为。注意:设备、型号、装饰、材料等标准是否超过批准概算的建设标准。

③分析与建设规模和建设标准不一致的原因,并落实责任。应注意分析是设计单位未经批准违反规定擅自扩大建设规模、提高建设标准,还是建设单位违反有关批准文件规定,以合同的形式要求设计单位扩大建设规模。

④审计有无将计划外的工程项目列入工程投资。核对现场和查阅竣工资料,并与批准概算相比较。

⑤查找产生项目投资超出概算的主要原因,审计是否存在超标准和超计划建设的行为。

2. 审计其他费用的列支标准

①审计土地征用及上交各种规费。土地征用注意征地面积和发生的费用两个环节。

面积原则上不得超过批准概算计列的征地面积,如发生部分超支是由于地方土管部门要求多征边角地引起的,比例一般控制在征地面积的 5% ~ 10%;如面积不超标,但费用超支,要查找其是存在搭车征地的行为,还是因为城市规划变动的原因导致。

与征用土地有关的上交各种规费、收费标准及文件依据见表5-9。

表5-9　与征用土地有关的上交各种规费、收费标准及文件依据

序号	收费项目	收费标准	文件依据	收费单位
1	土地登记费	按文件规定执行	地方文件	国土局
2	征用土地管理费	按文件规定执行	地方文件	国土局
3	临时用地有偿使用费	按文件规定执行	地方文件	国土局
4	国有土地有偿使用费	按各地文件规定执行	地方文件	国土局
5	城市房屋拆迁管理费	按文件规定执行	地方文件	房管部门
6	新建房白蚁防治费	按文件规定执行	地方文件	房管部门
7	土地复垦费	按文件规定执行	地方文件	国土局
8	发展新墙体费	按文件规定执行	地方文件	市墙改办
9	散装水泥专项资金	按文件规定执行	地方文件	市散装水泥办公室
10	水增容费	按文件规定执行	地方文件	自来水公司

②审计建设单位管理费列支范围及标准。主要审计建设单位管理费是否超支,如超支要分析其原因,是扩大列支范围、提高开支标准还是由于实际建设工期大于计划建设工期;其分摊的工程管理人员工资在凭证后要附有劳动工资部门的人员工资分配表,其分配列入项目管理费的仅限于直接从事本项目管理的工程技术人员。

开支的费用范围按有关规定列支,但不包括工程管理人员生产性奖金。

③审计管理车辆购置费的使用或计提情况,是否存在超概算的现象。大中型项目按概算所列的车辆数量和金额进行控制;小项目如概算中车辆购置费不足采购一辆的,可采取几个项目合并购置,在财务上进行分摊列入。

④审计生活福利设施费的使用或计提情况,是否存在超概算的现象。注意此费用

不得超支,一般可采取实际建设职工住房费用分摊计入和预提两种方式。

⑤ 审计工器具、办公生活家具的购置情况,是否存在超概算的现象,其列支范围严格按预先规定的要求,是与本项目直接有关的移交生产必需的工器具、办公及生活家具配备。

⑥ 审计生产职工培训费的使用情况。注意此项费用不允许超支,邮政项目的新进职工培训应按实列支,如果其技能培训在项目建设前已发生,按配比原则,此项费用可采取分摊的方式列支。

3. 审计预备费的动用情况

① 审计项目是否动用了承包方的基本预备费。

② 审计动用承包方基本预备费的程序是否符合规定。审计时应注意承包方不违反初设审批意见的情况下,动用该基本预备费时是否报发包方备案;承包方超出初设审批的范围和内容,动用发包方控制的50%预备费时,是否报发包方同意。

③ 审计在不违反初设审批意见的前提下,动用承包方的基本预备费的内容是否符合规定,是否存在违规动用预备费的现象。

4. 审计设备采购(含装置性材料)的标准及数量

① 将设备的采购合同、发票与批准概算中设备明细相核对,审计是否存在概算外设备。

② 审计是否存在设备单价超过概算和设备购置费超过概算的现象,并分析其原因是设计要求变更设备选型还是建设单位擅自提高设备配置标准。

③ 审计设备运杂费的列支。设备运杂费的审计时要注意:如采取据实列支的,重点审计列支的凭证、附件的合法性;如采取协议或合同方式委托器材公司采购代办的,重点审计与设备供货合同条款中运输方式的一致性;如设备采购合同中已明确供货方负责设备的大运费,大运费已包括在中标价中,应扣除器材公司承办的设备运杂费中的大运费。

辅助生产设备的配置是为移交生产而购置的必需的检修和检测设备。从两个方面加以把握:一是概算中有台数和金额的,按台数控制,注意购置设备的型号与概算表中的一致性;二是无台数但有金额的,按金额控制,不得超支。

(三) 审计贷款利息

1. 审计利息支出情况

① 审计利息支出计算是否正确,是否存在计息时间和利率计算错误。

② 审计是否存在将不具备借款费用资本化条件的费用列入工程成本的问题,即将资产支出还未发生之前的利息支出列入工程成本和将购建活动还未开始之前的利息支出列入工程成本。

③ 审计是否存在将应暂停资本化以后的利息支出列入工程成本的现象,这种情况是指由于不可预见或管理层决策等原因而发生的非正常中断,并且中断时间超过三个月以上,此时应将中断时间超过三个月以后的利息支出暂停资本化,但财务核算时却将其列入了工程成本。

④ 审计是否将应停止资本化以后的利息支出列入工程成本的现象,包括两种情况:a. 将建设工程整体达到预定可使用状态以后发生的利息支出列入了工程成本。

b. 在资产分别建造、分别完工的前提下,任何一部分在其他部分建造期间可以独立使用,此时如果已完工部分已达到预定可使用状态,该部分资产的资本化应予以停止,但在财务核算时却将其列入了工程成本。

⑤ 审计是否存在将生产性贷款和其他项目的贷款利息支出列入工程成本的现象。

2. 审计利息收入情况

① 审计贷款利息收入的计算是否正确。

② 审计是否存在将符合借款利息资本化期间的借款利息收入在财务核算时冲减了财务费用的现象。

③ 审计是否存在将本项目的利息收入冲减其他工程成本的现象。

3. 审计利息的分摊情况

① 审计不同工程之间的利息分摊是否有分摊方法。

② 审计不同工程之间的利息分摊方法是否固定、是否存在随意变动分摊方法的现象。

③ 审计不同工程之间的利息分摊方法是否正确。正确的利息分摊计算公式应为

$$某工程应分摊的利息 = \frac{该工程的(期初资产值+期末资产值)}{所有工程的(期初资产值+期末资产值)} \times 利息$$

(四) 审计汇兑损益

1. 审计汇兑损益的计算情况

① 审计外汇借款汇兑利率的计算是否采用现汇的银行卖出价。

② 审计是否按实际外汇借款金额计算,有无多计或少计的现象。

2. 审计汇兑损益的处理情况

① 审计是否存在将不符合资本化条件的汇兑损失列入工程成本现象。

② 审计是否存在将符合借款利息资本化期间的汇兑收益在财务核算时冲减财务费用的现象。

③ 审计是否存在将本项目的汇兑损益列入其他工程项目的现象。

④ 审计是否存在其他项目的汇兑损益列入本工程项目的现象。

3. 审计汇兑损益的分摊

① 审计不同工程之间的汇兑损益分摊是否使用同一分摊方法。

② 审计不同期间的汇兑损益分摊方法是否固定、是否存在随意变动分摊方法的现象。

③ 审计不同工程之间的汇兑损益分摊方法是否正确。正确的汇兑损益分摊计算公式应为

$$某工程应分摊的汇兑损益 = \frac{该工程的(期初资产值+期末资产值)}{所有工程的(期初资产值+期末资产值)} \times 汇兑损益$$

(五) 审计交付使用的财产

1. 审计交付使用的财产的完整性

① 审计交付使用的财产必需的资料是否合规齐全。

② 审计交付使用的财产是否办理了交付手续,是否存在未办理交接手续就已经使用的资产。

③ 审计交付使用的财产入账是否正确,需要安装固定资产入账价值包括购置费(含运杂费)、安装费和摊入费用,不需要安装固定资产入账价值包括设备购置费和摊入费用,流动资产(工器具、家器具及备品备件等)以购置费入账。

2. 审计交付使用的财产的真实性

① 审计交付使用的财产是否符合交付条件、是否存在不符合交付使用条件的资产。

② 审计"交付使用的财产明细表"与"交付使用的财产"科目所反映的内容是否一致,数字是否相符。

③ 将"建安工程投资""设备投资""待摊费用""其他投资"与"交付使用的财产"科目进行核对。

④ 将"交付使用的财产明细表"与实际交付的固定资产和流动资产实物核对。

⑤ 根据上面核对的结果,分析是否存在重复计算或漏计资产和资产计算不正确的问题。

(六)审计待摊费用的分摊

① 审计是否存在将可以直接确定受益对象的"待摊费用"用来分摊的现象。

② 审计"待摊费用"实际分摊的受益对象是否正确、是否存在随意确定受益对象的现象,见表5-10。

表5-10　××项目待摊费用分摊明细表

	其他费用	会计科目	摊入项目	备注
一	建设场地划拨及清理费			
1	土地划拨费	待摊基建支出	建筑工程、安装、设备	
2	旧有设施迁移补偿费	待摊基建支出	建筑工程	
3	余物拆除清理费、场地平整、地质勘探、绿化	建筑工程	建筑工程	
二	项目建设管理费			
1	建设项目法人管理费	待摊基建支出	建筑工程、安装、设备	
2	前期工程费	待摊基建支出	建筑工程、安装、设备	
3	设备服务费	在安装设备	设备	
4	备品备件费	有关资产科目	作资产直接移交	
5	工程保险费	待摊基建支出	按保险对象范围分摊	
三	项目建设技术服务费			
1	研究试验费	待摊基建支出	建筑工程、安装、设备	
2	勘察设计费	待摊基建支出	建筑工程、安装、设备	
3	竣工图文件编制费	待摊基建支出	建筑工程、安装、设备	
4	工程监理费	待摊基建支出	建筑工程、安装、设备	

续表

	其他费用	会计科目	摊入项目	备注
四	生产准备费			
1	管理车辆购置费	固定资产		
2	工器具、办公、生产及生活家具购置费	有关资产科目		
3	生产职工培训及提前进厂费	递延资产		
4	整套启动试运费及分系统调试费	待摊基建支出	安装工程	
五	其他			
1	施工安全措施补助费	待摊基建支出	建筑工程、安装、设备	
2	工程质量监督检测费	待摊基建支出	建筑工程、安装、设备	
3	预算定额编制费、劳动定额测定费	待摊基建支出	建筑工程、安装、设备	
六	建设期贷款利息	待摊基建支出	建筑工程、安装、设备	
七	引进项目费用	待摊基建支出	在引进范围内分摊	

③ 审计"待摊费用"的分摊方法是否正确,是否存在随意分摊或分摊不合理的现象。正确的分摊公式应为

$$实际分配率 = \frac{待摊基建支出累计发生额 - 其中可直接分配部分}{建筑工程累计发生额 + 安装工程累计发生额 + 在安装设备累计发生额}$$

(七) 审计尾工工程

1. 审计预留尾工工程的真实性

① 将财务决算报表中未完工程明细表与项目批准概算核对,检查批准概算是否包括预留项目。

② 将财务决算报表中未完工程明细表与工程竣工资料相核对。

③ 将财务决算报表中未完工程明细表与工程现场相核对,检查是否存在其他未完项目。

2. 审计预留尾工工程总额是否控制在 5% 以内

① 将未完工程明细表与项目批准概算核对,审计预留费用填列是否正确。

② 计算预留尾工工程总额占工程总投资的百分比,检查是否控制在 5% 以内。

(八) 审计结余物资

1. 审计基建结余物资的真实性

① 盘点库存结余物资的数量。

② 将实地盘点结果与物资材料采购明细账和项目物资材料消耗明细账相核对,审计两者是否一致。

③ 分析两者不一致的原因,检查是否存在隐匿、转移、挪用工程物资等。

2. 评价物资采购计划的执行情况

① 审计建设单位是否编制了工程物资采购计划。

② 审计物资采购计划是否与设计要求一致。

③ 审计工程物资采购合同,并将其与采购计划对比,检查是否存在盲目采购和采购过量导致积压的现象。

④ 评价工程物资采购计划编制的正确性。

（九）审计税金

1. 审计印花税

① 审计工程施工、物资采购、借款等合同是否缴纳了印花税。

② 审计印花税的计算基数,即合同金额的计算是否正确,是否存在漏计合同金额的现象。

③ 审计各种合同应缴纳的印花税税率的计算是否正确,是否存在低计或高计印花税税率的现象。

④ 审计是否按时缴纳印花税,是否存在迟缴印花税的现象。

2. 审计耕地占用税

① 审计工程占用的耕地是否缴纳了耕地占用税。

② 审计耕地占用税的计算基数,即占用耕地的面积是否正确,是否存在少计耕地面积的现象。

③ 审计耕地占用税的计算单价是否正确,是否存在低计或者高估单价的现象。

④ 审计是否按时缴纳耕地占用税,是否存在迟缴耕地占用税的现象。

3. 审计营业税

① 审计施工单位是否按规定计列了甲供材的营业税。

② 审计施工单位是否全额缴纳了甲供材的营业税。

③ 审计应纳税甲供材金额的计算是否正确,是否存在少计甲供材金额现象。审计时应着重注意施工单位工程结算未将甲供材计入产值的项目,检查施工单位缴纳营业税时是否按规定将建设单位提供的甲供材(不含设备)作为计税基数。

④ 审计营业税的税率计算是否正确,是否存在低计营业税税率的现象。

⑤ 审计是否按时缴纳营业税,是否存在迟缴营业税的现象。

（十）审计基本建设收入

1. 审计基本建设收入的来源

① 审计工程建设过程中副产品变价净收入的确定是否正确,是否按照实际销售收入扣除销售过程中所发生的费用和税金确定。

② 审计经营性项目为检验设备安装质量进行的负荷试车或按合同及国家规定进行运行所实现的产品收入、试运行期间基建收入是否以产品实际销售费用及其他费用和销售税金后的纯收入确定。

③ 审计已超过批准的试运行期,并已符合验收条件但未及时办理竣工验收手续的建设项目,实现的收入是否按规定作为生产经营收入。

④ 审计各类建设项目总体建设尚未完成和移交生产,但其中部分工程简易投产而发生营业性收入等是否入账正确。

⑤ 审计标书费、各项索赔和违约金等其他费用入账是否正确。

2. 审计基本建设收入的使用

① 审计工程建设期间的各项索赔以及违约金等其他收入,在用于弥补工程损失之后的节余,是否按规定缴纳税金。

② 审计建设单位基本建设收入缴纳所得税后的留成收入的使用是否合规,即70%用于组织和管理建设项目的开支,30%用于职工福利和奖励。

3. 审计试运行期的管理

审计试运行期是否经项目设计文件审批机关批准、是否按规定执行,有无擅自缩短或延长的现象。

(十一) 审计项目投资总额

1. 核定项目总投资,计算项目投资结余

① 计算项目总投资。项目总投资 = 财务竣工决算送审额 + 审计核增额 − 审计核减额

② 计算投资承包结余。建设费用承包结余 = 承包基数 ± 承包基数的调整 − (审计后的项目实际投资 − 建设期贷款利息支出 + 贷转存利息支出)

2. 项目投资情况分析

① 审计工程总投资是否超出概算,如超出概算是否办理了调整概算的批准手续,调整概算的批准手续是否合规,有无存在越权审批的情况。

② 审计单项工程是否超出概算,是否办理了单项工程之间投资调剂的批准手续,调剂的批准手续是否合规。

③ 审计重大设计变更的必要性和手续。重大的设计变更一般对投资影响较大,审计变更是否必须,是否有原设计单位出具书面的变更通知和监理部门的审计意见。

(十二) 审计财经法规的执行情况

1. 审计会计基础工作

① 审计各项财务支出和付款是否真实合规。

② 审计凭证附件是否符合要求。

③ 审计审批手续是否完备。

④ 审计是否存在超出合同规定付款、无审批手续等违规现象。

⑤ 审计财务竣工决算资料的整理和归档情况。

2. 审计财经法纪执行情况

① 核实往来款项和银行付款,审计是否存在挪用工程建设资金的行为。

② 审计是否存在隐瞒、转移、挪用建设工程物资的行为。

③ 审计是否存在收入不入账、虚拟工程支出等私设"小金库"的行为。

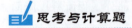 思考与计算题

综合案例分析:

粤海铁路私分资金案分析

一、背景信息

粤海公司 5 名领导成员集体私分国有资产的腐败案件是在国家审计机关第 14 次审计时才被揭开的。主要原因在于企图捂住这个腐败案盖子的有业主、施工单位、设计单位、监理等方方面面的相关单位。正如审计人员所说："整个企业几乎整体失语，无法获得线索，也很难取证。"

集体瓜分、人人均沾是粤海公司领导班子集体腐败的一大特征，他们在瓜分这块属于国有的唐僧肉时表现得那么团结。5 名领导班子成员集体做出决定，注册 7 个经济实体，用关联交易、假招标、抬高进料价格等方式，给一系列犯罪活动披上了合法的外衣。

① 巧立名目，滥发奖金。

根据审计结果，该公司奖金名目繁多，主要有：

a. 海口站房设计招标奖；

b. 钢板桩单项奖；

c. 单项技术咨询奖；

d. 协会委员补贴；

e. 工效挂钩工资以及公司成立 3 周年奖；

f. 50 年大庆奖；

g. 澳门回归奖；

h. 房改人员奖。从 1998 年 8 月到 2000 年年底，公司职工人均月收入从 2 358 元增至 8 210 元；领导班子人均月收入从 6 626 元增至 14 515 元。

② 自办实体，关联交易。

从 1998 年 5 月至 2000 年年底，公司先后挪用 262 万元建设资金违规开办了 7 个实体，其负责人均由该公司负责人兼任。这 7 个实体从粤海公司自管的基建项目中，共套取建设资金取得的毛利就有 6 348.8 万元，造成了 3 324.5 万元的建设资金流失。

③ 虚拟工程，虚假退缴。

公司领导与中铁 19 局项目有关人员商定，由中铁 19 局编制虚假的大型临时工程，然后粤海公司拨出 200 万元工程款，从中套取资金作清退之用。

二、问题

1. 公司滥发的奖金在什么费用中支出？

2. 审计人员对公司人员近 3 年收入进行比较，发现差异，再延伸审计，这是什么审计方法的运用？

3. 自办实体，如何套取资金？

4. 虚拟工程款 200 万元属于什么性质的费用？如何套取？

5. 从该案可以看出，内部控制在什么情况下无效？

6. 前 13 次审计怎么没发现问题？

关注焦点：

腐败黑洞谁来补?

由于建设规模扩大,粤海铁路工程概算 2 亿多元,总投资规模达 48 亿多元,银行贷款利息每天 30 多万元,而目前开通的铁路货运收入每天只有 6 万元。

案件败露后,巨额亏空资金如何填补成为关注的焦点。2003 年 11 月至 12 月,广铁集团公司专门派出清查小组研究超出概算问题,最后认为,大幅度的设计变更是其主要原因。为了填补黑洞,责成 24 家施工单位退还工程款 8 858 万元。

但施工单位认为这样做毫无道理,要求返还工程款的项目已于 2001 年交付使用,2002 年 6 月后已经成为固定资产,且粤海公司也与各施工单位办理了末次结算并签订了合同。目前,施工单位正在与广铁集团交涉,要求依法处理。

问题:

1. 在什么情况下施工单位应该退还工程款 8 858 万元?

2. 工程结算的具体过程如何? 末次结算在何时?

3. 假如原结算未经审计就办理完毕,现在审计是否有效?

4. 概算的费用构成有哪些?

附　录

附录 1　内部审计实务指南 1 号——建设项目内部审计

第一章　总则

第一条　为了规范建设项目内部审计的内容、程序与方法,根据《内部审计基本准则》及内部审计具体准则制定本指南。

第二条　本指南所称建设项目内部审计,是指组织内部审计机构和人员对建设项目实施全过程的真实、合法、效益性所进行的独立监督和评价活动。

第三条　本指南适用于各类组织的内部审计机构、内部审计人员及其从事的内部审计活动。

第四条　建设项目内部审计的目的是为了促进建设项目实现"质量、速度、效益"三项目标。

1. 质量目标是指工程实体质量和工作质量达到要求;

2. 速度目标是指工程进度和工作效率达到要求;

3. 效益目标是指工程成本及项目效益达到要求。

第五条　建设项目内部审计是财务审计与管理审计的融合,应将风险管理、内部控制、效益的审查和评价贯穿于建设项目各个环节,并与项目法人制、招标投标制、合同制、监理制执行情况的检查相结合。

建设项目内部审计的内容包括对建设项目投资立项、设计(勘察)管理、招投标、合同管理、设备和材料采购、工程管理、工程造价、竣工验收、财务管理、后评价等过程的审查和评价。

第六条　在开展建设项目内部审计时,应考虑成本效益原则,结合本组织内部审计资源和实际情况,既可以进行项目全过程的审计,也可以进行项目部分环节的专项审计。

第七条　建设项目内部审计在工作中应遵循以下原则及方法:

(一)技术经济审查、项目过程管理审查与财务审计相结合;

(二)事前审计、事中审计和事后审计相结合;

(三)注意与项目各专业管理部门密切协调、合作参与;

(四)根据不同的审计对象、审计所需的证据和项目审计各环节的审计目标选择不同的方法,以保证审计工作质量和审计资源的有效配置。

第二章　投资立项审计

第八条　投资立项审计是指对已立项建设项目的决策程序和可行性研究报告的真实性、完整性和科学性进行的审查与评价。

第九条　在投资立项审计中,应主要依据行业主管部门发布的《投资项目可行性研究指南》及组织决策过程的有关资料。

第十条　投资立项审计主要包括以下内容：

（一）可行性研究前期工作审计。即检查项目是否具备经批准的项目建议书，项目调查报告是否经过充分论证。

（二）可行性研究报告真实性审计。即检查市场调查及市场预测中数据获取方式的适当性及合理性；检查财务估算中成本项目是否完整，对历史价格、实际价格、内部价格及成本水平的真实性进行测试。

（三）可行性研究报告内容完整性审计。该项审计包括以下主要内容：

1. 检查可行性研究报告是否具备行业主管部门发布的《投资项目可行性研究指南》规定的内容；

2. 检查可行性研究报告的内容主要包括：报告中是否说明建设项目的目的；是否说明建设项目在工艺技术可行性、经济合理性及决定项目规模、原材料供应、市场销售条件、技术装备水平、成本收益等方面的经济目标；是否说明建设地点及当地的自然条件和社会条件、环保约束条件，并进行选址比较；是否说明投资项目何时开始投资、何时建成投产、何时收回投资；是否说明项目建设的资金筹措方式等。

（四）可行性研究报告科学性审计。该项审计包括以下主要内容：

检查参与可行性研究机构资质及论证的专家的专业结构和资格；检查投资方案、投资规模、生产规模、布局选址、技术、设备、环保等方面的资料来源；检查原材料、燃料、动力供应和交通及公用配套设施是否满足项目要求；检查是否在多方案比较选择的基础上进行决策；检查拟建项目与类似已建成项目的有关技术经济指标和投资预算的对比情况；检查工程设计是否符合国家环境保护的法律法规的有关政策，需要配套的环境治理项目是否编制并与建设项目同步进行等。

（五）可行性研究报告投资估算和资金筹措审计。即检查投资估算和资金筹措的安排是否合理；检查投资估算是否准确，并按现值法或终值法对估算进行测试。

（六）可行性研究报告财务评价审计。即检查项目投资、投产后的成本和利润、借款的偿还能力、投资回收期等的计算方法是否科学适当；检查计算结果是否正确、所用指标是否合理。

（七）决策程序的审计。该项审计包括以下主要内容：

检查决策程序的民主化、科学化，评价决策方案是否经过分析、选择、实施、控制等过程；检查决策是否符合国家宏观政策及组织的发展战略、是否以提高组织核心竞争能力为宗旨；检查对推荐方案是否进行了总体描述和优缺点描述；检查有无主要争论与分歧意见的说明；重点检查内容有无违反决策程序及决策失误的情况等。

第十一条　投资立项审计的主要方法包括审阅法、对比分析法等。

对比分析法是通过相关资料和技术经济指标的对比（拟建项目与国内同类项目对比）来确定差异，发现问题的方法。

第三章　设计（勘察）管理审计

第十二条　设计（勘察）管理审计是指对项目建设过程中勘察、设计环节各项管理工作质量及绩效进行的审查和评价。

设计（勘察）管理审计的目标主要是：审查和评价设计（勘察）环节的内部控制及风险管理的适当性、合法性和有效性；勘察、设计资料依据的充分性和可靠性；委托设计（勘察）、初步设计、施工图设计等各项管理活动的真实性、合法性和效益性。

第十三条　设计（勘察）管理审计应依据以下主要资料：

（一）委托设计（勘察）管理制度；

（二）经批准的可行性研究报告及估算；

（三）设计所需的气象资料、水文资料、地质资料、技术方案、建设条件批准文件、设计界面划分文件、能源介质管网资料、环保资料概预算编制原则、计价依据等基础资料；

（四）勘察和设计招标资料；

（五）勘察和设计合同；

（六）初步设计审查及批准制度；

（七）初步设计审查会议纪要等相关文件；

（八）组织管理部门与勘察、设计商往来函件；

（九）经批准的初步设计文件及概算；

（十）修正概算审批制度；

（十一）施工图设计管理制度；

（十二）施工图交底和会审会议纪要；

（十三）经会审的施工图设计文件及施工图预算；

（十四）设计变更管理制度及变更文件；

（十五）设计资料管理制度等。

第十四条　设计（勘察）管理审计主要包括以下内容：

（一）委托设计（勘察）管理的审计

1. 检查是否建立、健全委托设计（勘察）的内部控制，看其执行是否有效。

2. 检查委托设计（勘察）的范围是否符合已报经批准的可行性研究报告。

3. 检查是否采用招投标方式来选择设计（勘察）商及其有关单位的资质是否合法合规；招投标程序是否合法、公开，其结果是否真实、公正，有无因选择设计（勘察）商失误而导致的委托风险。

4. 检查组织管理部门是否及时组织技术交流，其所提供的基础资料是否准确、及时。

5. 检查设计（勘察）合同的内容是否合法、合规，其中是否明确规定双方权利和义务以及针对设计商的激励条款。

6. 检查设计（勘察）合同的履行情况，索赔和反索赔是否符合合同的有关规定。

（二）初步设计管理的审计

1. 检查是否建立、健全初步设计审查和批准的内部控制，看其执行是否有效。

2. 检查是否及时对国内外初步设计进行协调。

3. 检查初步设计完成的时间及其对建设进度的影响。

4. 检查是否及时对初步设计进行审查，并进行多种方案的比较和选择。

5. 检查报经批准的初步设计方案和概算是否符合经批准的可行性研究报告及估算。

6. 检查初步设计方案及概算的修改情况。

7. 检查初步设计深度是否符合规定，有无因设计深度不足而造成投资失控的风险。

8. 检查概算及修正概算的编制依据是否有效、内容是否完整、数据是否准确。

9. 检查修正概算审批制度的执行是否有效。

10. 检查是否采取限额设计、方案优化等控制工程造价的措施，限额设计是否与类似工程进行比较和优化论证，是否采用价值工程等分析方法。

11. 检查初步设计文件是否规范、完整。

（三）施工图设计管理的审计

1. 检查是否建立、健全施工图设计的内部控制,看其执行是否有效。

2. 检查施工图设计完成的时间及其对建设进度的影响,有无因设计图纸拖延交付而导致的进度风险。

3. 检查施工图设计深度是否符合规定,有无因设计深度不足而造成投资失控的风险。

4. 检查施工图交底、施工图会审的情况以及施工图会审后的修改情况。

5. 检查施工图设计的内容及施工图预算是否符合经批准的初步设计方案、概算及标准。

6. 检查施工图预算的编制依据是否有效、内容是否完整、数据是否准确。

7. 检查施工图设计文件是否规范、完整。

8. 检查设计商提供的现场服务是否全面、及时,是否存在影响工程进度和质量的风险。

（四）设计变更管理的审计

1. 检查是否建立、健全设计变更的内部控制,有无针对因过失而造成设计变更的责任追究制度以及该制度的执行是否有效。

2. 检查是否采取提高工作效率、加强设计接口部位的管理与协调措施。

3. 检查是否及时签发与审批设计变更通知单,是否存在影响建设进度的风险。

4. 检查设计变更的内容是否符合经批准的初步设计方案。

5. 检查设计变更对工程造价和建设进度的影响,是否存在工程量只增不减从而提高工程造价的风险。

6. 检查设计变更的文件是否规范、完整。

（五）设计资料管理的审计

1. 检查是否建立、健全设计资料的内部控制,看其执行是否有效。

2. 检查施工图、竣工图和其他设计资料的归档是否规范、完整。

第十五条　设计管理审计主要采用分析性复核法、复算法、文字描述法、现场核查法等方法。

第四章　招投标审计

第十六条　招投标审计是指对建设项目的勘察设计、施工等各方面的招标和工程承发包的质量及绩效进行的审查和评价。

招投标审计的目标主要包括:审查和评价招投标环节的内部控制及风险管理的适当性、合法性和有效性;招投标资料依据的充分性和可靠性;招投标程序及其结果的真实性、合法性和公正性,以及工程发包的合法性和有效性等。

第十七条　招投标审计应依据以下主要资料:

（一）招标管理制度;

（二）招标文件;

（三）招标答疑文件;

（四）标底文件;

（五）投标保函;

（六）投标人资质证明文件;

（七）投标文件;

（八）投标澄清文件;

（九）开标记录；

（十）开标鉴证文件；

（十一）评标记录；

（十二）定标记录；

（十三）中标通知书；

（十四）专项合同等。

第十八条　招投标审计主要包括以下内容：

（一）招投标前准备工作的审计

1. 检查是否建立、健全招投标的内部控制，看其执行是否有效。

2. 检查招标项目是否具备相关法规和制度中规定的必要条件。

3. 检查是否存在人为肢解工程项目、规避招投标等违规操作风险。

4. 检查招投标的程序和方式是否符合有关法规和制度的规定，采用邀请招投标方式时，是否有三个以上投标人参加投标。

5. 检查标段的划分是否适当，是否符合专业要求和施工界面衔接需要，是否存在标段划分过细，增加工程成本和管理成本的问题。

6. 检查是否公开发布招标公告、招标公告中的信息是否全面、准确。

7. 检查是否存在因有意违反招投标程序的时间规定而导致的串标风险。

（二）招投标文件及标底文件的审计

1. 检查招标文件的内容是否合法、合规，是否全面、准确地表述招标项目的实际状况。

2. 检查招标文件是否全面、准确地表述招标人的实质性要求。

3. 检查采取工程量清单报价方式招标时，其标底是否按《建设工程工程量清单计价规范》的规定填制。

4. 检查施工现场的实际状况是否符合招标文件的规定。

5. 检查投标保函的额度和送达时间是否符合招标文件的规定。

6. 检查投标文件的送达时间是否符合招标文件的规定、法人代表签章是否齐全，有无存在将废标作为有效标的问题。

（三）开标、评标、定标的审计

1. 检查是否建立、健全违规行为处罚制度，是否按制度对违规行为进行处罚。

2. 检查开标的程序是否符合相关法规的规定。

3. 检查评标标准是否公正，是否存在对某一投标人有利而对其他投标人不利的条款。

4. 检查是否对投标策略进行评估，是否考虑投标人在类似项目及其他项目上的投标报价水平。

5. 检查各投标人的投标文件，对低于标底的报价的合理性进行评价。

6. 检查中标人承诺采用的新材料、新技术、新工艺是否先进，是否有利于保证质量、加快速度和降低投资水平。

7. 检查对于投标价低于标底的标书是否进行答辩和澄清，以及答辩和澄清的内容是否真实、合理。

8. 检查定标的程序及结果是否符合规定。

9. 检查中标价是否异常接近标底，是否有可能发生泄露标底的情况。

10. 检查与中标人签订的合同是否有悖于招标文件的实质性内容。

第十九条　招投标审计主要采用观察法、询问法、分析性复核法、文字描述法、现场核查法等方法。

第五章   合同管理审计

第二十条   合同管理审计是指对项目建设过程中各专项合同内容及各项管理工作质量及绩效进行的审查和评价。

合同管理审计的目标主要包括：审查和评价合同管理环节的内部控制及风险管理的适当性、合法性和有效性；合同管理资料依据的充分性和可靠性；合同的签订、履行、变更、终止的真实性、合法性以及合同对整个项目投资的效益性。

第二十一条   合同管理审计应依据以下主要资料：

（一）合同当事人的法人资质资料；

（二）合同管理的内部控制；

（三）专项合同书；

（四）专项合同的各项支撑材料等。

第二十二条   合同管理审计主要包括以下内容：

（一）合同管理制度的审计

1. 检查组织是否设置专门的合同管理机构以及专职或兼职合同管理人员是否具备合同管理资格。

2. 检查组织是否建立了适当的合同管理制度。

3. 检查合同管理机构是否建立健全防范重大设计变更、不可抗力、政策变动等的风险管理体系。

（二）专项合同通用内容的审计

1. 检查合同当事人的法人资质、合同内容是否符合相关法律和法规的要求。

2. 检查合同双方是否具有资金、技术及管理等方面履行合同的能力。

3. 检查合同的内容是否与招标文件的要求相符合。

4. 检查合同条款是否全面、合理，有无遗漏关键性内容，有无不合理的限制性条件，法律手续是否完备。

5. 检查合同是否明确规定甲乙双方的权利和义务。

6. 检查合同是否存在损害国家、集体或第三者利益等导致合同无效的风险。

7. 检查合同是否有过错方承担缔约过失责任的规定。

8. 检查合同是否有按优先解释顺序执行合同的规定。

（三）各类专项合同的审计

1. 勘察设计合同的审计

勘察设计合同审计应检查合同是否明确规定建设项目的名称、规模、投资额、建设地点，具体包括以下内容：

（1）检查合同是否明确规定勘察设计的基础资料、设计文件及其提供期限；

（2）检查合同是否明确规定勘察设计的工作范围、进度、质量和勘察设计文件份数；

（3）检查勘察设计费的计费依据、收费标准及支付方式是否符合有关规定；

（4）检查合同是否明确规定双方的权利和义务；

（5）检查合同是否明确规定协作条款和违约责任条款。

2. 施工合同的审计

（1）检查合同是否明确规定工程范围，工程范围是否包括工程地址、建筑物数量、结构、建筑面积、工程批准文号等。

（2）检查合同是否明确规定工期，以及总工期及各单项工程的工期能否保证项目工期目标的实现。

（3）检查合同的工程质量标准是否符合有关规定。

（4）检查合同工程造价计算原则、计费标准及其确定办法是否合理。

（5）检查合同是否明确规定设备和材料供应的责任及其质量标准、检验方法。

（6）检查所规定的付款和结算方式是否合适。

（7）检查隐蔽工程的工程量的确认程序及有关内部控制是否健全，有无防范价格风险的措施。

（8）检查中间验收的内部控制是否健全，交工验收是否以有关规定、施工图纸、施工说明和施工技术文件为依据。

（9）检查质量保证期是否符合有关建设工程质量管理的规定，是否有履约保函。

（10）检查合同所规定的双方权利和义务是否对等，有无明确的协作条款和违约责任。

（11）检查采用工程量清单计价的合同，是否符合《建设工程工程量清单计价规范》的有关规定。

3. 委托监理合同的审计

（1）检查监理公司的监理资质与建设项目的建设规模是否相符。

（2）检查合同是否明确所监理的建设项目的名称、规模、投资额、建设地点。

（3）检查监理的业务范围和责任是否明确。

（4）检查所提供的工程资料及时间要求是否明确。

（5）检查监理报酬的计算方法和支付方式是否符合有关规定。

（6）检查合同有无规定对违约责任的追究条款。

4. 合同变更的审计

（1）检查合同变更的原因，以及是否存在合同变更的相关内部控制。

（2）检查合同变更程序执行的有效性及索赔处理的真实性、合理性。

（3）检查合同变更的原因以及变更对成本、工期及其他合同条款的影响的处理是否合理。

（4）检查合同变更后的文件处理工作，有无影响合同继续生效的漏洞。

5. 合同履行的审计

（1）检查是否全面、真实地履行合同。

（2）检查合同履行中的差异及产生差异的原因。

（3）检查有无违约行为及其处理结果是否符合有关规定。

6. 终止合同的审计

（1）检查终止合同的报收和验收情况。

（2）检查最终合同费用及其支付情况。

（3）检查索赔与反索赔的合规性和合理性。

（4）严格检查合同资料的归档和保管，包括在合同签订、履行分析、跟踪监督以及合同变更、索赔等一系列资料的收集和保管是否完整。

第二十三条　合同管理审计主要采用审阅法、核对法、重点追踪审计法等方法。

第六章　设备和材料采购审计

第二十四条　设备和材料采购审计是指对项目建设过程中设备和材料采购环节各项管理工作质

量及绩效进行的审查和评价。

设备和材料采购审计的目标主要包括：审查和评价采购环节的内部控制及风险管理的适当性、合法性和有效性；采购资料依据的充分性与可靠性；采购环节各项经营管理活动的真实性、合法性和有效性等。

第二十五条　设备和材料采购审计应依据以下主要资料：

（一）采购计划；

（二）采购计划批准书；

（三）采购招投标文件；

（四）中标通知书；

（五）专项合同书；

（六）采购、收发和保管等的内部控制制度；

（七）相关会计凭证和会计账簿等。

第二十六条　设备和材料采购审计主要包括以下内容：

（一）设备和材料采购环节的审计

1. 设备和材料采购计划的审计

（1）检查建设单位采购计划所订购的各种设备、材料是否符合已报经批准的设计文件和基本建设计划。

（2）检查所拟定的采购地点是否合理。

（3）检查采购程序是否规范。

（4）检查采购的批准权与采购权等不相容职务分离及相关内部控制是否健全、有效。

2. 设备和材料采购合同的审计

（1）检查采购是否按照公平竞争、择优择廉的原则来确定供应方。

（2）检查设备和材料的规格、品种、质量、数量、单价、包装方式、结算方式、运输方式、交货地点、期限、总价和违约责任等条款规定是否齐全。

（3）检查对新型设备、新材料的采购是否进行实地考察、资质审查、价格合理性分析及专利权真实性审查。

（4）检查采购合同与财务结算、计划、设计、施工、工程造价等各个环节衔接部位的管理情况，是否存在因脱节而造成的资产流失问题。

3. 设备和材料验收、入库、保管及维护制度的审计

（1）检查购进设备和材料是否按合同签订的质量进行验收，是否有健全的验收、入库和保管制度，检查验收记录的真实性、完整性和有效性。

（2）检查验收合格的设备和材料是否全部入库，有无少收、漏收、错收以及涂改凭证等问题。

（3）检查设备和材料的存放、保管工作是否规范，安全保卫工作是否得力，保管措施是否有效。

4. 各项采购费用及会计核算的审计

（1）检查货款的支付是否按照合同的有关条款执行。

（2）检查代理采购中代理费用的计算和提取方法是否合理。

（3）检查有无任意提高采购费用和开支标准的问题。

（4）检查会计核算资料是否真实可靠。

（5）检查会计科目设置是否合规及其是否满足管理需要。

（6）检查采购成本计算是否准确、合理。

（二）设备和材料领用的审计

1. 检查设备和材料领用的内部控制是否健全,领用手续是否完备。

2. 检查设备和材料的质量、数量、规格型号是否正确,有无擅自挪用、以次充好等问题。

（三）其他相关业务的审计

1. 设备和材料出售的审计。检查建设项目剩余或不适用的设备和材料以及废料的销售情况。

2. 盘盈盘亏的审计。检查盘点制度及其执行情况、盈亏状况以及对盘点结果的处理措施。

第二十七条　设备、材料采购审计主要采用审阅法、网上比价审计法、跟踪审计法、分析性复核法、现场观察法、实地清查法等方法。

第七章　工程管理审计

第二十八条　工程管理审计是指对建设项目实施过程中的工作进度、施工质量、工程监理和投资控制所进行的审查和评价。

工程管理审计的目标主要包括:审查和评价建设项目工程管理环节内部控制及风险管理的适当性、合法性和有效性;工程管理资料依据的充分性和可靠性;建设项目工程进度、质量和投资控制的真实性、合法性和有效性等。

第二十九条　工程管理审计应依据以下主要资料:

（一）施工图纸;

（二）与工程相关的专项合同;

（三）网络图;

（四）业主指令;

（五）设计变更通知单;

（六）相关会议纪要等。

第三十条　工程管理审计主要包括以下内容:

（一）工程进度控制的审计

1. 检查施工许可证、建设及临时占用许可证的办理是否及时,是否影响工程按时开工。

2. 检查现场的原建筑物拆除、场地平整、文物保护、相邻建筑物保护、降水措施及道路疏通是否影响工程的正常开工。

3. 检查是否有对设计变更、材料和设备等因素影响施工进度采取控制措施。

4. 检查进度计划（网络计划）的制订、批准和执行情况,网络动态管理的批准是否及时、适当,网络计划是否能保证工程总进度。

5. 检查是否建立了进度拖延的原因分析和处理程序,对进度拖延的责任划分是否明确、合理（是否符合合同约定）,处理措施是否适当。

6. 检查有无因不当管理造成的返工、窝工情况。

7. 检查对索赔的确认是否依据网络图排除了对非关键线路延迟时间的索赔。

（二）工程质量控制的审计

1. 检查有无工程质量保证体系。

2. 检查是否组织设计交底和图纸会审工作,对会审所提出的问题是否严格进行落实。

3. 检查是否按规范组织了隐蔽工程的验收,对不合格项的处理是否适当。

4. 检查是否对进入现场的成品、半成品进行验收,对不合格品的控制是否有效,对不合格工程和工程质量事故的原因是否进行分析,其责任划分是否明确、适当,是否进行返工或加固修补。

5. 检查工程资料是否与工程同步,资料的管理是否规范。

6. 检查评定的优良品、合格品是否符合施工验收规范,有无不实情况。

7. 检查中标人的往来账目或通过核实现场施工人员的身份,分析、判断中标人是否存在转包、分包及再分包的行为。

8. 检查工程监理执行情况是否受项目法人委托对施工承包合同的执行、工程质量、进度费用等方面进行监督与管理,是否按照有关法律、法规、规章、技术规范设计文件的要求进行工程监理。

(三)工程投资控制的审计

1. 检查是否建立健全设计变更管理程序、工程计量程序、资金计划及支付程序、索赔管理程序和合同管理程序,看其执行是否有效。

2. 检查支付预付备料款、进度款是否符合施工合同的规定,金额是否准确,手续是否齐全。

3. 检查设计变更对投资的影响。

4. 检查是否建立现场签证和隐蔽工程管理制度,看其执行是否有效。

第三十一条 合同管理审计主要采用关键线路跟踪审计法、技术经济分析法、质量鉴定法、现场核定法等方法。

第八章 工程造价审计

第三十二条 工程造价审计是指对建设项目全部成本的真实性、合法性进行的审查和评价。

工程造价审计的目标主要包括:检查工程价格结算与实际完成的投资额的真实性、合法性;检查是否存在虚列工程、套取资金、弄虚作假、高估冒算的行为等。

第三十三条 工程造价审计应依据以下主要资料:

1. 经工程造价管理部门(或咨询部门)审核过的概算(含修正概算)和预算;

2. 有关设计图纸和设备清单;

3. 工程招投标文件;

4. 合同文本;

5. 工程价款支付文件;

6. 工作变更文件;

7. 工程索赔文件等。

第三十四条 工程造价审计主要包括以下内容。

(一)设计概算的审计

1. 检查工程造价管理部门向设计单位提供的计价依据的合规性。

2. 检查建设项目管理部门组织的初步设计及概算审查情况,包括概算文件、概算的项目与初步设计方案的一致性、项目总概算与单项工程综合概算的费用构成的正确性。

3. 检查概算编制依据的合法性等。

4. 检查概算具体内容。包括设计单位向工程造价管理部门提供的总概算表、综合概算表、单位工程概算表和有关初步设计图纸的完整性;组织概算会审的情况,重点检查总概算中各项综合指标和单项指标与同类工程技术经济指标对比是否合理。

（二）施工图预算的审计

施工图预算审计主要检查施工图预算的量、价、费计算是否正确,计算依据是否合理。施工图预算审计包括直接费用审计、间接费用审计、计划利润和税金审计等内容。

1. 直接费用审计包括工程量计算、单价套用的正确性等方面的审查和评价。

（1）工程量计算审计。采用工程量清单报价的,要检查其符合性。在设计变更,发生新增工程量时,应检查工程造价管理部门与工程管理部门的确认情况。

（2）单价套用审计。检查是否套用规定的预算定额、有无高套和重套现象;检查定额换算的合法性和准确性;检查新技术、新材料、新工艺出现后的材料和设备价格的调整情况,检查市场价的采用情况。

2. 其他直接费用审计包括检查预算定额、取费基数、费率计取是否正确。

3. 间接费用审计包括检查各项取费基数、取费标准的计取套用的正确性。

4. 计划利润和税金计取的合理性的审计。

（三）合同价的审计。即检查合同价的合法性与合理性,包括固定总价合同的审计、可调合同价的审计、成本加酬金合同的审计。检查合同价的开口范围是否合适,若实际发生开口部分,应检查其真实性和计取的正确性。

（四）工程量清单计价的审计

1. 检查实行清单计价工程的合规性。

2. 检查招标过程中,对招标人或其委托的中介机构编制的工程实体消耗和措施消耗的工程量清单的准确性、完整性。

3. 检查工程量清单计价是否符合国家清单计价规范要求的"四统一",即统一项目编码、统一项目名称、统一计量单位和统一工程量计算规则。

4. 检查由投标人编制的工程量清单报价目文件是否响应招标文件。

5. 检查标底的编制是否符合国家清单计价规范。

（五）工程结算的审计

1. 检查与合同价不同的部分,其工程量、单价、取费标准是否与现场、施工图和合同相符。

2. 检查工程量清单项目中的清单费用与清单外费用是否合理。

3. 检查前期、中期、后期结算的方式是否能合理地控制工程造价。

第三十五条　工程造价审计主要采用重点审计法、现场检查法、对比审计法等方法。

重点审计法即选择建设项目中工程量大、单价高,对造价有较大影响的单位工程、分部工程进行重点审查的方法。该方法主要用于审查材料用量、单价是否正确、工资单价、机械台班是否合理。

现场检查法是指对施工现场直接考察的方法,以观察现场工作人员及管理活动,检查工程量、工程进度,所用材料质量是否与设计相符。

第九章　竣工验收审计

第三十六条　竣工验收审计是指对已完工建设项目的验收情况、试运行情况及合同履行情况进行的检查和评价活动。

第三十七条　竣工验收审计应依据以下主要资料:

（一）经批准的可行性研究报告;

（二）竣工图;

（三）施工图设计及变更洽谈记录;

（四）国家颁发的各种标准和现行的施工验收规范；

（五）有关管理部门审批、修改、调整的文件；

（六）施工合同；

（七）技术资料和技术设备说明书；

（八）竣工决算财务资料；

（九）现场签证；

（十）隐蔽工程记录；

（十一）设计变更通知单；

（十二）会议纪要；

（十三）工程档案结算资料清单等。

第三十八条　竣工验收审计主要包括以下内容。

（一）验收审计

1. 检查竣工验收小组的人员组成、专业结构和分工。

2. 检查建设项目验收过程是否符合现行规范，包括环境验收规范、防火验收规范等。

3. 对于委托工程监理的建设项目，应检查监理机构对工程质量进行监理的有关资料。

4. 检查承包商是否按照规定提供齐全有效的施工技术资料。

5. 检查对隐蔽工程和特殊环节的验收是否按规定作了严格的检验。

6. 检查建设项目验收的手续和资料是否齐全有效。

7. 检查保修费用是否按合同和有关规定合理确定和控制。

8. 检查验收过程有无弄虚作假行为。

（二）试运行情况的审计

1. 检查建设项目完工后所进行的试运行情况，对运行中暴露出的问题是否采取了补救措施。

2. 检查试生产产品收入是否冲减了建设成本。

（三）合同履行结果的审计。检查业主、承包商因对方未履行合同条款或建设期间发生意外而产生的索赔与反索赔问题，核查其是否合法、合理，是否存在串通作弊现象，赔偿的法律依据是否充分。

第三十九条　竣工验收审计主要采用现场检查法、设计图与竣工图循环审查法等方法。

设计图与竣工图循环审查法是指通过分析设计图与竣工图之间的差异来分析评价相关变更、签证等的真实性与合理性的方法。

第十章　财务管理审计

第四十条　财务管理审计是指对建设项目资金筹措、资金使用及其账务处理的真实性、合规性进行的监督和评价。

第四十一条　财务管理审计应依据以下主要资料：

1. 筹资论证材料及审批文件；

2. 财务预算；

3. 相关会计凭证、账簿、报表；

4. 设计概算；

5. 竣工决算资料；

6. 资产交付资料等。

第四十二条　财务管理审计主要包括以下内容：

（一）建设资金筹措的审计

1. 检查筹资备选方案论证的充分性，决策方案选择的可靠性、合理性及审批程序的合法性、合规性。

2. 检查筹资方式的合法性、合理性、效益性。

3. 检查筹资数额的合理性，分析所筹资金的偿还能力。

4. 评价筹资环节的内部控制。

（二）资金支付及账务处理的审计

1. 检查、评价建设项目会计核算制度的健全性、有效性及其执行情况。

2. 检查建设项目税收优惠政策是否充分运用。

3. 检查"工程物资"科目，主要包括以下内容：

（1）检查"专用材料""专用设备"明细科目中的材料和设备是否与设计文件相符，有无盲目采购的情况；

（2）检查"预付大型设备款"明细科目所预付的款项是否按照合同支付，有无违规多付的情况；

（3）检查据以付款的原始凭证是否按规定进行了审批，是否合法、齐全；

（4）检查支付物资结算款时是否按合同规定扣除了质量保证期间的保证金；

（5）检查工程完工后剩余工程物资的盘盈、盘亏、报废、毁损等是否做出了正确的账务处理。

4. 检查"在建工程"科目，主要包括以下内容：

（1）检查"在建工程——建筑安装工程"科目累计发生额的真实性。包括是否存在设计概算外其他工程项目的支出；是否将生产领用的备件、材料列入建设成本；据以付款的原始凭证是否按规定进行了审批，是否合法、齐全；是否按合同规定支付预付工程款、备料款、进度款；支付工程结算款时，是否按合同规定扣除了预付工程款、备料款和质量保证期间的保证金。

（2）检查"在建工程——在安装设备"科目累计发生额的真实性。主要包括以下内容：是否将设计概算外的其他工程或生产领用的仪器、仪表等列入本科目；是否在本科目中列入了不需要安装的设备、为生产准备的工具器具、购入的无形资产及其他不属于本科目工程支出的费用。

（3）检查"在建工程——其他支出"科目累计发生额的真实性、合法性、合理性。主要包括以下内容：工程管理费、征地费、可行性研究费、临时设施费、公证费、监理费等各项费用支出是否存在扩大开支范围、提高开支标准以及将建设资金用于集资或提供赞助而列入其他支出的问题；是否存在以试生产为由，有意拖延不办固定资产交付手续，从而增大负荷联合试车费用的问题；是否存在截留负荷联合试车期间发生的收入，不将其冲减试车费用的问题；试生产产品出售价格是否合理；是否存在将应由生产承担的递延费用列入本科目的问题；投资借款利息资本化计算的正确性，有无将应由生产承担的财务费用列入本科目的问题；本科目累计发生额摊销标准与摊销比例是否适当、正确；是否设置了"在建工程其他支出备查簿"，登记按照建设项目概算内容购置的不需要安装设备、现成房屋、无形资产以及发生的递延费用等，登记内容是否完整、准确，有无弄虚作假、随意扩大开支范围及舞弊迹象。

（三）竣工决算的审计

1. 检查所编制的竣工决算是否符合建设项目实施程序，有无将未经审批立项、可行性研究、初步设计等环节而自行建设的项目编制竣工工程决算的问题。

2. 检查竣工决算编制方法的可靠性。有无造成交付使用的固定资产价值不实的问题。

3. 检查有无将不具备竣工决算编制条件的建设项目提前或强行编制竣工决算的情况。

4. 检查"竣工工程概况表"中的各项投资支出，并分别与设计概算数相比较，分析节约或超支情况。

5. 检查"交付使用资产明细表",将各项资产的实际支出与设计概算数进行比较,以确定各项资产的节约或超支数额。

6. 分析投资支出偏离设计概算的主要原因。

7. 检查建设项目结余资金及剩余设备材料等物资的真实性和处置情况,包括:检查建设项目"工程物资盘存表",核实库存设备、专用材料账实是否相符;检查建设项目现金结余的真实性;检查应收、应付款项的真实性,关注是否按合同规定预留了承包商在工程质量保证期间的保证金。

第四十三条　财务管理审计主要采用调查法、分析性复核法、抽查法等方法。

第十一章　后评价审计

第四十四条　后评价审计是指对建设项目交付使用经过试运行后有关经济指标和技术指标是否达到预期目标的审查和评价。

后评价审计的目标是:对后评价工作的全面性、可靠性和有效性进行审查。

第四十五条　后评价审计应依据以下主要资料:

1. 后评价人员的简历、学历、专业、职务、技术职称等基本情况表;

2. 建设项目概算、竣工资料;

3. 后评价所采用的经济技术指标;

4. 相关的统计、会计报表;

5. 后评价所采用的方法;

6. 后评价结论性资料。

第四十六条　后评价审计主要包括以下内容:

(一)检查后评价组成人员的专业结构、技术素质和业务水平的合理性;

(二)检查所评估的经济技术指标的全面性和适当性;

(三)检查产品主要指标完成情况的真实性、效益性;

(四)检查建设项目法人履行经济责任后评价的真实性;

(五)检查所使用后评价方法的适当性和先进性;

(六)检查后评价结果的全面性、可靠性和有效性。

第四十七条　后评价审计主要采用文字描述法、对比分析法、现场核查法等方法。

第十二章　附则

第四十八条　本指南由中国内部审计协会发布并负责解释。

第四十九条　本指南自 2005 年 1 月 1 日起施行。

附录2　国务院关于投资体制改革的决定

《国务院关于投资体制改革的决定》(全文)

2004 年 07 月 16 日

改革开放以来,国家对原有的投资体制进行了一系列改革,打破了传统计划经济体制下高度集中的投资管理模式,初步形成了投资主体多元化、资金来源多渠道、投资方式多样化、项目建设市场化的新格局。但是,现行的投资体制还存在不少问题,特别是企业的投资决策权没有完全落实,市场配置资源的基础性作用尚未得到充分发挥,政府投资决策的科学化、民主化水平需要进一步提高,投资宏观调控和监管的有效性需要增强。为此,国务院决定进一步深化投资体制改革。

一、深化投资体制改革的指导思想和目标

(一)深化投资体制改革的指导思想是:按照完善社会主义市场经济体制的要求,在国家宏观调控下充分发挥市场配置资源的基础性作用,确立企业在投资活动中的主体地位,规范政府投资行为,保护投资者的合法权益,营造有利于各类投资主体公平、有序竞争的市场环境,促进生产要素的合理流动和有效配置,优化投资结构,提高投资效益,推动经济协调发展和社会全面进步。

(二)深化投资体制改革的目标是:改革政府对企业投资的管理制度,按照"谁投资、谁决策、谁收益、谁承担风险"的原则,落实企业投资自主权;合理界定政府投资职能,提高投资决策的科学化、民主化水平,建立投资决策责任追究制度;进一步拓宽项目融资渠道,发展多种融资方式;培育规范的投资中介服务组织,加强行业自律,促进公平竞争;健全投资宏观调控体系,改进调控方式,完善调控手段;加快投资领域的立法进程;加强投资监管,维护规范的投资和建设市场秩序。通过深化改革和扩大开放,最终建立起市场引导投资、企业自主决策、银行独立审贷、融资方式多样、中介服务规范、宏观调控有效的新型投资体制。

二、转变政府管理职能,确立企业的投资主体地位

(一)改革项目审批制度,落实企业投资自主权。彻底改革现行不分投资主体、不分资金来源、不分项目性质,一律按投资规模大小分别由各级政府及有关部门审批的企业投资管理办法。对于企业不使用政府投资建设的项目,一律不再实行审批制,区别不同情况实行核准制和备案制。其中,政府仅对重大项目和限制类项目从维护社会公共利益角度进行核准,其他项目无论规模大小,均改为备案制,项目的市场前景、经济效益、资金来源和产品技术方案等均由企业自主决策、自担风险,并依法办理环境保护、土地使用、资源利用、安全生产、城市规划等许可手续和减免税确认手续。对于企业使用政府补助、转贷、贴息投资建设的项目,政府只审批资金申请报告。各地区、各部门要相应改进管理办法,规范管理行为,不得以任何名义截留下放给企业的投资决策权利。

(二)规范政府核准制。要严格限定实行政府核准制的范围,并根据变化的情况适时调整。《政府核准的投资项目目录》(以下简称《目录》)由国务院投资主管部门会同有关部门研究提出,报国务院批准后实施。未经国务院批准,各地区、各部门不得擅自增减《目录》规定的范围。

企业投资建设实行核准制的项目,仅需向政府提交项目申请报告,不再经过批准项目建议书、可行性研究报告和开工报告的程序。政府对企业提交的项目申请报告,主要从维护经济安全、合理开发利用资源、保护生态环境、优化重大布局、保障公共利益、防止出现垄断等方面进行核准。对于外商投资项目,政府还要从市场准入、资本项目管理等方面进行核准。政府有关部门要制定严格规范的核准制度,明确核准的范围、内容、申报程序和办理时限,并向社会公布,提高办事效率,增强透明度。

(三)健全备案制。对于《目录》以外的企业投资项目,实行备案制,除国家另有规定外,由企业按照属地原则向地方政府投资主管部门备案。备案制的具体实施办法由省级人民政府自行制定。国务院投资主管部门要对备案工作加强指导和监督,防止以备案的名义变相审批。

(四)扩大大型企业集团的投资决策权。基本建立现代企业制度的特大型企业集团,投资建设《目录》内的项目,可以按项目单独申报核准,也可编制中长期发展建设规划,规划经国务院或国务院投资主管部门批准后,规划中属于《目录》内的项目不再另行申报核准,只须办理备案手续。企业集

团要及时向国务院有关部门报告规划执行和项目建设情况。

（五）鼓励社会投资。放宽社会资本的投资领域,允许社会资本进入法律法规未禁入的基础设施、公用事业及其他行业和领域。逐步理顺公共产品价格,通过注入资本金、贷款贴息、税收优惠等措施,鼓励和引导社会资本以独资、合资、合作、联营、项目融资等方式,参与经营性的公益事业、基础设施项目建设。对于涉及国家垄断资源开发利用、需要统一规划布局的项目,政府在确定建设规划后,可向社会公开招标选定项目业主。鼓励和支持有条件的各种所有制企业进行境外投资。

（六）进一步拓宽企业投资项目的融资渠道。允许各类企业以股权融资方式筹集投资资金,逐步建立起多种募集方式相互补充的多层次资本市场。经国务院投资主管部门和证券监管机构批准,选择一些收益稳定的基础设施项目进行试点,通过公开发行股票、可转换债券等方式筹集建设资金。在严格防范风险的前提下,改革企业债券发行管理制度,扩大企业债券发行规模,增加企业债券品种。按照市场化原则改进和完善银行的固定资产贷款审批和相应的风险管理制度,运用银团贷款、融资租赁、项目融资、财务顾问等多种业务方式,支持项目建设。允许各种所有制企业按照有关规定申请使用国外贷款。制定相关法规,组织建立中小企业融资和信用担保体系,鼓励银行和各类合格担保机构对项目融资的担保方式进行研究创新,采取多种形式增强担保机构资本实力,推动设立中小企业投资公司,建立和完善创业投资机制。规范发展各类投资基金。鼓励和促进保险资金间接投资基础设施和重点建设工程项目。

（七）规范企业投资行为。各类企业都应严格遵守国土资源、环境保护、安全生产、城市规划等法律法规,严格执行产业政策和行业准入标准,不得投资建设国家禁止发展的项目;应诚信守法,维护公共利益,确保工程质量,提高投资效益。国有和国有控股企业应按照国有资产管理体制改革和现代企业制度的要求,建立和完善国有资产出资人制度、投资风险约束机制、科学民主的投资决策制度和重大投资责任追究制度。严格执行投资项目的法人责任制、资本金制、招标投标制、工程监理制和合同管理制。

三、完善政府投资体制,规范政府投资行为

（一）合理界定政府投资范围。政府投资主要用于关系国家安全和市场不能有效配置资源的经济和社会领域,包括加强公益性和公共基础设施建设,保护和改善生态环境,促进欠发达地区的经济和社会发展,推进科技进步和高新技术产业化。能够由社会投资建设的项目,尽可能利用社会资金建设。合理划分中央政府与地方政府的投资事权。中央政府投资除本级政权等建设外,主要安排跨地区、跨流域以及对经济和社会发展全局有重大影响的项目。

（二）健全政府投资项目决策机制。进一步完善和坚持科学的决策规则和程序,提高政府投资项目决策的科学化、民主化水平;政府投资项目一般都要经过符合资质要求的咨询中介机构的评估论证,咨询评估要引入竞争机制,并制定合理的竞争规则;特别重大的项目还应实行专家评议制度;逐步实行政府投资项目公示制度,广泛听取各方面的意见和建议。

（三）规范政府投资资金管理。编制政府投资的中长期规划和年度计划,统筹安排、合理使用各类政府投资资金,包括预算内投资、各类专项建设基金、统借国外贷款等。政府投资资金按项目安排,根据资金来源、项目性质和调控需要,可分别采取直接投资、资本金注入、投资补助、转贷和贷款贴息等方式。以资本金注入方式投入的,要确定出资人代表。要针对不同的资金类型和资金运用方式,确定相应的管理办法,逐步实现政府投资的决策程序和资金管理的科学化、制度化和规范化。

（四）简化和规范政府投资项目审批程序,合理划分审批权限。按照项目性质、资金来源和事权划分,合理确定中央政府与地方政府之间、国务院投资主管部门与有关部门之间的项目审批权限。对于政府投资项目,采用直接投资和资本金注入方式的,从投资决策角度只审批项目建议书和可行性研究报告,除特殊情况外不再审批开工报告,同时应严格政府投资项目的初步设计、概算审批工作;采用投资补助、转贷和贷款贴息方式的,只审批资金申请报告。具体的权限划分和审批程序由国务院投资主管部门会同有关方面研究制定,报国务院批准后颁布实施。

(五)加强政府投资项目管理,改进建设实施方式。规范政府投资项目的建设标准,并根据情况变化及时修订完善,按项目建设进度下达投资资金计划。加强政府投资项目的中介服务管理,对咨询评估、招标代理等中介机构实行资质管理,提高中介服务质量。对非经营性政府投资项目加快推行"代建制",即通过招标等方式,选择专业化的项目管理单位负责建设实施,严格控制项目投资、质量和工期,竣工验收后移交给使用单位。增强投资风险意识,建立和完善政府投资项目的风险管理机制。

(六)引入市场机制,充分发挥政府投资的效益。各级政府要创造条件,利用特许经营投资补助等多种方式,吸引社会资本参与有合理回报和一定投资回收能力的公益事业和公共基础设施项目建设。对于具有垄断性的项目,试行特许经营,通过业主招标制度,开展公平竞争,保护公众利益。已经建成的政府投资项目,具备条件的经过批准可以依法转让产权或经营权,以回收的资金滚动投资于社会公益等各类基础设施建设。

四、加强和改善投资的宏观调控

(一)完善投资宏观调控体系。国家发展和改革委员会要在国务院领导下会同有关部门,按照职责分工,密切配合、相互协作、有效运转、依法监督,调控全社会的投资活动,保持合理投资规模,优化投资结构,提高投资效益,促进国民经济持续快速协调健康发展和社会全面进步。

(二)改进投资宏观调控方式。综合运用经济的、法律的和必要的行政手段,对全社会投资进行以间接调控方式为主的有效调控。国务院有关部门要依据国民经济和社会发展中长期规划,编制教育、科技、卫生、交通、能源、农业、林业、水利、生态建设、环境保护、战略资源开发等重要领域的发展建设规划,包括必要的专项发展建设规划,明确发展的指导思想、战略目标、总体布局和主要建设项目等。按照规定程序批准的发展建设规划是投资决策的重要依据。各级政府及其有关部门要努力提高政府投资效益,引导社会投资。制定并适时调整国家固定资产投资指导目录、外商投资产业指导目录,明确国家鼓励、限制和禁止投资的项目。建立投资信息发布制度,及时发布政府对投资的调控目标、主要调控政策、重点行业投资状况和发展趋势等信息,引导全社会投资活动。建立科学的行业准入制度,规范重点行业的环保标准、安全标准、能耗水耗标准和产品技术、质量标准,防止低水平重复建设。

(三)协调投资宏观调控手段。根据国民经济和社会发展要求以及宏观调控需要,合理确定政府投资规模,保持国家对全社会投资的积极引导和有效调控。灵活运用投资补助、贴息、价格、利率、税收等多种手段,引导社会投资,优化投资的产业结构和地区结构。适时制定和调整信贷政策,引导中长期贷款的总量和投向。严格和规范土地使用制度,充分发挥土地供应对社会投资的调控和引导作用。

(四)加强和改进投资信息、统计工作。加强投资统计工作,改革和完善投资统计制度,进一步及时、准确、全面地反映全社会固定资产存量和投资的运行态势,并建立各类信息共享机制,为投资宏观调控提供科学依据。建立投资风险预警和防范体系,加强对宏观经济和投资运行的监测分析。

五、加强和改进投资的监督管理

(一)建立和完善政府投资监管体系。建立政府投资责任追究制度,工程咨询、投资项目决策、设计、施工、监理等部门和单位,都应有相应的责任约束,对不遵守法律法规给国家造成重大损失的,要依法追究有关责任人的行政和法律责任。完善政府投资制衡机制,投资主管部门、财政主管部门以及有关部门,要依据职能分工,对政府投资的管理进行相互监督。审计机关要依法全面履行职责,进一步加强对政府投资项目的审计监督,提高政府投资管理水平和投资效益。完善重大项目稽查制度,建立政府投资项目后评价制度,对政府投资项目进行全过程监管。建立政府投资项目的社会监督机制,鼓励公众和新闻媒体对政府投资项目进行监督。

(二)建立健全协同配合的企业投资监管体系。国土资源、环境保护、城市规划、质量监督、银行监管、证券监管、外汇管理、工商管理、安全生产监管等部门,要依法加强对企业投资活动的监管,凡不符合法律法规和国家政策规定的,不得办理相关许可手续。在建设过程中不遵守有关法律法规的,有关部门要责令其及时改正,并依法严肃处理。各级政府投资主管部门要加强对企业投资项目的事中和事后监督检查,对于不符合产业政策和行业准入标准的项目,以及不按规定履行相应核准或许可手续而擅自开工建设的项目,要责令其停止建设,并依法追究有关企业和人员的责任。审计机关依法对国有企业的投资进行审计监督,促进国有资产保值增值。建立企业投资诚信制度,对于在项目申报和建设过程中提供虚假信息、违反法律法规的,要予以惩处,并公开披露,在一定时间内限制其投资建设活动。

(三)加强对投资中介服务机构的监管。各类投资中介服务机构均须与政府部门脱钩,坚持诚信原则,加强自我约束,为投资者提供高质量、多样化的中介服务。鼓励各种投资中介服务机构采取合伙制、股份制等多种形式改组改造。健全和完善投资中介服务机构的行业协会,确立法律规范、政府监督、行业自律的行业管理体制。打破地区封锁和行业垄断,建立公开、公平、公正的投资中介服务市场,强化投资中介服务机构的法律责任。

(四)完善法律法规,依法监督管理。建立健全与投资有关的法律法规,依法保护投资者的合法权益,维护投资主体公平、有序竞争,投资要素合理流动、市场发挥配置资源的基础性作用的市场环境,规范各类投资主体的投资行为和政府的投资管理活动。认真贯彻实施有关法律法规,严格财经纪律,堵塞管理漏洞,降低建设成本,提高投资效益。加强执法检查,培育和维护规范的建设市场秩序。

附录3　国务院关于发布政府核准的投资项目目录(2016年本)的通知

国发〔2016〕72号

各省、自治区、直辖市人民政府,国务院各部委、各直属机构:

为贯彻落实《中共中央国务院关于深化投融资体制改革的意见》,进一步加大简政放权、放管结合、优化服务改革力度,使市场在资源配置中起决定性作用,更好发挥政府作用,切实转变政府投资管理职能,加强和改进宏观调控,确立企业投资主体地位,激发市场主体扩大合理有效投资和创新创业的活力,现发布《政府核准的投资项目目录(2016年本)》,并就有关事项通知如下:

一、企业投资建设本目录内的固定资产投资项目,须按照规定报送有关项目核准机关核准。企业投资建设本目录外的项目,实行备案管理。事业单位、社会团体等投资建设的项目,按照本目录执行。

原油、天然气(含煤层气)开发项目由具有开采权的企业自行决定,并报国务院行业管理部门备案。具有开采权的相关企业应依据相关法律法规,坚持统筹规划,合理开发利用资源,避免资源无序开采。

二、法律、行政法规和国家制定的发展规划、产业政策、总量控制目标、技术政策、准入标准、用地政策、环保政策、用海用岛政策、信贷政策等是企业开展项目前期工作的重要依据,是项目核准机关和国土资源、环境保护、城乡规划、海洋管理、行业管理等部门以及金融机构对项目进行审查的依据。

发展改革部门要会同有关部门抓紧编制完善相关领域专项规划,为各地区做好项目核准工作提供依据。

环境保护部门应根据项目对环境的影响程度实行分级分类管理,对环境影响大、环境风险高的项目严格环评审批,并强化事中事后监管。

三、要充分发挥发展规划、产业政策和准入标准对投资活动的规范引导作用。把发展规划作为引导投资方向,稳定投资运行,规范项目准入,优化项目布局,合理配置资金、土地、能源、人力等资源的重要手段。完善产业结构调整指导目录、外商投资产业指导目录等,为企业投资活动提供依据和指导。构建更加科学、更加完善、更具可操作性的行业准入标准体系,强化节地节能节水、环境、技术、安全等市场准入标准。完善行业宏观调控政策措施和部门间协调机制,形成工作合力,促进相关行业有序发展。

四、对于钢铁、电解铝、水泥、平板玻璃、船舶等产能严重过剩行业的项目,要严格执行《国务院关于化解产能严重过剩矛盾的指导意见》(国发〔2013〕41 号),各地方、各部门不得以其他任何名义、任何方式备案新增产能项目,各相关部门和机构不得办理土地(海域、无居民海岛)供应、能评、环评审批和新增授信支持等相关业务,并合力推进化解产能严重过剩矛盾各项工作。

对于煤矿项目,要严格执行《国务院关于煤炭行业化解过剩产能实现脱困发展的意见》(国发〔2016〕7 号)要求,从 2016 年起 3 年内原则上停止审批新建煤矿项目、新增产能的技术改造项目和产能核增项目;确需新建煤矿的,一律实行减量置换。

严格控制新增传统燃油汽车产能,原则上不再核准新建传统燃油汽车生产企业。积极引导新能源汽车健康有序发展,新建新能源汽车生产企业须具有动力系统等关键技术和整车研发能力,符合《新建纯电动乘用车企业管理规定》等相关要求。

五、项目核准机关要改进完善管理办法,切实提高行政效能,认真履行核准职责,严格按照规定权限、程序和时限等要求进行审查。有关部门要密切配合,按照职责分工,相应改进管理办法,依法加强对投资活动的管理。

六、按照谁审批谁监管、谁主管谁监管的原则,落实监管责任,注重发挥地方政府就近就便监管作用,行业管理部门和环境保护、质量监督、安全监管等部门专业优势,以及投资主管部门综合监管职能,实现协同监管。投资项目核准、备案权限下放后,监管责任要同步下移。地方各级政府及其有关部门要积极探索创新监管方式方法,强化事中事后监管,切实承担起监管职责。

七、按照规定由国务院核准的项目,由国家发展改革委审核后报国务院核准。核报国务院及国务院投资主管部门核准的项目,事前须征求国务院行业管理部门的意见。

八、由地方政府核准的项目,各省级政府可以根据本地实际情况,按照下放层级与承接能力相匹配的原则,具体划分地方各级政府管理权限,制定本行政区域内统一的政府核准投资项目目录。基层政府承接能力要作为政府管理权限划分的重要因素,不宜简单地"一放到底"。对于涉及本地区重大规划布局、重要资源开发配置的项目,应充分发挥省级部门在政策把握、技术力量等方面的优势,由省级政府核准,原则上不下放到地市级政府、一律不得下放到县级及以下政府。

九、对取消核准改为备案管理的项目,项目备案机关要加强发展规划、产业政策和准入标准把关,行业管理部门与城乡规划、土地管理、环境保护、安全监管等部门要按职责分工加强对项目的指导和约束。

十、法律、行政法规和国家有专门规定的,按照有关规定执行。商务主管部门按国家有关规定对外商投资企业的设立和变更、国内企业在境外投资开办企业(金融企业除外)进行审核或备案管理。

十一、本目录自发布之日起执行,《政府核准的投资项目目录(2014 年本)》即行废止。

国务院

2016 年 12 月 12 日

(此件公开发布)

政府核准的投资项目目录(2016 年本)

一、农业水利

农业:涉及开荒的项目由省级政府核准。

水利工程:涉及跨界河流、跨省(区、市)水资源配置调整的重大水利项目由国务院投资主管部门核准,其中库容 10 亿立方米及以上或者涉及移民 1 万人及以上的水库项目由国务院核准。其余项目由地方政府核准。

二、能源

水电站:在跨界河流、跨省(区、市)河流上建设的单站总装机容量 50 万千瓦及以上项目由国务院投资主管部门核准,其中单站总装机容量 300 万千瓦及以上或者涉及移民 1 万人及以上的项目由国务院核准。其余项目由地方政府核准。

抽水蓄能电站:由省级政府按照国家制定的相关规划核准。

火电站(含自备电站):由省级政府核准,其中燃煤燃气火电项目应在国家依据总量控制制定的建设规划内核准。

热电站(含自备电站):由地方政府核准,其中抽凝式燃煤热电项目由省级政府在国家依据总量控制制定的建设规划内核准。

风电站:由地方政府在国家依据总量控制制定的建设规划及年度开发指导规模内核准。

核电站:由国务院核准。

电网工程:涉及跨境、跨省(区、市)输电的±500 千伏及以上直流项目,涉及跨境、跨省(区、市)输电的 500 千伏、750 千伏、1 000 千伏交流项目,由国务院投资主管部门核准,其中±800 千伏及以上直流项目和 1 000 千伏交流项目报国务院备案;不涉及跨境、跨省(区、市)输电的±500 千伏及以上直流项目和 500 千伏、750 千伏、1 000 千伏交流项目由省级政府按照国家制定的相关规划核准,其余项目由地方政府按照国家制定的相关规划核准。

煤矿:国家规划矿区内新增年生产能力 120 万吨及以上煤炭开发项目由国务院行业管理部门核准,其中新增年生产能力 500 万吨及以上的项目由国务院投资主管部门核准并报国务院备案;国家规划矿区内的其余煤炭开发项目和一般煤炭开发项目由省级政府核准。国家规定禁止建设或列入淘汰退出范围的项目,不得核准。

煤制燃料:年产超过 20 亿立方米的煤制天然气项目、年产超过 100 万吨的煤制油项目,由国务院投资主管部门核准。

液化石油气接收、存储设施(不含油气田、炼油厂的配套项目):由地方政府核准。

进口液化天然气接收、储运设施:新建(含异地扩建)项目由国务院行业管理部门核准,其中新建接收储运能力300万吨及以上的项目由国务院投资主管部门核准并报国务院备案。其余项目由省级政府核准。

输油管网(不含油田集输管网):跨境、跨省(区、市)干线管网项目由国务院投资主管部门核准,其中跨境项目报国务院备案。其余项目由地方政府核准。

输气管网(不含油气田集输管网):跨境、跨省(区、市)干线管网项目由国务院投资主管部门核准,其中跨境项目报国务院备案。其余项目由地方政府核准。

炼油:新建炼油及扩建一次炼油项目由省级政府按照国家批准的相关规划核准。未列入国家批准的相关规划的新建炼油及扩建一次炼油项目,禁止建设。

变性燃料乙醇:由省级政府核准。

三、交通运输

新建(含增建)铁路:列入国家批准的相关规划中的项目,中国铁路总公司为主出资的由其自行决定并报国务院投资主管部门备案,其他企业投资的由省级政府核准;地方城际铁路项目由省级政府按照国家批准的相关规划核准,并报国务院投资主管部门备案;其余项目由省级政府核准。

公路:国家高速公路网和普通国道网项目由省级政府按照国家批准的相关规划核准,地方高速公路项目由省级政府核准,其余项目由地方政府核准。

独立公(铁)路桥梁、隧道:跨境项目由国务院投资主管部门核准并报国务院备案。国家批准的相关规划中的项目,中国铁路总公司为主出资的由其自行决定并报国务院投资主管部门备案,其他企业投资的由省级政府核准;其余独立铁路桥梁、隧道及跨10万吨级及以上航道海域、跨大江大河(现状或规划为一级及以上通航段)的独立公路桥梁、隧道项目,由省级政府核准,其中跨长江干线航道的项目应符合国家批准的相关规划。其余项目由地方政府核准。

煤炭、矿石、油气专用泊位:由省级政府按国家批准的相关规划核准。

集装箱专用码头:由省级政府按国家批准的相关规划核准。

内河航运:跨省(区、市)高等级航道的千吨级及以上航电枢纽项目由省级政府按国家批准的相关规划核准,其余项目由地方政府核准。

民航:新建运输机场项目由国务院、中央军委核准,新建通用机场项目、扩建军民合用机场(增建跑道除外)项目由省级政府核准。

四、信息产业

电信:国际通信基础设施项目由国务院投资主管部门核准;国内干线传输网(含广播电视网)以及其他涉及信息安全的电信基础设施项目,由国务院行业管理部门核准。

五、原材料

稀土、铁矿、有色矿山开发:由省级政府核准。

石化:新建乙烯、对二甲苯(PX)、二苯基甲烷二异氰酸酯(MDI)项目由省级政府按照国家批准的石化产业规划布局方案核准。未列入国家批准的相关规划的新建乙烯、对二甲苯(PX)、二苯基甲烷二异氰酸酯(MDI)项目,禁止建设。

煤化工:新建煤制烯烃、新建煤制对二甲苯(PX)项目,由省级政府按照国家批准的相关规划核准。新建年产超过100万吨的煤制甲醇项目,由省级政府核准。其余项目禁止建设。

稀土:稀土冶炼分离项目、稀土深加工项目由省级政府核准。

黄金:采选矿项目由省级政府核准。

六、机械制造

汽车：按照国务院批准的《汽车产业发展政策》执行。其中，新建中外合资轿车生产企业项目，由国务院核准；新建纯电动乘用车生产企业（含现有汽车企业跨类生产纯电动乘用车）项目，由国务院投资主管部门核准；其余项目由省级政府核准。

七、轻工

烟草：卷烟、烟用二醋酸纤维素及丝束项目由国务院行业管理部门核准。

八、高新技术

民用航空航天：干线支线飞机、6 吨/9 座及以上通用飞机和 3 吨及以上直升机制造、民用卫星制造、民用遥感卫星地面站建设项目，由国务院投资主管部门核准；6 吨/9 座以下通用飞机和 3 吨以下直升机制造项目由省级政府核准。

九、城建

城市快速轨道交通项目：由省级政府按照国家批准的相关规划核准。

城市道路桥梁、隧道：跨 10 万吨级及以上航道海域、跨大江大河（现状或规划为一级及以上通航段）的项目由省级政府核准。

其他城建项目：由地方政府自行确定实行核准或者备案。

十、社会事业

主题公园：特大型项目由国务院核准，其余项目由省级政府核准。

旅游：国家级风景名胜区、国家自然保护区、全国重点文物保护单位区域内总投资 5 000 万元及以上旅游开发和资源保护项目，世界自然和文化遗产保护区内总投资 3 000 万元及以上项目，由省级政府核准。

其他社会事业项目：按照隶属关系由国务院行业管理部门、地方政府自行确定实行核准或者备案。

十一、外商投资

《外商投资产业指导目录》中总投资（含增资）3 亿美元及以上限制类项目，由国务院投资主管部门核准，其中总投资（含增资）20 亿美元及以上项目报国务院备案。《外商投资产业指导目录》中总投资（含增资）3 亿美元以下限制类项目，省级政府核准。

前款规定之外的属于本目录第一至十条所列项目，按照本目录第一至十条的规定执行。

十二、境外投资

涉及敏感国家和地区、敏感行业的项目，由国务院投资主管部门核准。

前款规定之外的中央管理企业投资项目和地方企业投资 3 亿美元及以上项目报国务院投资主管部门备案。

附录4　财政部《基本建设财务管理规定》

基本建设财务管理规定

第一条　为了适应社会主义市场经济体制和投融资体制改革的需要，规范基本建设投资行为，加强基本建设财务管理和监督，提高投资效益，根据《中华人民共和国预算法》《会计法》和《政府采购法》等法律、行政法规、规章,制定本规定。

第二条　本规定适用于国有建设单位和使用财政性资金的非国有建设单位,包括当年安排基本建设投资、当年虽未安排投资但有在建工程、有停缓建项目和资产已交付使用但未办理竣工决算项目的建设单位。其他建设单位可参照执行。

实行基本建设财务和企业财务并轨的单位,不执行本规定。

第三条　基本建设财务管理的基本任务是:贯彻执行国家有关法律、行政法规、方针政策;依法、合理、及时筹集、使用建设资金;做好基本建设资金的预算编制、执行、控制、监督和考核工作,严格控制建设成本,减少资金损失和浪费,提高投资效益。

第四条　各级财政部门是主管基本建设财务的职能部门,对基本建设的财务活动实施财政财务管理和监督。

第五条　使用财政性资金的建设单位,在初步设计和工程概算获得批准后,其主管部门要及时向同级财政部门提交初步设计的批准文件和项目概算,并按照预算管理的要求,及时向同级财政部门报送项目年度预算,待财政部门审核确认后,作为安排项目年度预算的依据。

建设项目停建、缓建、迁移、合并、分立以及其他主要变更事项,应当在确立和办理变更手续之日起30日内,向同级财政部门提交有关文件、资料的复制件。

第六条　建设单位要做好基本建设财务管理的基础工作,按规定设置独立的财务管理机构或指定专人负责基本建设财务工作;严格按照批准的概预算建设内容,做好账务设置和账务管理,建立健全内部财务管理制度;对基本建设活动中的材料、设备采购、存货、各项财产物资及时做好原始记录;及时掌握工程进度,定期进行财产物资清查;按规定向财政部门报送基建财务报表。

主管部门应指导和督促所属的建设单位做好基本建设财务管理的基础工作。

第七条　经营性项目,应按照国家关于项目资本金制度的规定,在项目总投资(以经批准的动态投资计算)中筹集一定比例的非负债资金作为项目资本金。

本规定中有关经营性项目和非经营性项目划分,由财政部门根据国家有关规定确认。

第八条　经营性项目筹集的资本金,须聘请中国注册会计师验资并出具验资报告。投资者以实物、工业产权、非专利技术、土地使用权等非货币资产投入项目的资本金,必须经过有资格的资产评估机构依照法律、行政法规评估作价。

经营性项目筹集的资本金,在项目建设期间和生产经营期间,投资者除依法转让外,不得以任何方式抽走。

第九条　经营性项目收到投资者投入项目的资本金,要按照投资主体的不同,分别以国家资本金、法人资本金、个人资本金和外商资本金单独反映。项目建成交付使用并办理竣工财务决算后,相应转为生产经营企业的国家资本金、法人资本金、个人资本金、外商资本金。

第十条　凡使用国家财政投资的建设项目,应当执行财政部有关基本建设资金支付的程序,财政资金按批准的年度基本建设支出预算到位。

实行政府采购和国库集中支付的基本建设项目,应当根据政府采购和国库集中支付的有关规定办理资金支付。

第十一条　经营性项目对投资者实际缴付的出资额超出其资本金的差额(包括发行股票的溢价净收入)、接受捐赠的财产、外币资本折算差额等,在项目建设期间,作为资本公积金,项目建成交付使用并办理竣工财务决算后,相应转为生产经营企业的资本公积金。

第十二条　建设项目在建设期间的存款利息收入计入待摊投资,冲减工程成本。

第十三条　经营性项目在建设期间的财政贴息资金,做冲减工程成本处理。

第十四条　建设项目在编制竣工财务决算前要认真清理结余资金。应变价处理的库存设备、材料以及应处理的自用固定资产要公开变价处理,应收、应付款项要及时清理,清理出来的结余资金按下列情况进行财务处理。

经营性项目的结余资金,相应转入生产经营企业的有关资产。

非经营性项目的结余资金,首先用于归还项目贷款。如有结余,30%作为建设单位留成收入,主要用于项目配套设施建设、职工奖励和工程质量奖,70%按投资来源比例归还投资方。

第十五条　项目建设单位应当将应交财政的竣工结余资金在竣工财务决算批复后30日内上交财政。

第十六条　建设成本包括建筑安装工程投资支出、设备投资支出、待摊投资支出和其他投资支出。

第十七条　建筑安装工程投资支出是指建设单位按项目概算内容发生的建筑工程和安装工程的实际成本,其中不包括被安装设备本身的价值以及按照合同规定支付给施工企业的预付备料款和预付工程款。

第十八条　设备投资支出是指建设单位按照项目概算内容发生的各种设备的实际成本,包括需要安装设备、不需要安装设备和为生产准备的不够固定资产标准的工具、器具的实际成本。

需要安装设备是指必须将其整体或几个部位装配起来,安装在基础上或建筑物支架上才能使用的设备;不需要安装设备是指不必固定在一定位置或支架上就可以使用的设备。

第十九条　待摊投资支出是指建设单位按项目概算内容发生的,按照规定应当分摊计入交付使用资产价值的各项费用支出,包括建设单位管理费、土地征用及迁移补偿费、土地复垦及补偿费、勘察设计费、研究试验费、可行性研究费、临时设施费、设备检验费、负荷联合试车费、合同公证及工程质量监理费、(贷款)项目评估费、国外借款手续费及承诺费、社会中介机构审计(查)费、招投标费、经济合同仲裁费、诉讼费、律师代理费、土地使用税、耕地占用税、车船使用税、汇兑损益、报废工程损失、坏账损失、借款利息、固定资产损失、器材处理亏损、设备盘亏及毁损、调整器材调拨价格折价、企业债券发行费用、航道维护费、航标设施费、航测费、其他待摊投资等。

建设单位要严格按照规定的内容和标准控制待摊投资支出,不得将非法的收费、摊派等计入待摊投资支出。

第二十条　其他投资支出是指建设单位按项目概算内容发生的构成基本建设实际支出的房屋购置和基本畜禽、林木等购置、饲养、培育支出以及取得各种无形资产和递延资产发生的支出。

第二十一条　建设单位管理费是指建设单位从项目开工之日起至办理竣工财务决算之日止发生的管理性质的开支。包括不在原单位发工资的工作人员工资、基本养老保险费、基本医疗保险费、失业保险费、办公费、差旅交通费、劳动保护费、工具用具使用费、固定资产使用费、零星购置费、招募生产工人费、技术图书资料费、印花税、业务招待费、施工现场津贴、竣工验收费和其他管理性质开支。

业务招待费支出不得超过建设单位管理费总额的10%。

施工现场津贴标准比照当地财政部门制定的差旅费标准执行。

第二十二条　建设单位管理费实行总额控制,分年度据实列支。

建设单位管理费的总额控制数以项目审批部门批准的项目投资总概算为基数,并按投资总概算的不同规模分档计算。

特殊情况确需超过上述开支标准的,须事前报同级财政部门审核批准。

第二十三条　建设单位发生单项工程报废,必须经有关部门鉴定。报废单项工程的净损失经财政部门批准后,做增加建设成本处理,计入待摊投资。

第二十四条　非经营性项目发生的江河清障、航道清淤、飞播造林、补助群众造林、退耕还林(草)、封山(沙)育林(草)、水土保持、城市绿化、取消项目可行性研究费、项目报废及其他经财政部门认可的不能形成资产部分的投资,做待核销处理。在财政部门批复竣工决算后,冲销相应的资金。形成资产部分的投资,计入交付使用资产价值。

第二十五条　非经营性项目为项目配套的专用设施投资,包括专用道路、专用通信设施、送变电站、地下管道等,产权归属本单位的,计入交付使用资产价值;产权不归属本单位的,做转出投资处理,冲销相应的资金。

经营性项目为项目配套的专用设施投资,包括专用铁路线、专用公路、专用通信设施、送变电站、地下管道、专用码头等,建设单位必须与有关部门明确界定投资来源和产权关系。由本单位负责投资但产权不归属本单位的,做无形资产处理;产权归属本单位的,计入交付使用资产价值。

第二十六条　建设项目隶属关系发生变化时,应及时进行财务关系划转,要认真做好各项资产和债权、债务清理交接工作,主要包括各项投资来源、已交付使用的资产、在建工程、结余资金、各项债权和债务等,由划转双方的主管部门报同级财政部门审批,并办理资产、财务划转手续。

第二十七条　基建收入是指在基本建设过程中形成的各项工程建设副产品变价净收入、负荷试车和试运行收入以及其他收入。

(一)工程建设副产品变价净收入包括煤炭建设中的工程煤收入、矿山建设中的矿产品收入、油(汽)田钻井建设中的原油(汽)收入和森工建设中的路影材收入等。

(二)经营性项目为检验设备安装质量进行的负荷试车或按合同及国家规定进行试运行所实现的产品收入,包括水利、电力建设移交生产前的水、电、热费收入,原材料、机电轻纺、农林建设移交生产前的产品收入,铁路、交通临时运营收入等。

(三)其他收入包括:① 各类建设项目总体建设尚未完成和移交生产,但其中部分工程简易投产而发生的营业性收入等;② 工程建设期间各项索赔以及违约金等其他收入。

第二十八条　各类副产品和负荷试车产品基建收入按实际销售收入扣除销售过程中所发生的费用和税金确定。负荷试车费用计入建设成本。

试运行期间基建收入以产品实际销售收入减去销售费用及其他费用和销售税金后的纯收入确定。

第二十九条　试运行期按照以下规定确定:引进国外设备项目按建设合同中规定的试运行期执行;国内一般性建设项目试运行期原则上按照批准的设计文件所规定期限执行。个别行业的建设项目试运行期需要超过规定试运行期的,应报项目设计文件审批机关批准。

第三十条　建设项目按批准的设计文件所规定的内容建成,工业项目经负荷试车考核(引进国外设备项目合同规定试车考核期满)或试运行期能够正常生产合格产品,非工业项目符合设计要求,能够正常使用时,应及时组织验收,移交生产或使用。凡已超过批准的试运行期,并已符合验收条件但未及时办理竣工验收手续的建设项目,视同项目已正式投产,其费用不得从基建投资中支付,所实现的收入作为生产经营收入,不再作为基建收入。试运行期一经确定,各建设单位应严格按规定执行,不得擅自缩短或延长。

第三十一条　各项索赔、违约金等收入,首先用于弥补工程损失,结余部分按本规定第三十二条处理。

第三十二条　基建收入应依法缴纳企业所得税,税后收入按以下规定处理:

经营性项目基建收入的税后收入,相应转为生产经营企业的盈余公积。

非经营性项目基建收入的税后收入,相应转入行政事业单位的其他收入。

第三十三条　试生产期间一律不得计提固定资产折旧。

第三十四条　建设单位应当严格执行工程价款结算的制度规定,坚持按照规范的工程价款结算程序支付资金。建设单位与施工单位签订的施工合同中确定的工程价款结算方式要符合财政支出预算管理的有关规定。工程建设期间,建设单位与施工单位进行工程价款结算,建设单位必须按工程价款结算总额的5%预留工程质量保证金,待工程竣工验收一年后再清算。

第三十五条　基本建设项目竣工时,应编制基本建设项目竣工财务决算。建设周期长建设内容多的项目,单项工程竣工,具备交付使用条件的,可编制单项工程竣工财务决算。建设项目全部竣工后应编制竣工财务总决算。

第三十六条　基本建设项目竣工财务决算是正确核定新增固定资产价值,反映竣工项目建设成果的文件,是办理固定资产交付使用手续的依据。各编制单位要认真执行有关的财务核算办法,严肃财经纪律,实事求是地编制基本建设项目竣工财务决算,做到编报及时,数字准确,内容完整。

第三十七条　建设单位及其主管部门应加强对基本建设项目竣工财务决算的组织领导,组织专门人员,及时编制竣工财务决算。设计、施工、监理等单位应积极配合建设单位做好竣工财务决算编制工作。建设单位应在项目竣工后3个月内完成竣工财务决算的编制工作。在竣工财务决算未经批复之前,原机构不得撤销,项目负责人及财务主管人员不得调离。

第三十八条　基本建设项目竣工财务决算的依据主要包括:可行性研究报告、初步设计、概算调整及其批准文件;招投标文件(书);历年投资计划;经财政部门审核批准的项目预算;承包合同、工程结算等有关资料;有关的财务核算制度、办法;其他有关资料。

第三十九条　在编制基本建设项目竣工财务决算前,建设单位要认真做好各项清理工作。清理工作主要包括基本建设项目档案资料的归集整理、账务处理、财产物资的盘点核实及债权债务的清偿,做到账账、账证、账实、账表相符。各种材料、设备、工具、器具等,要逐项盘点核实,填列清单,妥善保管,或按照国家规定进行处理,不准任意侵占、挪用。

第四十条　基本建设项目竣工财务决算的内容,主要包括以下两个部分。

(一)基本建设项目竣工财务决算报表

主要有以下报表:

1. 封面;

2. 基本建设项目概况表;

3. 基本建设项目竣工财务决算表;

4. 基本建设项目交付使用资产总表;

5. 基本建设项目交付使用资产明细表。

(二)竣工财务决算说明书

主要包括以下内容:

1. 基本建设项目概况;

2. 会计账务的处理、财产物资清理及债权债务的清偿情况;

3. 基建结余资金等分配情况;

4. 主要技术经济指标的分析、计算情况;

5. 基本建设项目管理及决算中存在的问题、建议；

6. 决算与概算的差异和原因分析；

7. 需说明的其他事项。

第四十一条　基本建设项目的竣工财务决算,按下列要求报批。

（一）中央级项目

1. 小型项目

属国家确定的重点项目,其竣工财务决算经主管部门审核后报财政部审批,或由财政部授权主管部门审批;其他项目竣工财务决算报主管部门审批。

2. 大、中型项目

中央级大、中型基本建设项目竣工财务决算,经主管部门审核后报财政部审批。

（二）地方级项目

地方级基本建设项目竣工财务决算的报批,由各省、自治区、直辖市、计划单列市财政厅（局）确定。

第四十二条　财政部对中央级大中型项目、国家确定的重点小型项目竣工财务决算的审批实行"先审核、后审批"的办法,即先委托投资评审机构或经财政部认可的有资质的中介机构对项目单位编制的竣工财务决算进行审核,再按规定批复。对审核中审减的概算内投资,经财政部审核确认后,按投资来源比例归还投资方。

第四十三条　基本建设项目竣工财务决算大中小型划分标准。经营性项目投资额在 5 000 万元（含 5 000 万元）以上、非经营性项目投资额在 3 000 万元（含 3 000 万元）以上的为大中型项目。其他项目为小型项目。

第四十四条　已具备竣工验收条件的项目,3 个月内不办理竣工验收和固定资产移交手续的,视同项目已正式投产,其费用不得从基建投资中支付,所实现的收入作为生产经营收入,不再作为基建收入管理。

第四十五条　各省、自治区、直辖市、计划单列市财政厅（局）可以根据本规定,结合本地区建设项目的实际,制定实施细则并报财政部备案。

第四十六条　本规定自发布之日起 30 日后施行。财政部 1998 年印发的《基本建设财务管理若干规定》（财基字〔1998〕4 号文）同时废止。

附录 5　财政部关于解释《基本建设财务管理规定》执行中有关问题的通知

财建〔2003〕724 号

党中央有关部门,国务院各部委、各直属机构,全国人大常委会办公厅,全国政协办公厅,高法院,高检院,各人民团体,中央管理企业,各省、自治区、直辖市、计划单列市财政厅（局）,新疆生产建设兵团财务局：

我部印发《基本建设财务管理规定》以来,有关部门和地方来函来电要求对基本建设财务制度有关问题作进一步解释。经验究,现就有关问题答复如下：

一、在建项目执行新旧基建财务制度如何衔接。根据基本建设项目的特点,凡在 2002 年 10 月后开工的在建项目执行《基本建设财务管理规定》(财建〔2002〕394 号),2002 年 10 月前开工的在建项目可继续执行原基建财务制度,直至项目竣工。

二、实行基本建设财务和企业财务并轨的单位,其建设项目财务管理能否执行基本建设财务制度。

目前,对基建财务和企业财务并轨的试点,只批准在个别行业进行,具体基本建设项目,按并轨要求一时还难以做到的,经主管部门同意,仍可比照基本建设财务制度进行管理和核算。

三、关于财政性资金的具体范围。基本建设项目使用的财政性资金是指财政预算内和财政预算外资金,主要包括:

1. 财政预算内基本建设资金;

2. 财政预算内其他各项支出中用于基本建设项目投资的资金;

3. 纳入财政预算管理的专项建设基金中用于基本建设项目投资的资金;

4. 财政预算外资金用于基本建设项目投资的资金;

5. 其他财政性基本建设资金。

四、一个建设单位同时承建多个建设项目可否统一核算。根据基本建设有关规定,每个基本建设项目都必须单独建账、单独核算;同一个建设项目,不论其建设资金来源性质,原则上必须在同一账户核算和管理。

五、经营性项目和非经营性项目能否统一划分标准。目前,单从项目所属行业和性质难以划分清楚并做出明确规定。同类项目在不同地区、不同时期,可以分别划分为经营性项目和非经营性项目。因此,只能在项目完工后,由同级财政部门根据项目的具体情况和主管部门意见判断确定。

六、对基本建设项目实行政府采购和国库集中支付的具体要求和规定应明确在基建财务制度中。因基本建设项目政府采购和国库集中支付试点工作正在逐步开展,有些做法尚未成熟,还需要不断修改完善,目前还不宜将具体要求和规定写入基建财务制度。

七、财政部门是否可以预留项目工程尾款。基建财务制度规定建设单位必须按工程价款结算总额的 5% 预留工程质量保证金,但没有明确财政性资金是留在建设单位账上还是财政国库上,各地可根据实际情况掌握;同时 5% 是最低比例,资金的具体预留比例和时间,有关各方可根据规定或合同(协议)确定。

八、项目存款利息处理。项目存款是指建设项目的所有建设资金,包括财政拨款、银行贷款等,其产生的利息收入一律冲减项目建设工程成本。

九、非经营项目建设期间的财政贴息资金如何处理。非经营性项目建设期间的财政贴息资金比照经营性项目建设期间的财政贴息资金处理办法进行处理,既冲减工程成本。

十、建设单位按规定留成的非经营性项目的结余资金,主要用于项目配套设施建设职工奖励和工程质量奖,使用时,是否需报同级财政部门审批。

基建财务制度已明确建设单位留成资金的使用范围,财政部门可对其使用情况进行监督,但不必再进行审批。

十一、建设单位管理费用开支的起止时间和计算基数。基本建设财务制度明确建设单位管理费是指建设单位从项目开工之日起至办理竣工财务决算至之日止发生的管理性开支。考虑到不少建设项目前期筹建期间管理性开支没有渠道,建设单位管理费修改为:建设单位从筹建之日起至办理竣工财务决算之日止发生的管理性质开支,建设单位管理费以项目投资总概算为计算基数。

十二、建设单位单项工程报废处理。建设单位单项工程报废是指建设单位原因造成的报废,施工单位施工造成的单项工程报废由施工单位承担责任。单项工程报废净损失按项目财务隶属关系由同级财政部门批准后,计入待摊投资。

十三、基本建设项目年度财政决算与竣工财务决算审批问题。

为减少审批,财政部对基本建设项目年度财务决算不再审批,地方或主管部门是否审批,由地方或主管部门自行决定;项目竣工财务决算按基本建设财务制度规定审批。

十四、经营性项目为项目配套的专用设施投资,产权不归属本单位的,如何处理。根据基本建设制度规定,经营性项目为项目配套的专用设施投资,产权不归属本单位的做无形资产处理。考虑到资产重复计算等因素,本次修改明确为:产权不归属本单位的,经项目主管部门及同级财政部门核准做转出投资处理。

十五、关于项目试运期、竣工验收条件标准问题。因各行业基本建设项目差别较大,不可能制订统一的项目试运期、竣工验收标准。有关主管部门应尽快制订分行业、分规模的项目试运期、竣工验收条件等规范标准,报财政部备案,以利项目竣工财务决算的编报和批复。

十六、中央级项目和地方级项目如何划分。按项目财务隶属关系划分,凡是财务关系在中央部门的,属中央级项目,凡财务关系在地方的,属地方级项目。

十七、建设项目投资包干责任制问题。建设项目实行《招投标法》和《政府采购法》后,财政部门取消了投资包干责任制的做法,各部门自行实施投资包干责任制的,财政部门不予认可。

十八、建设项目收尾工程如何确定。可根据项目投资总概算 5% 掌握。尾工工程超过项目投资总概算 5% ,不能编制项目竣工财务决算。

十九、违反基本建设财务制度如何处理。对没有严格执行基本建设财务制度,或违反基本建设财务制度的行为,各级主管部门和财务部门可根据国务院《关于违反财政法规处罚的暂行规定》,通过口头警告限期纠正、通报批评、停止拨款、收回拨款、撤销项目和对直接责任人行政处分等手段进行处罚。

二十、实行代建制的建设项目,如何执行基本建设财务制度。目前,我部正在根据基本建设财务制度和代建制项目的特点,研究制订加强代建制建设项目财政财务管理指导意见,实行代建制的建设项目可按此执行。

参考文献

［1］ 全国造价工程师考试用书编委会.工程造价的确定与控制［M］.北京:中国计划出版社,2019.

［2］ 时现,朱恒金.建设项目审计［M］.北京:北京大学出版社,2002.

［3］ 李凤鸣.审计学原理［M］.北京:中国审计出版社,2000.

［4］ 李晓慧.审计案例与实训［M］.2版.北京:中国人民大学出版社,2017.

［5］ 曹慧明.建设项目跟踪审计［M］.北京:中国财政经济出版社,2005.

［6］ 杨明亮.建设工程项目全过程审计案例［M］.北京:中国时代经济出版社,2010.

［7］ 张毅.建设工程项目管理导读［M］.北京:中国建筑工业出版社,2006.

［8］ 秦荣生.内部控制与审计［M］.北京:中信出版社,2008.

［9］ 中天恒会计师事务所.基本建设项目审计案例分析［M］.北京:中国时代经济出版社,
    2008.

［10］ 中国内部审计协会.建设项目审计［M］.北京:中国时代经济出版社,2008.

［11］ 全国注册咨询工程师(投资)资格考试参考建材编写委员会.全国注册咨询工程师(投资)资
    格考试参考教材:项目决策分析与评价［M］.北京:中国计划出版社,2011.

［12］ 张晓东.浅谈工程变更、签证与计量支付管理［J］.广东建材,2010,26(01):110-112.